演劇概論

河竹登志夫

東京大学出版会

はじめに

演劇というものは、種類も構造も表現も千差万別、それに何よりも生きものである。研究対象としてはまことに扱いにくい。まして、演劇とは何かなどという問いにこたえることは、無謀ともいえるだろう。だがそれでも、演劇そのものは厳として人間と共にあり、そうして、演劇以外のものではない。

とすればやはりそこには、他の芸術分野、他の文化形態とはちがう独自の本質、特質があるはずだ。――それを私なりに追究し、えがいてみたのが、本書である。

ここで私が、困難を承知でひそかに念願としたのは、日本の伝統演劇をも含みこむ、ひろい視野に立つ一般論を――ということであった。これまでにも演劇論とか演劇学とかはすくなくない。が、ほとんどが西洋のそれであって、当然、日本ないし東洋の演劇には通じない部分がある。するとすぐこれらを特異視・例外視して、極端な場合は演劇の範疇から除外してしまうような、かたよった体系化に陥りがちだった。それがなんとしても不満だったからにほかならない。

そのためには、およぶかぎり古今東西にわたる演劇現象や演劇論を、同一次元に置いて比較検討し、核髄をなす共通の性質（内包）を抽出するとともに、そのあらわれかたの多様な諸相（外延）を識別し、包摂していくという方法によるしかなかった。それは私がかねてから提唱実践してきた比較演劇研究の、究極の目標でもある。その意味では本書は、過去二十余年のささやかな仕事の、現段階における決算ともいえよう。

第一章は、そうして得た私の演劇観を最も簡潔な形に集約した、いわば総論である。

第二、第三、第四章は、演劇を構成する本質的要素についての各論だが、これらではとくに比較学的視野の闡明と、具体例による実証とに意を用いた。

第五、第六章に内外の通史をつづったのは、前章までの所論を、私自身さらにひろい史的事実に照らして、再確認したかったからでもある。簡略ではあるが精確を旨とし、最新の事象や研究成果も耳目にふれるかぎり、組入れたつもりである。この小史には、私の演劇史観もおのずから示されているであろう。

それをなお見やすく補うべく、末尾に年表を加えた。しかし年表というものはそれ自体、独立した価値を持つものだと思う。本文と照合しつつ、活用味読していただきたい。

この本ははじめに記したように、演劇の本質・特質についての私の考えを述べたもので、いわゆる入門書や教科書として書いたのではない。しかし昭和二九年、弱輩の身で初めて〃演劇概論〃なる講座を担当していらい四半世紀近く、未熟ながらやっと執筆公刊の公約をはたしえた気がしていることも、事実である。

同学の諸賢をはじめ、ひろく演劇を志す若い人びとや学生諸君に、いささかなりと寄与するところがあり、ひいては演劇および演劇学の進展に資することができたらと、ねがっている。

一九七八年六月

河竹登志夫

演劇概論　目次

はじめに

第一章　演劇とはなにか……………………………………一

1　第七芸術………………………………………………一

演劇の定義（一）　第七芸術（三）

2　本質的要素……………………………………………四

三要素と四要素（四）　三位一体説と演劇の根源的体験（七）　近代における分化と総合（九）

3　多様なる類別…………………………………………一二

演劇分類の多様性（一二）　時代別分類（一三）　媒体別分類（一四）　表現要素別分類（一五）　劇的運行別分類（一五）　表現手法別分類（一六）　劇的動因別分類（一六）　素材別分類（一七）　主要局面別分類（一七）　目的別分類（一八）　劇場形式別分類（一八）　世界演劇の二潮流（一九）

4　演劇の機能……………………………………………二一

演劇の意義（二一）　社会害悪説（二三）　現代における演劇の機能（二四）

5　演劇学の現状…………………………………………二五

演劇学とは（二五）　演劇学の成立（二七）　演劇学の進展（二八）　最近の演劇学（三三）　日本の演劇学（三四）

第二章　戯曲と劇性…………………………………………三七

1　制約と主体性……………………………………三七
戯曲の多様性と制約（三七）　比較の視点から（四〇）
2　ドラマの地位と劇作家……………………………四二
戯曲・ドラマ・ドラマツルギー（四二）　劇作家の意識と姿勢（四八）
3　題材・主題・劇的なるもの………………………五三
題材とその選択（五三）　主題（五七）　劇的なるもの（六一）
4　ドラマツルギーの双極性…………………………六四
制約とのたたかい（六四）　ドラマにおける古典主義（六六）　ドラマにおけるバロック（七一）　劇的発想の双極性と相補性（七三）
5　展開と局面……………………………………七八
プロット（七八）　局面構成における東西の差異（八一）　初めと中と終りと（八三）
第三章　演技と俳優……………………………………八八
1　俳優の成立と分化…………………………………八八
2　演技論の地位………………………………………九一
3　型と芸道……………………………………………九三
日本の演技論（九三）　「道」と「広場」（九五）　「型」の成立（九八）　ジャンルによる違い（一〇〇）
4　再現か示現か………………………………………一〇三

花と慰み（一〇三）　西洋演劇における「真」（一〇五）　美の造型（一〇八）
5　虚と実――心と形……一一五
典型と虚実（一一五）　典型の表現（一一七）　心と形（一二三）　形と心の融合（一三一）

第四章　劇場と観客……一三五
1　創造者としての観客……一三五
観客の役割（一三五）　観客の創造的参加（一三七）
2　演劇的「場」の力動的本質……一四三
「場」の概念（一四三）　演劇的「場」の性格（一四七）　誘意と解放（一五〇）　演劇的「場」の要素と本質（一五四）
3　花道と「場」の二相……一五七
二つの極（一五七）　世界演劇からみた「花道」（一五九）　「花道」の発生とその機能（一六三）　劇の人間化と「花道」（一六五）
4　垂直と水平……一六七
「花道」による空間の拡大と臨場感（一六七）　観客との「垂直的」関係（一七〇）
5　同化と異化……一七四
舞台と観客の同化（一七四）　疎隔と異化（一七五）

第五章　日本演劇史要……一八〇

1　日本演劇の特質……………………………………一八〇
歴史およびジャンルの重層性・並存性（一八一）　伝統の肉体性（一八三）　祭祀性・式楽性（一八三）　歌舞性あるいは総合芸術性（一八四）　バロック的劇場性（一八五）　ドラマの叙事的性格と主情的傾向（一八五）
2　原始および大陸芸能輸入時代（八世紀ごろまで）……………一八六
原始芸能（一八六）　伎楽（一八九）　舞楽（一九一）　散楽（一九三）
3　外来芸能日本化と中世武家芸能の成立（九〜十六世紀）……………一九四
外来芸能の定着と日本化（一九四）　猿楽（一九六）　延年（一九七）　武家芸能の成立（一九八）　田楽（一九八）　雑芸（二〇〇）　座（二〇一）　能（二〇一）　狂言（二〇三）
4　近世市民演劇の発生と展開（十七〜十九世紀）……………二〇四
人形浄瑠璃（二〇四）　歌舞伎（二〇九）
5　近代から現代へ（十九世紀末から現代まで）……………二一五
改良演劇時代（二一六）　小劇場的近代劇主流時代（二二一）　現代演劇模索時代（二二六）

第六章　世界演劇史要

……………二二八
1　演劇の分布と史的特質……………二二八
2　原始および古代芸能の盛衰（九世紀ごろまで）……………二三〇
原始芸能時代（二三〇）　ギリシャ古典劇（二三二）　ローマの演劇（二三五）　インドの古代劇（二三七）　中国の古代劇（二四〇）　朝鮮の古代劇（二四一）

3　中世からルネサンスへ（十六世紀中葉まで）……二四二
西洋宗教劇の発生と展開（二四二）　西洋における市民演劇の台頭（二四三）　ルネサンス演劇の新風（二四四）
東洋の演劇（二四八）
4　近世演劇の諸潮流（十九世紀中葉まで）……二五一
バロック演劇の開花（二五一）　古典主義演劇の確立（二五八）　啓蒙期の革新からロマン主義演劇へ（二六一）
東洋の演劇（二六四）
5　近代から超近代へ（十九世紀末から現代まで）……二六六
近代写実主義演劇の成立と展開（二六六）　反近代あるいは超近代への模索（二七二）　東洋演劇と近代（二七七）
世界演劇史年表
あとがき
索引（人名・事項）

第一章　演劇とはなにか

1　第七芸術

日本で「演劇」ということばが普及したのは明治以後のことで、それまでは「芝居」という名称が使われていた。これは平安末期から中世にかけて栄えた延年舞曲において、観衆が寺院の庭の芝生に坐居して見たことから起こったことばである。

演劇の定義

外国語ではシアター theatre（英語）、テアトル théâtre（フランス語）、テアター Theater（ドイツ語）がこれにあたるが、これもギリシャ劇のテアトロン theatron、すなわち「見物する場所」を語源とする。狭義にはシアターというと建造物としての劇場をさすので、演劇はシアター・アート theatre art ということが多い。また演劇はドラマ drama あるいはドラマチック・アート dramatic art ともいうが、この場合は劇文学的内容に比重をおいた感じが強い。

なお舞踊やサーカスや民俗芸能まで含めたいわゆる「芸能」には、劇場的、舞台的な催し物という意味でシアトリカルズ theatricals とか舞台芸術 stage art, Bühnenkunst という語が用いられる。さらにひろく生《なま》の音楽も含むときは、上演芸術 performing art, Aufführungskunst という。

さて、演劇はよく次のように定義される。「俳優が戯曲のなかの登場人物になりかわり、観客を前にして、舞台上で身体の動作と言葉によって創り出す芸術である」。これはけっしてまちがいではないが、十分とはいえない。なぜなら、これだけではまだ俳優とか、戯曲、観客、舞台などということばが明確に定義されていないし、それらの定義いかんでは右の定義があてはまらない演劇もあり得るからである。

たとえば、アマチュア演劇、学校劇、人形劇などがりっぱな演劇であることはだれも疑わないが、俳優という用語に常識的な概念を用いるかぎり、初めにあげた定義からはずれるといわねばならない。それどころか、人によっては俳優と役者、戯曲と脚本を峻別し、日本の伝統的な芝居には役者と脚本はあるが、俳優や戯曲は存在しなかったとする説さえある。そうなると歌舞伎も文楽（人形浄瑠璃）も、能も狂言も、演劇ではないことになる。

このように、演劇を一口にしかも完全に定義することはむずかしい。それには次のようないくつかの理由がある。

第一に、演劇はほとんど人類の歴史と同じくらいの長い歴史と、あらゆる民族・人種のなかに分布しているという社会的ひろがりとをもち、形態も千差万別であるため、共通した特質や本質が抽出しにくい。

第二に、その構成要素が多岐で、かつ社会的営みあるいは実生活に密着しているため、他の分野ほど純粋培養的に扱うことがむずかしい。

第三に、生身《なまみ》の肉体によって創造される瞬間的、一回的な芸術であるため、歴史的にも実証科学的にもとらえにくい。

これらの難点は、そのまま演劇を研究対象とする演劇学が、他の諸芸術に比べて立ち遅れている理由でもある。しかし、これらは演劇にとってきわめて本質的な問題であり、これらの困難性のなかにこそ他の芸術分野と異なる演劇独自の本質がひそんでいるともいえよう。

しかも演劇の変化発展の激しさは今世紀、ことに戦後において顕著で、たとえば反演劇《アンチ・テアトル》と呼ばれる一群の演劇では、古来演劇の本質にとって不可欠とされていた、行為《アクション》の一貫性すら破られている。

このような演劇そのものの概念の変化に伴って、今日あらためて「演劇とは何か」が問い直されるにいたった。演劇の定義も、単に固定した一般的定義を追うのではなく、演劇史と個々の演劇の具体的現象に対する広い実証的視野に立って、多角的に考えられなければならないであろう。

第七芸術

古代ギリシャでは五大芸術というと、詩、音楽、絵画、彫刻、建築の五つをさし、演劇という分野は特に設けられていなかった。悲劇と喜劇とは劇詩として、叙事詩とともに「詩」のなかに位置づけられていたからである。

近代になって以上の五つにまず舞踊が、次いで演劇が加えられた。すなわち演劇は第七芸術であり、さらに現代に入って映画、ラジオ、テレビという機械力による再生量産芸術が加わり、十芸術とすることもある。

このうち第八以下は別として、演劇は第一から第六までの芸術形態のすべての要素を兼ね備えている。見方を変えれば、演劇は詩や音楽の時間性・聴覚性と、絵画、彫刻、建築の空間性・視覚性とを併有し、しかも舞踊と同じく、生身の人間の肉体を媒体とするところにその本質がある。さらに言い換えれば、演劇は人間の肉体を媒体とし、いわゆる劇的《ドラマチック》なものを四次元の世界に実現して、視聴覚を通して訴えかける力動的《ダイナミック》な芸術（第四章に詳論する）であるともいえる。右のうち「劇的とはなにか」が、もっとも根本的な問いであって、舞踊との違いもこの点にあるが、それは次の「本質的要素」において述べよう。

2　本質的要素

三要素と四要素

前述のように、演劇は多くの要素から成り立っている複合芸術だが、原理的にいって、演劇を成立させるうえに必要にして十分な基本的要素は、俳優、戯曲（あるいは作者）、観客の三つで、これらを演劇の三要素という。さらに、それが実現される物理的空間、すなわち劇場を加えて四要素とすることもある。

これらの要素のうち、それを欠いては演劇が存在し得ないという、もっとも本質的なものは俳優である。この場合、職業的俳優にかぎらず、劇中の人物にみずからを変身させて演劇創造の媒体となる人間、もしくはそれに相当するもの（たとえば人形劇における人形）をひろくさす。すなわち絵画におけるカンバスと絵具、文学における言葉や文字に相当する。

演劇はこのように人間の肉体を媒体とする点では舞踊と共通し、造形美術や文学などと違って瞬間的・一回的であるという特質も、ここから生ずる。

しかし舞踊は、原理的には踊り手の肉体の動きによってある芸術的感動を観客に与えればよく、必ずしも特定の人物に変身したり劇的な筋を追ったりする必要はない。しかし演劇では、劇中人物への変身ということと、劇的なるものの存在とは不可欠である。それを内包し指示するものが、第二の要素である戯曲にほかならない。

戯曲とは、通常対話を主体とし、それに場面の指定（舞台書き）と、人物の出入りおよび動作の指示（ト書き）を添えたものをさす。しかしここでいう戯曲は、劇的なものを内蔵し、俳優に演ぜられることによってはじめて完成される、原理的に演劇を成立させる原型のことをいう。それは必ずしも、近代戯曲のように文字に定着される必要はなく、即興的な筋立て程度のものでもいい。これを無形戯曲と呼ぶ人もある。

戯曲は、演劇が原始的、即興的なものから高度の演劇へと分化発達するにつれて、この最も原型的なものから、次第に文字によって定着され、文学の一ジャンルとしても成り立つようになった。したがって完成された戯曲は、俳優によって創造される演劇の筋立て、ないし上演台帳としての性質（演劇性）と、一個の独立した文学作品としての性質（文学性）とをあわせてもっている。これを戯曲の二重性という。

この意味における戯曲は、西欧では前六世紀頃ギリシャ劇で成立し、日本では平安末期の延年のなかに萌芽を見、十四、五世紀の能において確立した。しかしこの成長発達過程は、絶対年次的なものではなく、個々のジャンルそれぞれに固有のものである。たとえば能より後に誕生した歌舞伎でも、ごく初期は口立《くちだて》式といって完成した戯曲がなく、即興的に芝居が作られた時代があり、やがて元禄前後に専門作者による脚本が書かれはじめる。また近世、近代のヨーロッパ演劇成立に重大な影響をもたらしたコメディア・デラルテ commedia dell'arte も、ギリシャ劇よりずっと新しい十六、七世紀の演劇ではあるが、おおむね筋書程度の戯曲しかもたない即興的演劇であった。

このように、基本的要素としての戯曲の意味はきわめて柔軟性に富むが、重要なのはその本質に内在する劇的性質である。

「劇」という字は「虎《とら》」と「豕《いのしし》」と、刃物を示す「刂」の合成で、二匹の猛獣ないし猛獣のごとくたけだけしい対立者が、牙をむいて激しくたたかうありさまを意味する。すなわち人間と他の何物か——運命、神、境遇、社会悪、他の人間、自分自身のうちにひそむ相反する性情など——との矛盾・対立が次第に表面にあらわれ、ぶつかり合いながら次々に行為を生み、一つの結末にいたる過程が、いわゆる劇的行為である。

反演劇と呼ばれる前衛的演劇にも、古典的な意味における劇的行為（アリストテレスが『詩学』で定義したような、「初めと中と終り」のある、一人の主人公の一貫した劇的行為）こそ存在しない場合があるが、現代の人間をおおう漠然たる不安、危機感、絶望感といったものは必ずあり、それを劇的対立物とみることができる。人間の生きようとする本能、よりよく生きようとする願望を、はばむものが全然ない世界には、演劇は存在しない。

第三に、観客もまた演劇の不可欠な要素である。観客は舞台がよければ感動を表明し、悪ければ不満を示す。その反応は波動となってたちまち舞台にはね返り、劇の成果を左右する。すなわち、観客は単なる受身の傍観的な鑑賞者ではなく、積極的に演劇創造に参加する要因である。歌舞伎における客席からの「成田屋！」「音羽屋！」とか「待ってました！」などのほめ言葉や、俗に「半畳《はんじょう》を入れる」といわれる遠慮のない不満の表明などは、その好例といえよう。

西洋の近代劇や現代劇でも、たとえばフランスの名優ルイ・ジューベはその著『コメディアンの回想』で、客席は数千の目をもつ一個の巨大な生き物で、演劇の生命はただ一つ「あたるか、あたらないか」にあると述べ、観客が演劇成立に不可欠であることを指摘している。日本の演劇で観客の重要さを最も早く自覚したのは、世阿弥であろう。彼は『花伝書』その他の秘伝書において、観客の心をいかにして舞台に集中させ、創造に参加させるかを、繰り返し説いている。

古来経験的にとらえられてきた観客の本質を、理論的にとらえ直したのは、ドイツの演劇学者ユリウス・バープとアルトゥール・クッチャーであった。前者はその著『演劇社会学』で、観客は演劇成立のための「物質的条件」たるにとどまらず「甚だ能動的に俳優の演技に関与する」ことを力説する。また後者はその著『演劇学綱要』のなかで、演劇の根本的な要素を「身振り表現」Mimik であると断じたことで有名だが、さらに俳優と観客は本来同一の身振り体験をするものだと説いた。その説は加藤衛の『演劇の本質』のなかで、俳優はただ「見える演技としての身振り表現」をするのに対し、観客は「見えざる演技としての身振り表現」を心理的におこなっているという違いがあるにすぎず、観客は単なる「物質的支持者」ではなく、「創造的支持者」である――と敷衍されている。

俳優と観客とのこの直接的な交流・融合から生ずる創造的時空については、第四章でさらに詳論するが、これこそ、他の芸術との本質的な差を示すものであり、同じ演劇的芸術でも、機械的再生による映画やテレビと次元を異にする点である。ドラマを額縁舞台に閉じ込め客席と舞台が断絶した、近代写実劇や映像芸術の攻勢に抗して、現代の新しい演劇が努力して求めていることの一つは、この生々しい直接的な交流による、創造的時空体験の回復にほかならない。

第四の要素には劇場がある。原理的には、なにもりっぱな建物がなくても、俳優の演技と観客のための空間があればいい。原始演劇や民俗芸能においては、祭壇やいけにえをまんなかにした円陣や、四方を祈り清めて結界した地面があれば十分であった。神楽その他の民俗芸能でいう舞処《まいど》がそれである。現代における円形劇場なども、その最も素朴な劇場形式の復活といえるだろう。

三位一体説と演劇の根源的体験　俳優、戯曲（または作者）、観客は前述のように互いに密接な関係を保ちながら演劇を構成している。この三者が不可分な関係にあるのは、元来根本的に一体のものが、発達の過程で三つに分化したにすぎないからだと考えられる。このいわゆる「三位一体説」が、ほぼ現代の演劇理論の基本的原理となっている。

演劇はごく素朴な踊り、あるいは物まねの身振り手振りから発達したが、その起源は人間が社会生活を営みはじめた太古にさかのぼり、かつ宗教的行事と深い関連をもつと考えられる。

たとえばギリシャ劇は自然神ディオニュソスに感謝し、その徳をたたえる円舞合唱歌《ディチュランボス》から興った。日本の古代芸能記録とみられる『古事記』『日本書紀』所載のアメノウズメノミコトの岩戸舞は、高天原民族の太陽崇拝の祈禱舞踊であろう。その他、現在日本各地に残る民俗芸能や、世界の未開種族の原始的演劇にも、同様な原初的体験あるいは原理がみられる。

それは、収穫生産の確保・増大、死や病魔や自然の脅威の退散修祓、戦勝や恋愛の成就などを祈願し、生活不安を取り除き日々の安定を感謝し、よりよい生活を求めようとするものであり、その際に、歌い踊る者みな一体となってわれを忘れ、超自然力としての神を招き、同化することを有力な手段とした。俳優《わざおぎ》とは「わざ」すなわち歌や身振りにより神を「招《お》ぐ」人という意味であるとされ、忘我・同化の状態を「神懸《かむがか》り」といった。神の共感を得ることによって神の意志を有利に導き誘おうとするこの原始的な行為を、共感呪術《シンパセチック・マジック》というが、この真剣な営みとしての無意識劇の状態のなかにこそ、演劇の根源的な原体験がひそんでいたと考えられる。

もちろん、この原体験には見る者と見せる者との区別はない。このことをもっとも的確に理論化したのが、ユリウス・バープで、その所説は、

「演劇の本質的機能は、未開人の共感呪術としての原初演劇にみられる。それはエクスタシー（恍惚状態）によって生活不安を克服しようとする社会的、全体的な体験で、無意識的な自己変化という形に発現される。こうした原体験においては、俳優、作者、観客の三要素は渾然一体となっている」

と要約することができよう。

さらにバープは、これら三要素は社会の発展につれて分化するが、今日の演劇においても、共感的一体化の機能は根源において存在すべきものであるとし、「俳優、作者、観客は根源的体験において三位一体である」と述べている。

このバープ説は方法論は違っても結論において、クッチャーの観客論とほぼ同類であるといえる。基本的にはアリストテレスのカタルシス（浄化作用）説と同一線上の考え方で、これが西欧の演劇論を貫く主流をなしている。ただし現代では、ブレヒトがその異化効果 Verfremdungseffekt の理論により、この共感あるいは同化作用的演劇観に真向から対立する立場をとったことで、注目される。

近代における分化と総合

東西ともに、根本的に一体であったこのような演劇的体験が、次第に見る者と見せる者に分化し、次いで専業作者も生まれ、劇場も発達して、今日でいう演劇が成立した。さらに近世、近代と進むにつれて、舞台装置や照明、音響効果などの補助的要素もいちじるしく分化発達する。かつては座頭《ざがしら》俳優によって指揮され制作されていた演劇も、専門化・分業化が進むにつれて、演技をはじめその諸要素を総合統一する必要が生まれた。その仕事が演出で、それをおこなう人が演出家である。

西洋で演出の機能を確立したのは、ドイツのマイニンゲン公ゲオルク二世であったが、イギリスのゴードン・クレイグは、演出家絶対主義にまで権限を拡大して、理論・実践両面で近代演出を確立した。また、ソビエトのコンスタンチン・スタニスラフスキーも独自の演出体系をまとめあげた。日本では明治時代に、坪内逍遙、松居松葉、小山内薫、島村抱月らが実践に着手したが、制作機構のなかに演出という機能がはっきりと位置づけられたのは、一九二四（大正十三）年の築地小劇場以降のことである。

よく演劇は総（綜）合芸術であるといわれるが、それは俳優と作者（あるいは戯曲）はもちろん舞台美術、照明、音楽、音響効果から観客、劇場までも含めたもの、すなわち肉体の芸術を基本として、これに文学、音楽、絵画、彫刻、建築の五つのジャンルが、渾然一体となったものだからである。

しかしこの場合重要なのは、単にそれらの要素的芸術の加算的総和ではなく、それらを有機的な要素として含みながらも、まったく独立した新しい演劇という単一芸術が、創造されなくてはならないことであろう。いわば混合ではなく、化合による総合である。したがって、この場合総合芸術という語はまぎらわしいから、単一芸術というべきであると主張する人もいる。

しかし総合芸術ということばには、もっと明瞭に特定の演劇形態を意味する場合がある。それはリヒャルト・ワーグナーが唱えた総合芸術 Gesamtkunstwerk である。

西欧ではルネサンス以後、大別してせりふとしぐさによるいわゆる科《か》白《はく》劇と、歌唱ないし音楽の面が極度に発達した歌劇と、舞踊ないし身体表現の方向を強調・発展させた劇的舞踊、すなわちバレーとに分化していった。そしてそれぞれが高い芸術性を打ち立てたのだが、ワーグナーはこれにあきたらず、それら諸芸術を再び総合したものこそ未来の理想の舞台芸術であると提唱し、それを総合芸術と名づけた。

それは詩的芸術 Ticht(Dicht)kunst と、音楽的芸術 Tonkunst と、舞踊的芸術 Tanzkunst との三者が、総合された芸術であった。この立場を、その頭文字をとって3T主義とか、3T芸術運動ともいう。ワーグナーはみずからその実現に努力して、すぐれた楽劇 Musikdrama を作ったが、イギリスのジョン・ゲイの『乞食オペラ』を先駆として、今世紀中葉からアメリカで大いに発展したミュージカルや、アメリカの劇作家ポール・グリーンが提唱・実践を試みた交響演劇《シンフォニック・ドラマ》、さらにはクローデル以来フランスからドイツそのほかにも波及した全体演劇《トータル・シアター》なども、理念的にはこのワーグナーの総合芸術論の線上に開花した、現代的形態とみられよう。

また日本ないし東洋の伝統的演劇のほとんどすべても、ワーグナーとはまったく無縁でありながら、演劇形態上の発想法からみると、彼の総合芸術理念にあてはまるものといえる。

たとえば能は、大小二つの鼓と笛と太鼓の囃子に合せて、地謡の合唱とシテみずからの謡《うたい》につれて舞う純然たる楽劇である。文楽は人形劇ではあるが、平曲に源を発する語り物を三味線の伴奏で音楽的に語り、これに合せて人形を舞わせ操る準楽劇である。歌舞伎もやはり、義太夫浄瑠璃や長唄、常磐津、清元などの詞章をもつ三味線音楽と、多種多様な楽器で構成される下座《げざ》音楽を欠かすことのできない、準楽劇である。歌舞伎では、舞踊劇あるいは劇的舞踊はもとより、時代物世話物など地狂言と呼ばれる普通の演劇の場合でも、音楽性と舞踊的な動作による音楽舞踊劇的様式をもっている。

中国の京劇、インドの舞踊劇その他東洋諸国のものは、芸術的密度の違いはさまざまではあるが、ほとんどが音楽舞踊劇で、ワーグナーのいう楽劇あるいは総合芸術に似た形態を有することは疑いない。

今世紀になって、日本はじめ東洋の伝統的舞台芸術が、西洋の演劇人から大きな関心を寄せられている理由の一つもここにある。

3　多様なる類別

演劇分類の多様性

演劇は古今東西にわたり、その種類も内容も千差万別である。それをあるときは歴史的に区分して、古代劇、中世劇、近世劇、近代劇と名づけ、またある場合には劇的動因に従って運命劇、境遇劇、性格劇というような分類をする。しかしこれらはおおむね、あとから便宜的に分類し名称を与えたものであるから、何を基準とした分類方法か、どういう面で裁断するかにより、演劇の分類は多種多様にならざるをえない。

たとえばイプセンの『人形の家』の場合、制作年代からみれば近代劇であり、事実これがもっともよく使われる呼び名である。表現手法上は自然主義的写実主義、表現上の構成要素からいえば、せりふとしぐさだけによる科白劇に属する。題材的には市民劇もしくは家庭劇、劇的展開上からは悲劇、劇的動因からみれば社会劇といえよう。また劇的構造を基準とすれば、三単一の法則を厳守したいわゆる古典主義的演劇である。

きわめて明快な『人形の家』一つとってみても、すくなくともこれだけの側面がある。それが日本演劇となると、はるかに複雑多様で、どの角度・基準からみても一義的には分類できない場合が多い。

『仮名手本忠臣蔵』を例にとると、創作年代的に近世劇（徳川期）とすることには異論がない。しかし表現法となると、五段目（二つ玉）や六段目（勘平切腹）、七段目（一力茶屋）の一部などはきわめて写実的で科白劇に近いが、全体的には、人形浄瑠璃から移植したものだけに準楽劇性が濃い。しかも「落人《おちうど》」と「八段目」という純音楽舞踊劇が入っている。題材は赤穂義士事件だから歴史劇かというと、そうともいいきれない。大筋は確かに史劇らしいが、風俗や時代考証的にはまったく不統一である。

たとえば大序は室町時代だが、判官切腹や城明渡し以降の場面は徳川時代である。そのうえ、主従、夫婦、親子などの間の情愛と、封建的義理という社会規範との葛藤から生ずる愁嘆――といったものが実はこの芝居の本領であって、この意味では家庭劇に近く思える。すくなくともシェークスピアの史劇群や、同じ忠臣蔵でも真山青果作『元禄忠臣蔵』などが史劇であるという場合とでは、非常な差異があることは明らかである。また悲劇か喜劇かも一概にはいえない。

では、西洋演劇と日本演劇とはまったく異質であるかといえば、確かに、歴史、風土、人種、民族などすべてがまったく互いに疎隔されてきた西洋と日本では、演劇を含めてあらゆる文化が比較にならぬほどかけ離れていることは事実である。したがって、西洋演劇と日本演劇を、同一平面に並べて比較研究することは無意味だという説が存在するとしても無理はない。だが、時代と風土と社会構造の違いはあっても、同じ生物学的構造、同じ大脳皮質をもって生まれた人類において、まったく相容れない文化はありえないであろう。とすれば、演劇についても同じことがいえるはずである。

このような、比較演劇論的にみた西洋演劇と日本ないし東洋演劇の特質については、第二章以下に折りにふれて論ずることにして、ここではひとまず一般的観点から分類をこころみよう。

時代別分類　原始演劇、古代劇、中世劇、近代劇、現代劇、前衛劇などがある。

原始演劇は、原始社会の生産や生活自体に結びついた呪術的芸能の段階で、見る者と見せる者の未分化な時代である。西欧では前六世紀後半テスピスによるギリシャ劇確立期以前、日本では七世紀初頭の伎楽渡来あたりまでをさす。中国では六、七世紀における唐代の戯曲出現以前の、どこまでさかのぼりうるか不明である。インドでは五世紀に最大の劇詩人カーリダーサが登場するが、それ以前三世紀頃までが原始演劇時代とみられる。

以下西洋と日本だけについてみると、西洋ではギリシャ・ローマ劇が古代劇、キリスト教典礼劇および宗教劇と中世世俗劇が中世劇で、中世と近世の中間にギルドによる謝肉祭劇その他の民衆劇がある。

近世は統一国家成立に伴う国家的国民劇勃興、職業劇団確立の時代で、イタリアのルネサンス劇とコメディア・デラルテ、ドイツのバロック劇、エリザベス朝演劇、黄金時代のスペイン・バロック劇、フランス古典劇、市民劇、ロマン主義演劇などが含まれる。

近代劇は近代市民社会の成立を反映した市民劇で、リアリズムと演出の確立を特徴とし、第一次世界大戦頃からの表現主義、構成主義その他の反近代、反リアリズム、反体制的な新しい演劇が現代劇といえるだろう。そのなかで、特に現状の破壊とそれによる創造をめざす尖鋭な運動を前衛劇とするが、これは現代劇の起点のおき方が人によって違うように、一義的にはいえない。イヨネスコ、ベケットらの不条理劇やペーター・ワイスの不整合的なドラマから、さらに『ヘアー』や『おおカルカッタ!』のような、反戦思想と肉体の原始への回帰をうたった演劇性の強い劇へと変貌している。

日本では伎楽、舞楽、散楽などの外来楽舞と日本固有の祭祀的芸能（神楽や神的人形劇、田儛《たまい》その他）など、奈良・平安朝の歌舞《うたまい》時代が古代劇に相当するが、はっきり戯曲をもち厳密な意味における演劇が成立したのは、延年、田楽、猿楽から能、狂言の完成を含む中世劇の時代である。

そして市民劇としての人形浄瑠璃（文楽）と歌舞伎が近世劇、西洋の合理主義・写実主義精神の影響下に生まれた新歌舞伎、新派を経て第一期新劇運動の終り（一九二二）までが近代劇時代で、築地小劇場以後を現代劇として区分することができる。そして反近代を標榜し、伝統演劇のある意味での摂取や、肉体性回復を志向するかにみえる反体制的な小劇場運動などは、現代における前衛劇といえよう。

媒体別分類　演劇表現上の媒体別にみた分類で、人間の俳優によるふつうの演劇のほかに、人形劇（偶人劇）、仮面劇、影絵劇、連鎖劇、映画劇（劇映画）、放送劇（ラジオ・ドラマとテレビ・ドラマ）などの別がある。

文楽やギニョールなどの手づかい、または棒づかいの人形劇をふつうパペット・プレイ puppet play、糸繰りの人形劇をマリオネット marionette というが、後者は中世宗教劇時代に盛行した人形劇の「小さなマリア」から出た名称である。人形劇の場合、人形使いと操られる人形の両者を、俳優に相当する媒体とみるべきであろう。

仮面劇は能や古代ギリシャ劇、中世宗教劇のあるもの、インド、セイロン、朝鮮その他に分布する仮面劇など多種類に及ぶ。影絵劇では中国影絵劇とジャワ宮廷劇としてのワヤンが特に有名である。連鎖劇とは映画が生まれたのち、ことに日本の大正年代に新派劇団によって試みられた、実演と映画とを交互に連鎖・構成した芝居をいう。戦後おもに菊田一夫がミュージカルなどによく用いた、スクリーン・プロセス（必要な舞台背景の画像をスクリーンへ映写し、舞台装置や演技と一緒に合成する技法）入りの芝居も、その一種といえよう。

なお演劇的芸術という拡大された概念をとれば、映画劇、放送劇が加えられる。これらは映像を直接媒体とする劇である。

表現要素別分類　科白劇、黙劇（無言劇、パントマイム）、舞踊劇、音楽劇、朗読劇、交響演劇、全体演劇などがある。

せりふとしぐさだけによる劇が科白劇で、主として音楽劇に対していう場合である。正劇《せいげき》という呼び方もあるが、これは明治年間に森鷗外が西欧の写実的な科白劇をさしていったことばで、のちに川上音二郎も用いた。中国では話劇という。

パントマイムは、ローマ時代に大道演芸の一種でミムス mimus と呼ばれた物まね芸の道化芝居のうち、特にせりふがなくしぐさだけで表現するもの、すなわちパントミムスから出た語である。日本の神楽や壬生《みぶ》狂言にもみられ、現代ではマルセル・マルソー、ジャン・ルイ・バロー、ジャック・ルコックなどが名高い。逆にほとんどしぐさや表情を使わず、音声だけで表現するのが朗読劇である。

舞踊劇、音楽劇、交響演劇については〃近代における分化と総合〃のところでふれたので、繰り返さない。

劇的運行別分類　悲劇、喜劇、ファルス（笑劇）、悲喜劇《トラジコメディ》、催涙喜劇 comédie larmoyante、解決劇、メロドラマなどがある。

悲劇と喜劇は、元来古代ギリシャ劇の理念にもとづいた古典主義演劇におけるジャンルをさすが、単に不幸に終る悲しい劇と、幸福に終る滑稽な劇というだけの違いではなく、前者は王侯貴族、武人勇者を主人公とする厳粛、崇高な劇であるのに対し、後者は庶民を主人公とする野卑滑稽な劇という、主人公の社会階層からみても根本的に別種の世界を形成していた。

しかし十八世紀にディドロがこの両者の区別に疑問を投じ、人生をありのままに描く市民劇として、悲劇でも喜劇でもない正劇《ドラーム》 drame なるジャンルや催涙喜劇の存在を主張して以来、中間的、折衷的なジャンルが生まれ、「まじめなジャンル」 genre sérieux の劇ということばもできた。解決劇とは、悲劇的な深刻な劇的経過をたどるが、結局は円満解決するという運行の劇をいい、シェークスピアの『冬物語』や『テンペスト』などがその好例とされる。

表現手法別分類　写実劇、詩劇、叙事演劇、表現主義演劇、象徴主義演劇などがあるが、大別すれば、写実的演劇と反写実的演劇になる。

写実主義演劇は舞台上に現実を再現し、観客に真実の人生を実感させ、劇中人物に同化させることを目指す。したがって時・所・行為の単一性《ユニティ》、すなわち三単一（三一致・三統一）three unities, drei Einheiten を理想とし、舞台装置や扮装からせりふや動作すべてにいたるまで、写実の方向をとる。

これ以外の他の諸分類は、それぞれ独自の主張による強調、捨象、形象化、様式化あるいは造形化機構化によってつくられる、反写実的演劇の諸相であるといっていい。この分類によればたとえば能は詩劇であり、歌舞伎、文楽は叙事演劇的および表現主義的演劇の両面をそなえ、その点ブレヒトのいう叙事演劇に近いが、また「歌舞伎十八番」などは造形化のもっとも発揮された反写実劇といえる。

この表現手法別分類では、やや視点を変えると古典主義演劇と反（ないし非）古典主義的演劇とに大別できる。

劇的動因別分類　運命劇、境遇劇、性格劇、心理劇などがある。

自己の意志の及ばぬ運命によってひき起こされる劇が運命劇で、ギリシャ悲劇はその典型である。『幽霊』や『野鴨』などのイプセンの作品も、登場人物の運命を遺伝という科学的・合理的裏づけで説明するにせよ、多分に運命劇的である。

主人公の意志や性格よりも、そのおかれた境遇に主動因のある場合が境遇劇で、日本の近世劇すなわち文楽や歌舞伎にはこの種の劇が多い。『妹背《いもせ》山《やま》』『熊谷《くまがい》陣屋』『寺子屋』『盛綱』その他、封建悲劇といわれる時代浄瑠璃がその典型である。しかし同じ文楽、歌舞伎でも、近松の心中物や『堀川波の鼓』『女殺油地獄』あるいは鶴屋南北の『四谷怪談』などになると、封建的義理がからんではいるが、おもな動機はむしろ主人公の性格のなかにあるとみられる。

東西とも一般に近代に近づくほど、劇的動因は人間の内面へと向う傾向が強くなる。そして性格劇から心理劇を経て、さらに深層心理のひずみによって分裂した自己内部の非合理的世界が、ドラマの対象になってくる。

素材別分類　神話伝説劇、歴史劇、伝記劇、民話劇、寓話劇（お伽芝居）、市民劇、社会劇、家庭劇などである。

素材の種類は浄瑠璃や歌舞伎でいう「世界」（創作にあたり、戯曲の背景となる時代、または一定人物群の類型）に近い。王朝物、御家物、時代物、世話物、生世話《きぜわ》物、活歴物、散切《ざんぎり》物、所作事《しょさごと》でいう能取り物など。さらに細分して、曽我物、太平記物、道成寺物、石橋《しゃっきょう》物というような、同じ題材による作品系列の呼称もある。能でいう神物《かみもの》、男物、鬘物《かつらもの》、狂女物、老女物、執心物、現在物、鬼物、狂言でいう大名物、山伏物などの分類名も、やや視点は違うが素材別分類の一種といっていい。

主要局面別分類　奇跡劇、復讐劇、恋愛劇、人情劇、心中劇、怪談劇、推理劇などがある。

歌舞伎では局面を「趣向」というが、この面からの分類は浄瑠璃、歌舞伎においてもっとも発達し、霊験物、敵討物、心中物、縁切り物、身替り物、子別れ物、怨霊《おんりょう》物、傾城《けいせい》買物、男伊達《おとこだて》物などに細分化される。

西欧におけるこの種の分類法については、イタリアのカルロ・ゴッツイによって最初に試みられ、フランスのジョルジュ・ポルティによって体系化された「三十六の劇的局面」の説が、歴史的にも有名である。

目的別分類　政治劇、宣伝劇、宗教劇、祭祀劇、祝祭劇、公共劇（ページェントを含む）、教育劇、娯楽劇、慰問演劇、児童劇、学校劇、職場演劇などがある。

宗教劇なども広義には政治劇といえるが、左翼思想を鼓吹することを直接目的とした大正後期からのアジ・プロ劇や、明治二十年代の自由民権思想鼓舞のための壮士芝居・書生芝居、戦争中の士気高揚のための芝居などは、政治劇、宣伝劇の好例である。

宗教劇、祭祀劇、祝祭劇では、中世ヨーロッパの復活祭劇、降誕祭劇、受難劇や謝肉祭劇、東洋における神社その他に奉納する神事芸能がある。能も元来この種の奉納芸能であった。これらはしばしば祝祭劇（これは必ずしも宗教的ではない）の性格をあわせもっておこなわれる。

公共劇は公共社会や団体がみずからの慰安や祝祭のためにおこなう非営利的、非職業的な演劇で、そのなかで特に自然の環境とか歴史的建物などを背景とし、その土地にちなんだ物語を劇化して、それが土地の人々によって演ぜられるものをページェントという。なおページェントとは元来、中世にイギリスなどでさかんだった、舞台装置を組んだいくつもの移動車による宗教劇をさしたことばであるが、現在はよく野外劇の意味にも使われる。

教育劇のなかには、教訓を含んだ劇とか歴史教育その他の教化的演劇ばかりでなく、アメリカでおこなわれるロール・プレーイングとかクリエーティブ・ドラマチックスのように、劇的対話による討論や視聴覚表現を、直接社会教育や情操教育に役立たせようとする方式のものもある。

劇場形式別分類　野外劇、屋内劇、室内劇、円形劇場(劇)、移動演劇、無形劇場などがある。

東西とも演劇の源流は野外劇の形をとり、のちに教会や社寺が用いられるようになるが、近世以降になると専用の劇場が建てられて屋内劇となった。劇場にもエリザベス朝演劇や能、あるいは初期歌舞伎のような半野外の張出し舞台や、近代演劇向きの額縁舞台などがある。

室内劇は専用劇場やホールではなく、普通の民家などの一室を用いて上演されるので、サロン演劇ともいう。またここにいう円形劇場はギリシャの円形野外劇場やローマの円形競技場ではなく、カーテンや額縁舞台や装置を用いず、四方客席に囲まれた平舞台でおこなう現代の上演方式の一つをさすが、これは一九三二年アメリカのワシントン州立大学で始められ、戦後日本でも早稲田大学演劇科によって初演された。

移動演劇や無形劇場は、上演ないし製作形態上の分類とも重なる。第二次大戦中、軍隊や農村・工場などの慰問宣撫のため「日本移動演劇連盟」が組織された。また現在は文化庁主催による地方巡演の「青少年芸術劇場」や「移動芸術祭」などが、毎年おこなわれる。これらは前者の好例といえよう。無形劇場という語はふつう、明治大正期の「自由劇場」のような、支持会員観客を含めた演劇創造体そのものをさす場合が多い。

世界演劇の二潮流　演劇を表現形式上の発想別にみると、古典主義的演劇と非（反）古典主義的演劇の、二大潮流に大別できる。

古典主義的演劇は、ギリシャ悲劇から中世を飛び越えてイタリア・ルネサンスに復活し、フランス古典劇でほとんど法則化され、ロマン主義時代以後の近代写実劇でイプセンによって再生された。それは起承転結が明瞭で、時・所・行為の単一性を守ったドラマツルギーによる凝集的、論理的な演劇で、観劇時間とほとんど同じ短時間内の継続した出来事を舞台化したものである。

たとえば、シェークスピアや歌舞伎ならばほとんど最終幕の、破局寸前の状況から開幕し、過去に含まれる劇的動因は観劇の短い時間のなかで現在によみがえり、発見され、そして急転して結末に導くという緊密な構成をもつ。坪内逍遙はこれを「畳み込み式」または「回顧破裂式」と呼んだ。

これに対して、非古典主義的演劇はシェークスピア劇、スペインやドイツのバロック劇、ロマン主義演劇、表現主義演劇、ブレヒトの叙事演劇——と断続的にあらわれる系譜である。その特質は叙事的で場面も多く、時間的にも断続があってときには何年にもわたり、変化に富み、非論理的、感覚的である。

前者はことばの積み重ねによる劇的展開を重視し、流血場面、極端な愛欲描写、非現実的な局面を眼前の舞台に現出することを極力抑制するが、後者はむしろそのような場面を、魅力的な局面として視覚化することを重視する傾向がある。その意味で後者を、バロック的演劇といってもよいであろう。

この二つの潮流は人間の演劇的発想の二つの型——論理的収斂的と直感的発散的という二元性——にもとづくもので、世界の演劇の歴史はこの二潮流の相剋・消長の歴史とみられる。

フランス古典主義演劇は、エリザベス朝演劇やスペイン劇とはまったく相容れなかったし、事実フランス古典劇確立の契機となった「ル・シッド論争」は、スペイン劇を粉本としたコルネーユ作の『ル・シッド』の非古典的作劇術に対する、ジョルジュ・ド・スキュデリーの非難攻撃に端を発した。この二潮流が辛うじて合流点をもったのはレッシンク、ゲーテ、シラーの時代で、その後は再びロマン主義とイプセンの系譜をひく近代古典主義との興亡・盛衰の歴史をたどる。

日本の伝統演劇は、おおむね非古典主義的系譜に属するといえよう。能と近松の世話浄瑠璃の一部には古典主義的発想が感じられるが、これはむしろ例外で、日本演劇の主流を占める文楽・歌舞伎のほとんどが非古典主義演劇の諸特質をもっている。一般に東洋の演劇は、日本ほど劇文学的に発達したところはほかになく、傾向としてはいっそう非古典的である。

さらに世界の演劇全体を大局的にみれば、現代は科学万能の近代文明社会に基盤をおく、一種の近代科学的古典主義から、非古典的・バロック的脱出飛躍を試みている時代といえるだろう。

4　演劇の機能

演劇の意義

演劇はその起源において、単なる娯楽でも営利興行でもなく、よりよく生きるために必要不可欠な営みであったことは、既述したとおりである。

その後演劇はあるときは神や仏への奉納芸能として、あるときは支配者、権力者への貢献芸能として、または市民社会の庶民の慰安娯楽、さらに人生探求の場、社会改革への覚醒の場として、多様な社会的機能を果してきた。

一言でいえば、演劇と人間社会とは不即不離の関係にあるが、では、それはなにゆえに必要なのか。ここに、演劇と人間を結ぶ根源的な欲求動因は何であるのか、という疑問が生まれる。

各国の多くの学者、評論家によってこの問題は論ぜられてきたが、大別すると二つの見方に分けられるだろう。すなわち、本能（衝動）説と社会学的実用説である。前者は特定の本能に原因を求めようとする考え方で、芸術一般について模倣本能説、遊戯衝動説、性的吸引本能説、自己表現本能説などが唱えられるが、特に演劇の場合に重要なのは最初の二者である。

模倣本能説はアリストテレスの『詩学』に始まるもっとも伝統的な説である。彼の師プラトンはきびしい理想主義を唱え、劇をはじめ芸術は「もっとも理想とする真存在、すなわちイデアを模倣した現実世界を、さらに模倣したものであるゆえ、真実からは二段も低い」ものとして理想国からの芸術家追放を宣言した。この否定説への反論としてアリストテレスは『詩学』のなかで、人間には模倣本能があり、かつ模倣されたものを見て喜ぶ性質があると説き、劇をはじめ芸術一般を「模倣の様式」と定義して、人間にとって模倣は本能的に不可欠であると主張した。しかもその模倣は現実そのものの模倣ではなく、「ありうべきこと」すなわち蓋然性を、あるいは必然的に可能なことを模倣するがゆえに、すぐれた劇詩は高度のものであるとして肯定説を導いた。ことに演劇は俳優が何か別の人格に変身するものであるから、当然いかなる場合にも模倣的要素は欠かせない。アリストテレス説が近代にいたっても大きく支持されているゆえんである。

遊戯衝動説は、人間には他の動物と同じく個体維持と種族維持のための二大本能（食欲と性欲）があるだけでなく、それだけでは満たされない余剰エネルギーがある、それは実用性のない遊戯によって満たされるもので、演劇も遊戯の一つであるとする説である。この説もまたスペンサーあるいはシラーなどに支持され、現代でも類似の説は多い。

前述の二説のほかに、十九世紀末にこの問題を一層科学的に解明する試みが起こった。それが社会学的実用説で、演劇の起源および未開種族の芸能研究にもとづく文化人類学的・社会学的方法である。演劇の要素に関連して述べた共感呪術説や三位一体説は、その成果の一部にすぎない。

そこでは、生活不安を克服するための肉体的エクスタシーによる、鬱積したエネルギーの発散が生理的要求として認められるが、これと密接な関係があるのがアリストテレスの「カタルシス説」である。彼は『詩学』のなかで悲劇の定義に触れて、悲劇は見る者に「哀憐と恐怖を引き起こすことによって、その種の諸感情の浄化（カタルシス）をおこなうものである」という。このカタルシス説は観客の心理的同化作用を演劇の本質的機能とする説として、今日まで西洋演劇を貫く根本理念とされてきた。

言い換えれば、模倣本能や遊戯衝動に支えられながら、人間は演劇によって虚構の世界をつくり上げ、虚構と知りつつそのなかに遊ぶうちに、別の次元の世界あるいは一層高い次元の人生を味わい、そこに人生の意味や喜びを実感し体験するのだともいえる。その意味で芝居は人生の真実の投影であるということもできよう。『ハムレット』のなかの「芝居はありのままを映す鏡だ」as t'were, the mirror up to nature という一句は至言であるといわねばならない。また古くラテン語には「全世界は劇場なり」Totus mundus agit histrionem ということばがあり、中国には「乾坤《けんこん》一戯場」ということばがあるが、これも人生はすべて劇的だという意味だけでなく、劇場は人生の真実の存在する場であることをも暗示したものと、解することができよう。

日本では、父の観阿弥清次とともに能を大成した世阿弥元清が、『花伝書』(風姿花伝)のなかで「芸能とは諸人の心を和らげて、上下の感を成さむ事、寿福増長の基《もとい》、遐齢《かれい》延年の法なるべし」と述べた一句が、よく日本の芸能観を示している。また近松門左衛門は有名な「虚実皮膜論」において、現実と演劇における真実との微妙な関係をとらえ、演劇の要諦を「慰み」という文字であらわした。

社会害悪説　演劇は深く人間の本性および生活にかかわるもので、強い魅力をもって人に訴えかけ、陶酔させ、しばしば熱狂の渦に巻込む。熱狂のあまり芝居と現実の境界を忘れて、悪役の俳優に斬りつけたり、発砲したりした例さえ内外に知られている(第四章参照)。それゆえ、宗教の宣伝・普及や政治運動などにも利用されるのであるが、一方、その社会的影響力の強さのためにしばしば危険が伴う結果、演劇を害悪視し、忌避あるいは弾圧する立場が生ずるのも当然といえる。

プラトンの芸術否定説以後も、中世ヨーロッパにおける宗教劇以外の演劇活動の禁止、イギリスにおける清教徒による演劇弾圧、日本における初期女歌舞伎や若衆歌舞伎の禁止、天保の改革による七代目市川団十郎の追放と江戸三座の猿若町強制移転など、東西ともにその例は枚挙にいとまがない。その禁止の理由には宗教問題、政治問題その他いろいろあげられるが、もっとも根本的なのは風紀問題である。日本でも西欧でも、中世末まで女優が公許されなかったのも、結局は俳優のもつ生理的魅力、とりわけ女優の性的魅力によるものといえよう。

事実いつの時代にも、ごく大衆的な旅芸人（ミムスや散楽など）の場合は女優が存在したが、彼女らはだいたいが遊女兼業で、このような演劇自体、きわめて低い社会的地位に甘んじていなくてはならなかった。たとえば歌舞伎は遊廓とともに「悪所」と呼ばれ、役者や作者は河原者、河原乞食とさげすまれたのである。

演劇が社会的にも認識を改められ、芸術文化の一つとして認められるようになったのは、東西ともにごく近代になってからである。西欧ではゲーテの演劇活動あたりから、日本では一八七二（明治五）年に「芸人俳優」を教部省監督下に置いて「教導職」の責務を負わせ、さらにその延長線上に八六年創立した演劇改良会が「演劇脚本の著作をして栄誉ある業たらしむる事」を趣旨の一つにうたってからといっていい。しかもなお演劇を低俗視する風潮は根強く、真に解放されたのは日本ではようやく、第二次世界大戦後といわねばならない。

現代における演劇の機能　神や支配者への奉仕、庶民の慰安歓楽、宗教的・政治的教化などさまざまな役割を果してきた演劇は、近代を迎えて「人間探求の場」「人生の実験室」という新しい機能を加えた。いわゆる近代自然主義演劇においてである。これはゾラが宣言し、イプセンが劇作で確立し、そしてアントワーヌが近代劇運動として実践を開始したものであった。もちろん近代劇、現代劇といっても従来からの各機能が並存し競い合っているが、さらにいくつもの新しい機能が唱えられ、また実行されている。

たとえばブレヒトは、アリストテレス以来の同化説に真向から対立し、異化作用を根本機能とする叙事演劇論を唱え、これを実践した。俳優は観客を同化させるのではなく、異化作用によって常に舞台と疎隔対置させ、舞台上の世界を客観的批判的に判断させて、社会主義的覚醒、問題把握、意識高揚に貢献しなければならないという主張である。

ブレヒトの発想は、第一次世界大戦からナチス・ドイツの台頭を経た、世界の危機的状況に根ざしたものだが、さらに第二次世界大戦から戦後にかけての国際的緊張、原水爆による人類滅亡の危機感、絶望感のなかからは、サルトルらの実存主義的演劇や、イヨネスコ、ベケットらの不条理演劇とか反演劇とかいわれる新しい演劇が生まれた。それは、ただちに社会変革の運動に奉仕するという意味では、必ずしも積極的な社会機能を果しているわけではない。が、現代社会の矛盾、不条理を尖鋭な形で反映することによって、人間性の喪失、人類滅亡の危機の所在を明らかにし、警告していることは確かである。

彼らの活動に限らず、現代の演劇のもつ意味は、人間性の回復をめざす、あらゆる面における近代の超克にあるといっていい。

5　演劇学の現状

演劇学とは

演劇学ということばには、すくなくとも広義と狭義の二つの定義がある。

広義には、演劇に関するあらゆる学問的研究を包括する語として用いられる。演劇学会とか演劇学者とかいう場合がこれである。したがってここでは、演劇史も戯曲論も俳優論も、すべて含まれることになる。このような広義の立場に立つとき、演劇学にはどのような分野があり得るか——その一例として、飯塚友一郎著『演劇学序説』下巻中の「演劇学の構想体系」をみると、

第一部門・演劇史

一般演劇史・演劇地誌・演劇民族学・演劇文献学・演劇事彙

第二部門・演劇原論
　演劇形態論
　　演劇発生論・演劇進化論・演劇構造論（俳優論・戯曲論・観衆論・劇場論・演出論）・分類形態論
　劇場機能論
　　演出作用論・社会的機能論
第三部門・実践的技術論
　演劇作法論
　　戯曲作法論・俳優術論・演出法論・見物作法論
　劇場経営論
　　演劇企画論・劇場運営論・演劇政策論
　劇評論

これだけでは学問分野の羅列にすぎないが、それでも従来私たちが接し携わってきた研究や論述の截片が、全体の学問分野のひろがりの中でどんな地位を占めるべきかを考え、さらに展開させていく上でのひとつの拠り所にはなるであろう。

しかし、今日ふつうに演劇学というと、むしろ狭義の場合をさすことが多い。それは主としてドイツにおいて提唱され育まれてきた、二十世紀の科学である。邦訳では劇場学・演劇科学などともいう。以下、本項ではこの狭義の演劇学 Theaterwissenschaft, science of theatre arts について述べる。

演劇学の成立　十九世紀から今世紀にかけて、対象と方法の認識・規定にもとづく厳密な意味での、すなわちここにいう意味での演劇学の成立が提唱されるには、すくなくとも二つの動機があった。演劇本来の独自な表現様式を追求する実際活動における必要と、純学問的な立場からの要請との二つである。

古来西洋の演劇論は、アリストテレスの『詩学』以来、戯曲論ないし劇詩論として流れてきた。脚本上演という意味のギリシャ語を語源とするドラマツルギー Dramaturgie ということばが、レッシンクの『ハンブルク演劇論』以降、戯曲論からひろく演劇論一般を意味するようになったが、さらに下ってフライタークやアーチャーの時代となっても、中味はやはり戯曲論がほとんどすべてだったといっていい。

ところが十九世紀から二十世紀へかけて、反自然主義的、反文学的な演劇運動がおこり、いわゆる演劇の再演劇化とかシアトリカリズムの復活とかが叫ばれるようになった。舞台機構、装置、照明などの機械化、分化がこれを促し、ゴードン・クレイグ、アドルフ・アッピア、マックス・ラインハルトなどにより綜合的様式的演劇がさかんになった。こうなると従来の戯曲論や作劇術ばかりでは、演劇の本質は解明できないことが痛感され、素材の一つたる戯曲のみならず、劇場において上演されつつある演劇そのものを対象とする、独自の学問が必要となってきたのは、自然のなりゆきであった。

一方、関連した学問分野においては、十九世紀末にコンラート・フィートラーを主導者として美学から芸術学 Kunstwissenschaft を独立せしめようとする動きがあり、さらに二十世紀へかけて特殊芸術学としての文芸学 Literaturwissenschaft や音楽学 Musikwissenschaft などの分化独立が唱えられるという、純学問上の一般的傾向があらわれていた。

こうした機運の中で演劇学の独立・体系化が促され、その歩みがはじめられたのであった。Dramaturgie に対する

Theaterwissenschaft ということばひとつにも、その成立の動機・目的が暗示されている。

こうした二つの動機にもとづいて歩みはじめた演劇学は、必然的に二つの傾向をたどった。その一つは抽象的超経験的観念的態度で学的体系化を試みようとするもの、他は具体的経験的自然的態度によるものである。新関良三は『演劇の本質』の中「近代ドイツの演劇論」において、前者を「上からの演劇論」と呼んでフーゴー・ディンガーをその典型とし、後者を「下からの演劇論」と称してカール・ワイトブレヒトをその好例としている。

そうして、必ずしもこれと並行しているわけではないが、この学に携わる学者にもおのずから二つの系統ができた。哲学的・観念的にしろ歴史的実証的にしろ、いわばはじめから学者である人と、俳優、演出家その他実際家あがりの学者とである。後に説くマックス・ヘルマンやユリウス・ペーターゼン、ハンス・クヌーツェンなどは前者、アルトゥール・クッチャーやカール・ニーセンは後者に属する。

演劇学の進展

さて、演劇学の提唱後現在に至る間に、この学問はどれほど進んだか。どんな人々が、どんな業績においてどんな見解、主張をおこなってきたか。それらに含まれる共通の理念、相違点、そして現在及び将来の課題は何か――それらの概略を記そう。

演劇学の学的概念の規定についてまず論じたのはロベルト・プレールスの『ドラマツルギーに関する問答』*Katechismus der Dramaturgie*（一八九九）であった。

が、真に演劇学の基礎をおいたのはマックス・ヘルマンである。彼は文献学的方法による演劇史研究にもとづく『劇場芸術論』*Theaterkunst*（一九〇二）を発表、さらに同一九〇二年設立された演劇史学会 Gesellschaft für Theatergeschichte による演劇史研究叢書四〇巻の刊行を指導し、みずからその一巻『ドイツ中世・ルネサンス演劇史研究』*Forschungen zur deutschen Theatergeschichte des Mittelalters und der Renaissance*（一九一四）を書いた。

この著において舞台芸術としての演劇史を、劇文学史からはっきりと独立させたのである。そして一九二三年、ベルリン大学に最初の演劇学研究所 Theaterwissenschaftliches Institut が設置されると、シラー研究家として知られるユリウス・ペーターゼンとともに正教授となり、多くの門弟を育てた。その門下生たちの業績は *Die theaterwissenschaftlichen und dramaturgischen Schriften aus der Berliner theaterwissenschaftlichen Schule Max Herrmanns*（一八九八―一九三三）などに収められた。

ヘルマンの演劇史的方法論の出発点は、前述のように、演劇史は劇文学史ではなく、それを一部分として含む上演されたる演劇そのものの歴史でなくてはならないという考えであった。そしてその具体的な課題は、近代以前にさかのぼった場合、ある時代の俳優芸術 Schauspielkunst の視聴覚的実態をどこまでつきとめ得るか、また特に劇評というものがその時代の俳優芸術のイメージを、どの程度まで与えてくれるかということであった。

この学問的態度はそのまま門下のハンス・クヌーツェンにうけつがれた。クヌーツェンは、晩年の集大成的著書『ドイツ演劇史』*Deutsche Theatergeschichte*（一九五九）の中で、ヘルマンの基本的態度を継承して、次のような主張を掲げた。

すなわち、まず「演劇学は創立以来五十年の年月をかぞえるにいたったが、ドイツではベルリンとケルンの二大学だけが正規の講座をもつにすぎず、演劇都市といわれるフランクフルト、ハンブルク、ミュンヘンの各大学ですら、演劇学は独立した学科課程を形づくっていない」と述べて演劇学科存在の意義を強調する。〔この、演劇学という学科ないし学問が実際の演劇発展にもいかに必要かということは、クヌーツェンがベルリン自由大学演劇学科の教授として終始主張したことで、その論旨の詳細は河竹登志夫・大島勉訳『演劇学と生きた演劇』*Theaterwissenschaft und lebendiges Theater*（一九五一）〔早大演劇学会刊『演劇学』第2・4号所載〕に明らかである。

つづいて彼は演劇学と生きた演劇、造形芸術、芸術学などとの密接な関連性に言及し、俳優芸術とその復元の課題について論ずる。すなわち、「復元こそは演劇学の中心課題である」として、当時の絵画、銅板画、劇評などを蒐集整理、活用することによって、当時観客を前にして上演されつつあった演劇の実態を、できるかぎり復元想定することを目標とする。そしてドラマそのものは単なる素材にすぎないという根本理念に立ち戻って、「なぜならドラマはその文学的内容において、演劇学の復元の課題にとって前景に来るものではない。……われわれにとってはドラマのト書きのほうが、詩句が支配するものよりも、しばしば重大なのだ」とさえ述べている。

ヘルマン、ペーターゼン、クヌーツェンと流れる、復元主義的演劇史研究を主とするこの学派は、大著『ヨーロッパ演劇史』*Theatergeschichte Europas* 全十巻の著者でウィーン大学演劇学研究所の創立者ハインツ・キンダーマンやその門下の現所長マルガレート・ディートリッヒを含めて、ひとつの大きな潮流をなしているのである。

この歴史学派にたいして、フーゴー・ディンガーはその著『科学としてのドラマツルギー』*Dramaturgie als Wissenschaft*（一九〇四—〇五）によって、観念学的基礎づけを試みた。すなわち、ドラマツルギーなる語は文芸学とも截然と区別さるべき、独自の理論的かつ実践的規範学たるべきものと考え、一般美学との関連において、自律学的体系にまで高めようとしたのである。前記ペーターゼンも、ディンガーから大きな影響を受けている。

さらにこの美学派とも別に、実際人から演劇学への参加がおこなわれた。

まずカール・ハーゲマンは、マンハイム劇場、ウィースバーデン劇場等の総監督、ハンブルクのドイツ劇場支配人などの経験にもとづき、ベルリン大学の演劇学研究所で演劇美学を講じ、『舞台芸術』*Bühnenkunst*（一九〇二）、『舞台監督論』*Regie*（一九一六）その他を著わした。彼の舞台芸術論は島村民蔵、新関良三らにより大正年間に訳出され、日本への演劇学紹介の先駆をなした。その核心は、演劇の本質を様式化と幻影舞台に認めての、演出芸術の理論的把握であった。

次に、やはり日本の演劇学界にもっとも大きな影響を及ぼした一人として、ユリウス・バープがある。彼はドイツ座文芸部員、フォルクスビューネ顧問、ユダヤ劇場総務などを歴任、劇作・評論にも活躍した。『舞台評論』*Kritik der Bühne*（一九〇八）、『演劇社会学』*Das Theater im Lichte der Soziologie*（一九三一）その他多くの著書があるが、ことにこの後者は千賀彰の邦訳『演劇社会学』で知られる。その貢献は民俗学、民族学ないし文化人類学的な考察を援用して、演劇を社会現象として全的にとらえたことである。その所論の核心は本章の「三位一体説と演劇の根源的体験」の項に記しておいた。

彼の三位一体説は、アリストテレスのカタルシス説の社会学的解釈を含むものともみられよう。ブレヒト流の異化作用論 Verfremdungseffekt とは真向から対立するものではあるが、しかも現代演劇学者の大部分がとる共通の立場の前提となっているという点で、重要な意義をもつ。

さらにバープは晩年の著『俳優に花冠を』*Kränze dem Mimen*（一九五四）で、近代俳優術史における三十人の名優の分析をおこなっているが、その趣旨として、演劇は非常に複雑な現象ではあるが、その原細胞は俳優芸術で、他のすべてはそこから派生するものだと述べている。要するにこれは、前著において原体験としてとらえた「自己変化のエクスタシー」という要素を、もっとも第一義的に担う絶対的存在として、俳優の具体的研究を試みたものといえよう。

俳優の演技ということをより端的に強調し、演劇学の中心対象は言語ではなく身振り《ミミーク》 Mimik による表現であると断じたのは、本章の「構成要素」のうち観客の項でもふれたアルトゥール・クッチャーである。彼は俳優の出身だが一九〇三年以来ミュンヘン大学で演劇講座を担当、演劇学研究所 Theaterwissenschaftliches Institut と称して多くの門弟を育てた。実際家出身の学者の代表的存在で、歴史学派のヘルマンらに対立し、Theaterwissenschaft なることばと概念の創造者の地位についてもヘルマンと競うほどの意識をもっている。

主著は『ドイツ様式論』*Die deutsche Stilkunde*（一九三一）、『演劇学綱要』*Grundriß der Theaterwissenschaft*（一九三二―三六）だが、ことに後者は（加藤衛『演劇の本質』にその論旨が紹介されているように）、ミミークを本質とする彼の理論を整然と展開した大著で、ハーゲマンの『舞台芸術論』、バープの『演劇社会学』とならんで、日本の学界に大きな影響をもたらした。「舞踏は演劇の原細胞であり、そのもっとも単純でもっとも古い形式である。舞踏者は身振り芸人と俳優の父である。そして、身振り表現的性格こそ、いわゆる劇作品を他のすべての文学様式から区別せしめるものである。すなわち戯曲のことばはまず第一に空間と運動、つまり身振り表現性をもたねばならない」――これがクッチャーの理論の骨子である。

『演劇学綱要』で、発生史的考察にもとづいて得たこれらの理念は、そのまま戦後の著『ドイツ文芸様式論』*Stilkunde der deutschen Dichtung*（一九五一―五二）に取り入れられて、戯曲を文学の一様式とするよりも劇的芸術の一要素、いわば音楽における楽譜のようなものと見る立場へと導いている。

同じく実際家出身でケルン大学演劇研究所長兼演劇博物館長だったカール・ニーセンには、『演劇学要覧』*Handbuch der Theaterwissenschaft* なる大著があるが、基本的原理はクッチャーと同じである。

これらのほか、いわゆる演劇学という名のもとにではないが、演劇の本質にとって重要な示唆を与えた一群の文化史学者がある。『古代芸術と祭式』*Ancient Art and Ritual*（一九一八）（佐々木理訳）において、古代ギリシャ劇の研究にもとづき演劇の祭式的発生を論じたイギリスのジェーン・ハリスンや、ウィリアム・リッジウェイ、ギルバート・マレーなどのいわゆるケンブリッジ学派や、その流れを汲むアメリカのフランシス・ファーガスンなどである。

ファーガスンの著では『演劇の理念』*The Idea of a Theatre*（一九一九）（山内登美雄訳）が知られている。またやや古く、アラダイス・ニコル、ブランダー・マシューズなども、英米系の演劇学者として多くの業績をのこした。

最近の演劇学　第二次大戦後におけるおもな学者、業績について補足すると、劇詩ないし劇文学第一主義的な立場をとる第一人者として、エミール・シュタイガーがある。彼はその『詩学の根本概念』*Grundbegriffe der Poetik*（一九五一）（高橋英夫訳）の中で、人間存在一般の根本的な可能性の表現というとらえ方により、劇詩人のもつ「見地」こそそのまま劇的世界であり、劇的様式であると述べ、劇的文芸の精神を演劇における第一義的なものと論じた。

シュタイガーの門下のペーター・ションディは『現代戯曲の理論』*Theorie des modernen Dramas*（一九五六）（丸山匠・市村仁訳）で超歴史主義的美学を排し、時代の要請としての叙事詩的形式への評価を試み、さらに『悲劇的なるものについて』*Versuch über das Tragische*（一九六一）においてその立場を進め、アリストテレスを形而上的イデーの学の対象としてのみとらえた悲劇論を否定して、作品そのものの分析にもとづくヘーゲルの歴史哲学的考察を強調する。

形式と内容の弁証法的統一を重視するこの派には、『叙事文学と劇文学』*Epik und Dramatik*（一九五五）の著者ウィリー・フレミングがある。彼はこの中で、右の観点から近世の叙事詩としてのロマンと、それに関連したドラマの分析を試みている。

これらの、いわば純文学的あるいは歴史哲学的な演劇研究に対して、俳優中心主義的な立場をとる著作に、ジークフリート・メルヒンガーの『道化師』*Harlekin, Bilderbuch der Spaßmacher*（一九五九）がある。現代は、アリストパネスからローマ喜劇の時代、イタリアのコメディア・デラルテ全盛の時代につづく、第三の道化の時代だと述べ、道化こそは演劇の象徴であり、演劇は道化による遊戯でなければならないと説く。

これらとはまったく別に、力学的局面論ともいうべき新しい方法を展開したのが、フランスのエチエンヌ・スーリオである。局面《シチユエーション》の理論としてはジョルジュ・ポルティの『劇的三十六局面』*Les Trente-six situations dramatiques*（一八九五）が知られており、それは登場人物の劇的葛藤による様相を局面とみるという考えにもとづくものであったが、スーリオは局面をアクション（筋の運び）と同等の微視的な概念としてとらえた。すなわち登場人物に実人生と同次元の人格をもつ行動的主体性を認めて、いわば人物の中心に非人称的な核をおく。そしてそれ自体を力の大きさと方向性を併有するベクトル量と見、各ベクトルの合力がアクションを推進し、そのアクションが各核力にはたらくといった力学的な場を想定し、それを局面とみるのである。その局面あるいは劇的状況は、その主著『二十万の演劇状況』*Les Deux cent mille situations dramatiques*（一九五〇）（石沢秀二訳）によると二一万一四一の可能性をもつもので、そこには在来の写実劇的局面から形而上的観念劇の構造をも可能性として含まれるという。このスーリオの考えの基調には実存的人生観と構造主義的思考があり、彼の局面論は実存的な新しい演劇美学の可能性を示唆するものとして注目される。

日本の演劇学

ひるがえって日本の演劇学界を一瞥すると、まず新関良三がある。前述のハーゲマンの紹介をはじめ、ドイツ戯曲の研究からギリシャ劇の精細な研究に入って多くの著書を発表、演劇本質論、悲劇論、カタルシス論などに大きな貢献をし、戦後はフランス流比較文学の方法の狭隘さを批判して、より広い視野に立った比較演劇研究を提唱、『劇文学の比較研究』その他を発表している。

その他に、同じくハーゲマンやフライタークを紹介し、戯曲構造論の紹介摂取につくした島村民蔵、菅原太郎、比較学的視野から犀利な研究評論をのこした山本修二、幅の広い演劇研究家で啓蒙的指導者でもある飯塚友一郎、クッチャーを紹介、実際面にも活躍する加藤衛、その師でドイツ演劇史・演劇学の造詣深い杉野橘太郎、純美学者でアリストテレスの芸術論研究を著わした竹内敏雄、同じく純美学的立場に立つ小畠元雄、力動論の導入により演劇の場の基本構造解明を試み、その裏付けとして比較研究をすすめている河竹登志夫……などがあげられる。

なお戦後ほとんど省みられないが、かつて実際家出身で『演劇学研究』を主宰、表現主義の影響のもとに独自の理論を示した外山卯三郎、その派で演劇学の観念論的基礎づけの試みをなした橋本政尾らの名も記しておきたい。

さてこうしてみてくると、演劇学には歴史派、身振り表現派、社会学派、純美学派、文化史派、力学派、純文芸論派、実存派——とまことに多様であって、いまだひとつの学的体系をなすに至っていない。それにはこの学問がまだ六、七十年しかたっていないという若さによるのみならず、対象たる演劇そのものが、本来一回的であり、しかも複雑な構造をもつ上演芸術であるという、根本的な困難のゆえと考えられる。

が、その雑多混沌の中にもごく大きくみれば、ある共通的性格あるいはひとつの方向は認められよう。それはすでに述べたように、演劇研究即劇文学研究という立場から訣別し、戯曲を演劇の一要素としてとらえ、観客とともに進行しつつある四次元存在としての演劇そのものを対象とすること、俳優・作家・観客はそもそも原理的には一体的なものと見、その原体験としての演劇的感動の本質、あるいはいわゆる劇的なものとは何かを、科学的にきわめようとすることなどである。

このように現代演劇学は、複雑多様な課題、方法をはらみつつ困難な道をきり開こうと努力している。劇文学と生きた演劇の関係、美学的基礎づけの論議、ブレヒト批判をめぐっての叙事劇的形式とアリストテレス流劇概念の対立とその止揚の問題、カタルシス論の新しい解釈、力学的方法の可能性と限界等々が、そこには具体的課題として提出されているのである。

そして日本の学界の独自の課題としては、日本の伝統演劇にみられる特殊性格をどう扱うかということ、そしてそれをも含みこむ一般学的体系の組織の問題がある。そのためにはおのずから比較演劇的方法の検討、推進が必要となるのではなかろうか。

以下の諸章も、その方向におけるささやかな試みにほかならない。

第二章　戯曲と劇性

1　制約と主体性

戯曲の多様性と制約

アメリカの劇作家ジョン・V・ドルーテンは『現代戯曲創作法』(河竹登志夫訳、一九五四年)の中でこんなことをいっている。

「ところで、作劇法の本――劇作はどのようになされるかについて書いたもの――をおすすめするには、よほど慎重を要する。この種の書物を読むと私はいつも意気消沈し、劇作という仕事について私はまるで無知なのだと思わせられてしまう。全く規則というやつはこわい。自分が果して規則を守ってきたかどうか、甚だ確信が持てないからだ。そんなとき、ちょうど、お前はいったいどの足から先に出すのだと質問されたムカデのような気持がする。こういう質問をされるとムカデは急にあわてだし、どうやって走ろうかと考えこんで、ドブの中に横たわったまま精神錯乱におちいってしまうだろう。」

ここには創作というものはすべて、既成の枠をこえた新しい個性こそ生命であって、教科書的法則やルールにとらわれていたのではだめだという厳しい信条が、秘められている。裏返せばそれは、作劇というものは所詮教えることのできないもの、教えるべからざるもの――という、むしろ日本の芸道に似た考え方だといってもいい。事実彼はまた、「私はこの本を、作劇術の六法全書たらしめようとは思わない。また事実それは不可能でもあろう」として、

「私はあなたがたを劇作家に仕立てあげることはできない。ましてすぐれた劇作家にしてあげることは不可能である。長い間、成功と失敗とを半々に経験してきた私に、どうしてできるはずがあろうか。私にできることはただ、経験から得たものの中から、あなたがたの作劇活動に、何か役に立つものをつけ加えるだけだ。私は自分で知り、かつ考えたことしかお話できないのである……。」

ともいっている。

しかし、ここで大切なのは、戯曲作法は本質的に教うべからざるものだと考えているドルーテンも、学ばなくていいとはいっていないことだ。彼はいう――「どんなものでも読まなければならないのは、戯曲である。どの作品にも、何かしら教えられるものがあるものだ。」そうしてさらに、すぐれた劇作家、評論家、学者などの演劇に関する評論・エッセイのたぐいをできるだけ読んで、多くのものを学びとり、刺戟を与えられることが大事だと、すすめている。むろんそこでも彼は、こうつけ加えることを忘れてはいない。

「読む人それぞれによって、とるべきものはとり拒むべきものは拒むのは当然だが、演劇に関する知識と叡智の土台は、それらを読むことによってぐっと厚みを増すであろう。」

ここには戯曲の様式の多様性と、作者の好みあるいは様式選択の自由ということが、含まれているとみてよかろう。戯曲は演劇の一要素だから、戯曲の多様性ということは演劇のそれとおきかえてもいい。じっさい第一章にもみたとおり、東は猿楽延年からアングラ演劇、西はギリシャ劇からハロルド・ピンターやペーター・ワイスまで、演劇・

戯曲はいかに多種多様をきわめていることか。

とにかく千差万別である。そうしてそれぞれに固有の作劇術が対応して存在することは、いうまでもない。たとえば古代ギリシャ悲劇の方法と、シェークスピアのそれとには黒白のちがいがあるし、近代の自然主義リアリズムの作劇理念は、歌舞伎のそれとは相容れないだろう。そのどれをとるかは、作者の好みで、まったく自由なのだ。すなわち千差万別である。具体的な技術方法を、これが正しいとか最高だとかいって述べることが本来不可能な理由の一つも、そこにある。

しかし、ここで考え直さなくてはならないことが二つある。第一は、それほど自由にみえながら、戯曲はその個々の様式、方法の底に、ある共通したきびしい制約——演劇の宿命ともいうべき束縛条件——を負っているということ、第二は様式の差異をこえて、すぐれた戯曲とそうでないものとの別がおのずから存在するということだ。

戯曲の制約——それはいうまでもなく演劇というものが、生身の役者によって、生身の観客の臨場のもとに創造されるという本質にもとづいている。それにはいろいろあるが、他のジャンルにないもっとも本質的なものは、役者の肉体を表現媒材とするということと、舞台上演のための時間・空間的制約であろう。古今東西、劇作家は、例外なくこれらの制約とたたかってきたのである。

ある作家たちは、できるだけその制約にすなおに従って、劇作をする方法をとった。時と所と筋の単一性を旨とする、いわゆる「三単一の法則」は、そうした方向の努力の結果帰納された、作劇理念である。近代でのその旗手がすなわちイプセンにほかならない。彼らは一見その制約におとなしく従いながら、その制約の存在を逆用して、制約のなかにおいてこそ到達し得る徹底的な人生の凝縮、強烈な劇的葛藤の爆発燃焼を実現したのであった。

またある作家たちは、想像力の助けをもとめながら、その制約を打破することを試み、制約された時空をすこしでも物理的に拡大し、観客をよりひろい自由な時空のなかへと誘い出そうと努力した。シェークスピアの闊達自在な劇的世界や、花道や回り舞台を駆使する歌舞伎の名作は、そのすぐれた成果といえよう。

制約を乗りこえる方法は、そのほかにも無数に試みられてきた。が、とにかくこうしたたたかいのなかからのみ、すぐれた戯曲は作られてきたのである。ではそうしたすぐれた戯曲、それを生んだ劇作家は、どのような意識によって、どのような方法を模索してきたか——それをここでは、西洋と日本とを随時比較しながら考えてみることにしたい。

比較の視点から

あえて比較的視野をと考えた一つの大きな理由は、ほかでもない。現在は、それが日本にとってもっとも必要とされる時代だと思うからである。

周知のように、明治末年いらい長いあいだ、日本の現代演劇は西洋演劇、それも近代リアリズム演劇の影響下にあった。支配下にといったほうがいいくらいに、その影響は大きかった。むろん表現主義演劇そのほかの、非写実的な演劇も移入され、さかんに研究上演はされた。が、古代から前近代までの長い西洋演劇の歴史——すなわち西洋近代劇の母体であり基盤となったはずの諸々のものは、シェークスピアをも含めて新劇界からは冷遇され、まして能・文楽・歌舞伎など日本の伝統演劇は、古い封建時代の産物として無視され、交点をもたぬまま別の次元におかれていたのだった。

それが改めて注目されるようになったのは、じつに戦後も十年を経た昭和三十年以降である。この一九五五年という年の前後は、世界的にもそうだが、日本演劇の一つの大きな転機だった。

それを示す現象としては、つぎのようなことがあげられよう。海外において能その他が絶大な評価を受け、それが新劇界にはね返ってきて、いままでそっぽを向いていた新劇人が伝統演劇に関心をもちはじめたこと。伝統の世界の人々が現代演劇としての生命ということを真剣に考えはじめ、今日の「冥の会」の公演活動につながる新劇人との合同公演がみられはじめたこと。シェークスピアが再評価されはじめ上演が急にさかんになりだしたこと、等々——。

それの里程標としてことにいちじるしかったのは、昭和二十九年イタリー国際芸術祭における能・狂言の評判、三十年東京産経国際会議場における能・狂言師と新劇俳優合同による武智鉄二演出の「円型劇場形式による創作劇の夕」（シェーンベルク作曲『月に憑かれたピエロ』と三島由紀夫作『綾の鼓』）、同年東横劇場における福田恆存訳・演出、芥川比呂志主演の『ハムレット』初演などであろう。これらについては拙著『続・比較演劇学』（一九七四年）中の「新劇運動における近代の位相」に詳述してある。

重要なことは、昭和三十年以降のあらゆる現代演劇が志向するところは近代リアリズムを超克する方途への模索であり、そしてそれを前近代あるいは非近代としてのシェークスピアや、日本の伝統演劇ないし芸能の中にもとめようとしている——ということの認識である。観客との親炙《しんしゃ》性、共感融合の回復という一事にしても、意識的と無意識的とにかかわらず、そうした回帰を感じとることができるだろう。それは世界をあげての傾向といってもいい。近代以降の西洋における能その他の評価や、花道や回り舞台の導入の試み等々は、そのあらわれの一端にすぎない。

戯曲について巨視的にいえば、西洋のドラマツルギーと日本伝統演劇のそれとを、超近代に向かっていかに止揚するかということ——それが私たちにとっての課題だということになる。そこにはおのずから限界があるであろうが、また意外に共通な発想——そこを基点として新しい第三のドラマ、演劇を創造することのできる可能性も、すくなくないだろう。そこで東西における普遍と特殊の分析抽出が、どうしても必要となる。比較的視野というのは、そういうことにほかならないのである。

2　ドラマの地位と劇作家

戯曲・ドラマ・ドラマツルギー

戯曲というものはふつう文字によって定着された形、つまり文学の形であらわされるが、それは演劇の要素であるために、宿命的に二つの制約を負わされているということを、すでに述べた。逆にいうと、その二つの制約あるいは条件こそ戯曲をして戯曲たらしめる本質であって、優劣を別とすれば、この二条件さえ満せばどんな書き方をしても戯曲にはなるといっていい。

その条件の一つは、役者＝俳優の肉体を媒体とするというのだったが、もうすこし正確にいえば、「叙述体でなく、俳優がそこに描かれたものを実行するところの形式」（松浦嘉一訳）ということである。これは紀元前四世紀にすでにアリストテレスが『詩学』の中で与えた定義の一つで、いまさら述べるまでもない。が、ここで一言、戯曲とかドラマとかドラマツルギーという語が、そうした本質とどうかかわっているかを注記しておこう。

「戯曲」は宋代（十二、三世紀ごろ）の中国で普及された語で、「雑戯の歌曲」の意味だった。次の金の代には「院本雑劇」がさかんになったが、雑戯と雑劇はほぼ同義で、今日いう演劇・芸能をさした。ことに宋代は、文学史上俗に「漢文唐詩宋詞元曲」といわれるように、「詞」すなわち役者が作中人物に扮してのべる台詞《せりふ》——ひろくいえば演劇、舞台芸術——が興った時代である。

ところで、中国においては、現代まで伝わる京劇や越劇でもわかるように、古来演劇芸能においてもっとも重んじられた要素は〃歌曲〃だった。そこでこれを意味する〃戯曲〃ということばが、代表としてひろく劇的内容をさすようにもなったのである。

すなわち戯曲ということばには、役者によってうたわれ演じられるという本質が、当初から内包されていたことが知られよう。

「ドラマ」という用語が西欧で一般化されるのは意外に新しく、十八世紀のフランスのドゥニ・ディドロ（一七一三―八四）以後である。それまでは悲劇《トラジエディ》と喜劇《コメディー》の二ジャンルしか認められなかったので、ドラマという一般概念は必要なかったのだが、ディドロは新たに悲劇でも喜劇でもないものの存在を主張した。それがやがて近代市民劇ともなるのだが、この新しいジャンルを彼はドラーム drame と呼んだのである。

しかし語源はやはりギリシャにあった。それは「行動する」という意味の動詞「ドラーン」*δρᾶν*（drān）からきている。そうしてこのドラーンにはさらに、ドロメノンという語が先行していた。ドロメノンとは、身体の動きすなわち身ぶり表現によって、眼前に現出表現された形象をさす名詞である。したがって、ドラーンはそのドロメノンを生みだす行為、すなわち身体の動きによっておこない出す、行動する、ということになる。ドラマ *δρᾶμα* は、その行動の意味内容（ドロメノンの筋内容といってもいい）すなわち脚本をさす名詞なのであった。

ついでに「ドラマツルギー」なる語について、簡単にみておこう。この語も、今日のような作劇術とか戯曲作法ないし戯曲論の意味にひろく使われだしたのは、十八世紀も後半からだが、もとはやはりギリシャで、脚本《ドラマ》の上演を意味するドラマツルギア dramaturgia ということばだった。

やがて十八世紀後半、ドイツのゴットホルト・エフライム・レッシンク（一七二九―八一）がハンブルク市民劇場の脚本部主任として、同劇場の上演劇評にはじまり、戯曲作法の批評からさらに悲劇論へと、画期的な評論活動を展開したとき、それらを後にまとめて出版するにあたって、*Die Hamburgische Dramaturgie*（ふつう『ハンブルク演劇論』と訳される）なる表題が附された。それいらいドラマツルギーということばは、もとの脚本上演よりむしろ、戯曲作法とか演劇論の意味によく用いられるに至った。……

以上のことから、東の「戯曲」も西の「ドラマ」も、ともに役者、演技者によってうたわれ演じられる、すなわち肉体を媒体として表現さるべきものという条件を、はじめから本質として担っているということが確認できたと思う。

つまり、戯曲というものは、役者の肉体を媒体として、見るものの眼前に表現現出されて、はじめてその使命を果たすべきものだということ。これは古今東西、普遍かつ不変の本質であって、戯曲の優劣成否も、劇作家の使命宿命も、すべてはこの本質からくるのである。

ここで第一章にもあげた〝戯曲の二重性〟ということにふれておきたい。それは戯曲が、演劇性と文学性の二面を併せもっているというごく当たりまえのことだが、しばしば、この二面がたがいに相容れないかのようにあらわれてくるので、とくに〝二重性〟などといわれたのであろう。

たとえば、歌舞伎の場合、役者本位だといわれるが、では狂言作者つまり劇作家の主体性はどうなるのだ——といった議論が昔からある。作者の意識姿勢などについては次節に論じるつもりだが、とにかくこうした場合、作家の主体的世界を文字であらわすいわゆる文学性と、役者によって上演されなくては何にもならないという演劇性とは、東西ともにとかく矛盾葛藤を起こしてきたのは事実である。

一例をあげよう。明治二十年頃、演劇改良会が創立されて政府による改良運動がさかんだったときに、その改良理念を具体的に示す目的で「改良台本」が企画制作されたことがある。作者は改良論者の急先鋒で漢学者の依田《よだ》学海(じっさいには劇通の川尻宝岑が執筆に助力していたらしいが)で、題名は「吉野拾遺《しゅうい》名歌誉」——楠木正行が四条畷《なわて》にのこした「かへらじとかねておもへば梓弓……」という尊王史上有名なあの和歌を主題とした、いわゆる活歴《かつれき》劇である。

だが、これは改良会員の会合で朗読発表の結果、上演に適さずとて却下され、ついに今日まで上演をみない。読んでみてなるほどと思うが、要するに当時の皇道思想鼓吹、忠孝奨励、それには忠臣義士の史実をそのままに描いて国民教育に資すべしという、政府の文教・演劇政策の権化で、芝居としておもしろくもおかしくもないのだ。学者の作だけに用語は典雅だし、時代考証も正しく、読物としては一顧の価値があるかもしれない。当時の状況をもっとも象徴するものとして、文学史、演劇史上の価値もすくなくはないだろう。しかし、文学性は認められても、芝居として落第、つまり演劇性においては失敗作だったのである。この作を後に読んだ狂言作者河竹黙阿弥（一八一六―九三）は、あえてこの官学者の戯曲を批判はしなかったが、「これをやるには九代目団十郎（ほどの名優）が四、五人いなければ」と、ひとこと漏らしたという。

逆に、文字に定着されずともりっぱに芝居が成り立つ場合は、いくらもある。極端なケースは、パントマイムだ。マルセル・マルソーは日本へも来て有名だが、パリの小さな劇場で一晩彼の劇をみたことがある。娘のほかに二人ほどの弟子を連れただけの旅の曲芸師が、ぼろ車である町へやってくる。が、大企業のサーカス団が乗りこんできて、ついに彼らは追い出され、車をひいてさびしく去って行く――という、チャップリンふうの悲喜劇で、ムード・ミュージックのほかには、せりふはひとつもなかった。

では戯曲がないかというと、そうはいえないだろう。せりふはなくとも文字であらわされた上演台本はあるだろう。いや万一それさえなかったにしても、マルソー一座の役者はちゃんとひとつのあらかじめ設定された筋に沿って、演技をおこなっているのであるから、そこには前述の定義におけるドラマが実在しているのである。

また、私は見たことも聴いたこともないが、アンチ・テアトルの作家として知られるサミュエル・ベケットには、ため息だけで三十秒ほどで終ってしまうドラマがあるそうだ。そこに劇的感動をよぶ人間の行動のある継続《シークエンス》があるなら、これもたしかにドラマといい得るにちがいない。

こうした、文字で定着されたせりふをもたないものを「無形戯曲」と呼んだ人もある。が、この名称はいささか観念的なペダンチシズムに思えるにしても、初期歌舞伎の口立て芝居や、古代ギリシャやローマのミモスやミムス、あるいは単純だった初期のコメディア・デラルテなども含めて、即興的と否とを問わず、文字で定着されないドラマ、作者や役者の頭の中だけに描かれていて、すぐに身体的表現となって現前し消えて行くドラマは、けっしてすくなくはないのである。

前に戻るが、文学としてはすくなくとも通用するが上演に適さないものは、レーゼドラマ Lesedrama（読物の戯曲、机上戯曲）とかブーフドラマ Buchdrama（書物の戯曲、典籍戯曲）とか呼ばれる。文園戯曲、書斎戯曲という訳語も以前は見受けられた。これには、上演を意図して書かれたにかかわらず技法上上演に適さないとみられるものと、はじめから上演を目的とせず、黙読の対象として書かれたものとがある。

前者では、たとえば北村透谷の『蓬莱曲』――これは異論もあるが作者はどうも上演を期待して書いたのだろうと思われる。しかも、真の意味で日本最初の近代戯曲だと高く評価されながら、ついに上演されず、戦後小さな劇団で試みられたが失敗に終わり、再挑戦はおこなわれていない。けれども、将来すぐれた演出家により成功的に上演されて、レーゼドラマの範疇から脱することがないとは断言できない。

後者の例には十九世紀ロマン派、たとえばキーツ、コールリッジ、バイロンその他の作があげられよう。それらの作は詩として読まれるために書かれたもので、対話による戯曲の形式を用いたにすぎない。

この傾向はドイツのフリートリヒ・シュレーゲル（一七七二―一八二九）あたりを先駆とするが、彼のあるロマン主義戯曲がワイマールの王立劇場で初演されたとき、どうにも芝居にならず観客が思わず笑いだしたところ、貴賓席に陣取っていたゲーテ（一七四九―一八三二）――シュレーゲル兄弟の先輩で指導者でもあり、当時ワイマール公国の宰相だった――が怒って立ち上がり、「笑うな！」と一喝したという話は、有名だ。

日本の近代では太宰治の『新ハムレット』などがそうだが、これは上演もされている。この場合も意図に反して、いつの日か成功的に上演されないともかぎらない。

こう考えてくると、演劇性と文学性との二重性は本来相反的なものではなく、比重の問題であって、むしろこの両性が表裏一体をなして相補ってはじめて、戯曲というものが成立する――というべきであろう。

由来、日本の伝統演劇は演劇性が濃く文学性に欠けると、よくいわれてきた。だが、世阿弥の謡曲や近松の浄瑠璃を読めば、文学的感性のよほど鈍い人でないかぎり、それらが文学としてもすぐれたものであることを知るにちがいない。歌舞伎脚本はどうか。なるほど純歌舞伎狂言は役者にあてはめて書かれており、したがって役者の演技によって満されるべき空白が多い。文学として完結していないとよくいわれるのは、もっともである。だが、すぐれた作品であるならば、ト書き舞台書きでイメージを頭の中につくりながら、りっぱに一篇の完結した文学的世界を享受することができるであろう。それが文学性というものであって、文字で書き切ってないなどという形式上の差別は、本質的ではない。

詩でも小説でも、必ず読者は文字にあらわされた以上の具象的なイメージを、風景にせよ人物の風貌や情況にせよ、各個の頭の中にえがきながら読んでいるではないか。むしろ、饒舌にまかせて書き切ってしまった作品は、写真のように模写された絵と同じで芸術的感動のうすいことが多い。豊かな想像力によって補われつつ、心象のなかに形成されていく世界こそ、文学的世界というものであろう。歌舞伎狂言の場合も、形式上の比重の差こそあれ、本質は同じである。

ただし、そうして作られる文学的世界が充実したものか否か、高いか低いかは、別問題だ。それは詩でも小説でも同じことだが、とくに芝居の場合スペクタルに流れて、文学的世界がいちじるしく乏しい場合がより多くなりがちだということは、否定できない。かつて島村抱月は、「脚本をして先づ読物たらしめよ」という論文において、これからの脚本は「先づ読物として合格せよ、而して更に舞台上のものとして合格せよ」と述べたが、その真意は、

「吾人は読んで面白いが必しも好脚本でないといふことを是認すると共に、好脚本は凡て読んで面白いものであると信ずる。読んで面白くないくらいのものは、演じても面白くはない。」

というのであった。味読すべきことばだと思う。読むということを前述のように、広義の文学的享受と解するならば、この抱月の一言は、明快に戯曲のいわゆる二重性の本質を喝破したものといえるだろう。

彼は内容の低いものが多すぎることに不満で、右の一文を草したのだが、しかも究極においては、上演結果の成否をもって戯曲評価の尺度としたことに、変わりはなかったのだ。

劇作家の意識と姿勢

戯曲が上演を目的とする以上、それを作る劇作家にも、詩人や小説家とは比較にならない大きな制約が課せられるのは当然であろう。今日でも、製作者と役者と作者のあいだに、ほとんど例外なく対立葛藤はくり返されている。ことに役者の力の強い商業演劇ないし大劇場演劇の場合は、その制約の度合はきわめて大きい。そうした場合、劇作家はどういう姿勢で対処すべきか——。

ここでもまた、両極をとって考えてみよう。近代劇においては、劇作家は自己の主義主張をドラマに描くという姿勢に立っている。それは一八七三年エミール・ゾラ（一八四〇—一九〇三）による自然主義宣言いらい、演劇は人生の

実験室たるべしということになり、劇作家は人生とは何ぞや、人生はいかにあるべきかを、ドラマの中で提示するのが常となったからである。イプセンのいわゆる問題劇――『社会の柱』『人形の家』『幽霊』『人民の敵』とつづく一連の社会劇――はその典型例だが、多かれ少なかれ現代の劇作家は、こうした姿勢を保っているといえよう。自主性、主体性が確立したといってもいい。

前近代までは、必ずしもそうではなかった、というより、プロの劇作家にはいわゆる座附作者性がきわめて濃かった。シェークスピアにしても周知のように、作者生涯の大半を、テムズ河畔に林立する公衆劇場《パブリックシアター》の一なる地球座The Globe の専属作者として過したのである。

しかし座附作者のもっとも典型的なものは、歌舞伎の狂言作者であろう。江戸でいえば中村、市村、森（守）田の三座が公認されていたが、それぞれに主任たる立作者がおり、以下二枚目三枚目……から見習作者、狂言方まで整然とした作者部屋の組織があって、職分も定められていた。そうして彼ら、主として立作者が、座頭《ざがしら》、立女方以下の一座の役者をフルに働かすべく、戯曲を書いたのである。役者と作者を統率する座長は座元（座本）といわれ、彼は金方《きんかた》（金主）から毎興行ごとに資金を借り入れて芝居を打った。作の成否は、したがってただちに一座の興廃につながる……。

こうしたきびしい条件のなかで歌舞伎作者が自分の信条としたのは、ほかでもない、いわゆる「三深（親）切」ということだった。これは黙阿弥が弟子に、師匠の教えとして語ったといわれる作者心得だが、それは「役者に深切、見物に深切、座元に深切」というのである。どれがとくに大事だとはいっていないが、結局は一つのことに帰着するといえよう。

役者に深切に、つまり役者の仁《にん》（柄、資質持味）を生かし得意芸を存分に発揮できるような狂言を書けば、舞台はおもしろいにちがいない。そうなれば見物の評判もよく大入りつづきで、経営者たる座元もよろこぶ——すなわち、いわゆる「役者を仕活《しい》かす」ように書くことが、歌舞伎作者の基本的姿勢であった。

事実、黙阿弥は四代目市川小団次にはめて、『三人吉三』『村井長庵』『宇都谷峠《うつのやとうげ》』『縮屋《ちぢみや》新助』『御所五郎蔵』『十六《いざよ》夜《い》清心《せいしん》』その他、幾多の名作を書いた。小柄で、色男でない小団次の柄と、写実芸に秀でて、しかも義太夫の糸に乗るリズミカルな一面をもったその芸が、これらの名作を生んだともいえる。

だが、黙阿弥はけっして小団次に屈従したのではなく、小団次のために新しい役々を創造し、素材としての彼を生かし成長せしめつつ、独自の生《き》世話《ぜわ》物の世界を展開したのである。「三深切」には「作者自身」に親切という文字が表《おもて》にはあらわれていないが、三深切が全うできることがそのまま、プロ劇作家としての力量の保証であり、誇りであったのだ。

歌舞伎作者の中には、もっと積極的に演劇制作における作者の地位、主体性について、はっきり述べた人もある。たとえば二世並木正三（入我亭我入《にゅうがていがにゅう》・?—一八〇七）はその著『作者式法戯《け》財録《ざいろく》』でこう記している。よく引用される句だが、一応ここに摘記して確認しておこう。

「芝居は城廓、金主・座本は大将、役者は勇士、作者は軍師なり、軍師に威勢なくば勇士下知に従はず、狂言といふ魚鱗鶴翼の備へ乱れる故、見物の敵に勝つこと能はず。」

「そうじて机にゐる時、三千世界はわがものと思ひ、向ふ敵なしと心得、役者はわがものにして遣ふべし。」

内容は明快、蛇足を加える要はあるまい。なお、役者のほうでも作家あるいは戯曲をいかに尊重したかについて、一、二例をあげると、まず荒事の祖とされる元禄期の初代市川団十郎（一六六〇—一七〇四）だが、およそ芸本位の最《さい》たるものと思われる彼にして、その手記のなかに、

「よく思へば武士の文武と役者の狂言しこなし、おもへば車の両輪にひとし。一方かけても思ふ所にはゆくまじ……」

と、狂言の重要さを説いている。また東の彼にたいして同時代の西の和事の雄坂田藤十郎（一六四七―一七〇九）は、近松門左衛門をふかく尊敬信頼していて、ふつうの役者のように狂言にたいしてあれこれ文句をいわなかったので有名だが、ある人が藤十郎の役が仕所が少ないのをみて残念だといったところ、笑ってこうこたえた。

「狂言さへよくばかんにんあれ。藤十郎が芸の善悪はかねて見物よく知れり、まったく藤十郎を見する芝居にあらず、狂言を見する、芝居也……」（『役者論語』のうち「耳塵集」下）

先の黙阿弥のことばには作者としての、団十郎や藤十郎の言には役者としての、誇りと自信が秘められている。作者と役者の、それぞれの分をわきまえたうえでの信頼こそ、すぐれた戯曲を生むもっとも有利な条件だということができよう。劇作家はこうした肝胆相照らす役者を得たとき、彼によってアイディアを与えられ、イメージをゆたかにして登場人物をふくらませ、生き生きしたドラマを書くことができる。とすれば、劇作家の宿命的な制約は束縛よりむしろ武器として、有利に作用するはずである。

世阿弥やモリエールなどは、自ら座長と役者と作者を兼ねたことは周知のとおりだが、シェークスピアもすくなくとも座附作者であった。彼はリチャード・バーベージその他の地球座の役者のために、あの名作を書いた。役者にはめて書くことが、けっして劇作家の主体性を傷つけるものでないことは、ここでも証明されよう。

ちなみに、人によっては文学者としての意識をもって書かれ、対話体の文学として完結した作品を戯曲と呼び、座附作者が役者にはめて書いたものは、脚本と名づけて区別する人もある。その立場によると、俳優と役者は別もので、文学としての戯曲を芸術家たる俳優が上演したものが演劇で、脚本を物まね芸人たる役者が上演すればそれは芝居、として区別することになる。が、これはおよそナンセンスであろう。しかもそういう人々が、シェークスピアの作だけは戯曲と呼んではばからないにいたっては、明らかに自己矛盾で、新劇における、日本の伝統演劇に対する軽視の伝統のひとつのあらわれというほかはない。

戯曲の高下も、文学・非文学も、意識や姿勢によるのではなく、作られた作品そのものの善悪巧拙にもとづいて下さるべき評価でなくてはなるまい。確かに座附作者的作品はへたをすれば役者に妥協し、スターシステム的ないわゆる内容空疎なウェルメイド・プレイ well-made play におちいりがちな一面をもつが、さりとて〃純文学者的〃戯曲はいわゆる「板（舞台）にのらない」独善的な小宇宙にとどまる危険性を孕んでいる。どちらも感心したことではない。が、それはどちらが劇作家の姿勢として正しいかということではなく、劇作家としての力量、度量にかかわる問題であろう。

3　題材・主題・劇的なるもの

題材とその選択

さて、何をどのように書くか――だが、その「何を」には、扱う素材、題材と、そのなかで作者が究極的にいいたいこと、あらわしたいものは何か、すなわち「主題」が含まれているのは、いうまでもない。

まず題材だが、結論的にいってしまえば、読んだもの、見たもの、聞いた話、作者自身の体験など、そのどれもが、原理的には題材となり得る。歴史画も肖像画も風景画も宗教画も、あるいは心象そのものを描いた抽象絵画も、みんな可能であるのとえらぶところはない。つまり今日では、ほとんど自由だといっていい。

もっとも演劇の種類により、制約の生ずることはむろんあるだろう。特定の劇団のために書くときは、一座の役者の人数や顔ぶれに相応した素材を選ばねばなるまいし、歌舞伎の新作ならやはり髷物、つまり幕末維新以前に題材を求めるのがふつうだ。

だが、それでも劇作家が立場上主体性を確立した近代以後は、昔にくらべればはるかに自由だといえる。過去にはずいぶんいろんな制約や慣習があったのである。

たとえば西洋では、ギリシャの昔から長いあいだ、悲劇は神話伝説英雄譚が材源とされ、したがって主人公は王侯貴族英雄豪傑、あるいは神でなければならなかった。ふつうの市民が主人公となり、市井や家庭の茶飯事が扱われるものは一段低い喜劇とされた。

この事情は日本でも同様だった。中世では、厳粛で貴族的でいずれかといえば悲劇的な能の場合は、世阿弥（一三六三—一四四三）が『花伝書』で「よき能と申すは、本説《ほんぜつ》正しく」と述べているように、素材の出どころが古典として由緒正しいものをよしとした。すなわち『伊勢』『源氏』『古今』『新古今』『平家』等々に取材するのが望ましかったのである。が、同時代に同一舞台で創造されながら、幕間《まくあい》喜劇としての狂言のほうは、たとい大名が出ても固有の名はもたず、「とある大名」で、題材もごく卑近な庶民の日常生活の断片が選ばれている。

近世の浄瑠璃や歌舞伎でも、程度は違うが似たありかただった。これら近世劇では、題材のことを「世界」といい、歌舞伎などでは年度はじめに「世界定め」という行事をしたくらいに大事とされていた。さてこの世界とは史上有名な物語、史伝の世界のことで、伊勢物語・保元平治物語・伊豆日記・源平盛衰記・義経記・曽我物語・時頼記・太平記・太閤記・各種のお家騒動……などがあるが、そうたくさんはない。あたかもギリシャ悲劇におけるホメロスの叙事詩や、オイディプス伝説、アガメムノン伝説のようなものである。

では一般市民――民衆的英雄や市井の男女や白浪など――をえがく作品すなわち世話物は、どう扱われたかというと、周知のようにそれらは、右にあげたような大時代の世界を扱った、いわゆる時代物（王朝物・狭義の時代物・お家物に分けられる）の中に、「二番目狂言」として組みこまれたのであった。つまり江戸の現代劇である世話狂言も、なんとかこじつけて昔の時代の「世界」に結びつけねばならなかったのだ。

その好例が、歌舞伎十八番の『助六』であろう。江戸吉原の廓で通客として知られた豪商大口屋《おおくちや》暁雨《ぎょうう》を、モデルにしたといわれる主人公花川戸助六が、じつは源家の重宝友切丸の名刀をさがす曽我五郎時致《ときむね》だという、ふしぎな話になっている。この場合、曽我物語という大時代の世界を「竪筋《たて》」、これと組み合わされた助六の吉原通いという新しい〃趣向〃を「横筋」と称した。歌舞伎の局面はこのように、竪筋と横筋の交点に作られたのである。この方法を「綯交《ないま》ぜ」という。

西洋における悲劇・喜劇の窮屈な差別観は、既述のようにディドロによって批判され撤廃されたが、日本でも初代並木五瓶により、世話狂言は独立の作品として分離された。市民劇がここで確立したといってもいいが、それが東西ともに十八世紀の中・後期だったことは注目に値いしよう。

そういえば日本で出雲の阿国により歌舞伎が創始されたのは、慶長八（一六〇三）年のことだが、この年はちょうど英女王エリザベス一世が没した年にあたり、シェークスピアが『ハムレット』を書いた直後であった。江戸時代市民劇たる歌舞伎と、ロンドンの市民劇たるエリザベス朝演劇とは、ほぼ時を同じくして東西に花咲いたのである。人類の進歩、歴史の推移はごく巨視的にみると、相似た位相をもって展開しているように思われる。

以上、時代と社会、演劇そのもののありかたにより、題材の選択にはいろいろの制約があったことをみてきたが、政治的、道徳的その他の理由で条件づけられる場合もすくなくない。たとえば中世ヨーロッパでは、キリスト教の教義に合致した題材、ことに前半期まではもっぱら復活や降誕その他、『聖書』の物語にかぎられていた。日本では江戸初中期、主として近松の心中物があまりに流行したため、青年男女の心中行が急増し、享保七（一七二二）年の『心中宵庚申』を最後に、翌八年には幕府が心中物脚色を禁ずるという処置をとった——などがその一例である。

また、これらはむろん主題とのからみ合いによるが、明治以降終戦時までの、歌舞伎における濃厚な愛欲場面や血みどろ惨劇に対する自粛勧告、左翼演劇への弾圧——これらは明治初年発布の脚本検閲制度によりきびしく取り締られた——、戦後の占領軍当局による歌舞伎の仇討物（たとえば『忠臣蔵』）、婦女子虐待劇（たとえば『寺子屋』『先代萩』『皿屋敷』）の禁止なども、題材不自由の好例だろう。

さいわいこのような制約は、現在の日本にはほとんど存在しない。すべてがきわめて自由である。史実、伝説、日常の三面記事、社会問題、あるいは一見事件とみえない身近な日常のなかにも、題材はころがっている。岸田国士の『葉桜』『驟雨』あるいは『命を弄ぶ男二人』など、作者自身、これまで芝居にはなるまいと思われていたものをわざと芝居にしてみたのだ、と述べているくらいで、常識では事件とみえないものでも、りっぱな戯曲が生まれることを証明している。

題材の面から戯曲ないし演劇を分類すれば、第一章に記したように、神話伝説劇・歴史劇・伝記劇・民話劇・寓話劇（お伽芝居）・市民劇・社会劇・家庭劇などがあげられる。が、結局は題材の特異さ新鮮さもさることながら、決定的なことは題材に対する主題の光りの当てかた、あるいは主題にもっとも適していると思われる題材の選択、および截りとりかただといえよう。

題材自体はけっして古いということはない。その証拠には、古来同一題材の改作、翻案は無数にくり返され、しかもいいものはその度に新しい劇として、清新な感動をもたらしてきたのである。

たとえばギリシャ劇の世界が、後代の作家によってどんなにたくさん用いられ、しかも新しい傑作を生んだか――シラーにもラシーヌにもあるが、新関良三博士の『現代のギリシャ悲劇』I・IIを一読すれば瞭然であろう。そこにはホフマンスタール、ハウプトマン、ジード、オニール、エリオット、コクトー、ジロドゥからサルトルまで、詳述されている。

またシェークスピアの大部分が、先行作家の改作や重ね合わせであることは、いうまでもあるまい。フランスで古典主義を確立する契機をなしたピエール・コルネーユ（一六〇六―八四）の歴史的名作『ル・シッド』（明治時代に『鎌倉武鑑』の題で歌舞伎が翻案上演もしている！）も、スペインのギレン・デ・カストロ（一五六九―一六三一）という作家の『若き日のエル・シッド』の翻案で、当時盗作と非難されたくらいだ。

浄瑠璃や歌舞伎その他日本の演劇でも、まったく同様である。赤穂義士事件が落着してから、最高傑作とされる『仮名手本忠臣蔵』が成立するまでには、じつに義士の数と同じ四十七年間もかかっている。その間に近松や紀海音その他大勢の作者が、このひとつの事件をとっかえひっかえドラマにつくった。その集大成が『仮名手本』だったのだ。しかもその後も同題材の新作は絶えることなく、明治以降でも、真山青果の大作『元禄忠臣蔵』はじめ五十余篇をかぞえる。

日本の近代にも、日本の古典からとったもののほか西洋からの翻案で、しかもまったく創作としか思えないすぐれた作品はいくらもある。たとえば大正戯曲時代のさきがけをなした菊池寛の出世作『父帰る』は、アイルランドのジョン・エドワード・ハンキン作『蕩児帰る』*The Return of the Prodigal* の翻案だし、小山内薫の『息子』は、イギリスのハロルド・チャピン作『父を探すオーガスタス』*Augustus in Search for His Father* の翻案だが、どちらもじつに巧緻に、しかも人物、ムードともみごとに日本化されているため、翻案臭は全然感じられない。結局のところ、題材は必ずしも新発見のものとか、作者の想念で生み出したまったく新奇なものである必要はなく、使い古されたものでも一向差し支えはないのであって、問題はそこに作者自身が何を新しいドラマとして感じとり、何を現代に生きる主題とするかということに、帰着するであろう。

題材の截りとりかたや接合交配のしかた、構成脚色のありかたは、そこからおのずから方向づけられてくるにちがいない。

主　題

ドルーテンは、劇作家はドラマの詳細な設計プランをつくりはじめる前に、すくなくともこれから書こうとする作品について次の四つのものだけは、あらかじめつかんでいなくてはならないと述べている。それはテーマ theme、ストーリー story、プロット plot、およびムード mood である。

まず、テーマすなわち主題だが、彼はこれを「あなたの戯曲が何について書かれるかという対象、いいかえれば、その作のいおうとしているもの」と定義して、二、三例をあげる。たとえば『ヘッダ・ガブラー』のテーマは「嫉妬深い、空虚倦怠の女によって描き出された妨害ということの精神的効果」、『オセロー』のそれは「嫉妬」、『セールズマンの死』の場合は「アメリカ人の成功の夢」……。

この最後の場合はむしろ、資本主義社会における一個の人間の悲劇的運命――とでもいうほうがぴったりくるかもしれない。作品の主題というものは、はたからの見方によっていろいろに解釈されてもかまわないもので、むしろ時代と社会に応じて各様の受け取りかたのできる作品のほうが生命が長く、万人によろこばれるということも考えられる。

たとえば『ハムレット』などは、何が主題なのか、シェークスピアがどんなつもりで書いたのか、とらえがたい。

それだけに――むろんドラマとしての内容構成、せりふ、人間描写すべての点で傑出しているからではあるが――今日ますます千差万別に研究され、解釈され、演出されてもいるのだ。

その反対の極として、イプセンの場合を考えてみよう。『社会の柱』から『人民の敵』までのあのいわゆる一連の問題劇には、いうまでもなく一貫したテーマ、すなわち旧道徳既成社会悪への抗議、自我・人間の尊厳の確立という明確な主題が流れている。たとえば『人形の家』ならば、女性の社会的地位の不当性、あるいは男性の専制横暴への抗議ということがはっきりしている。イプセン自身は後年、婦人解放運動の先駆者とたたえられたのに不満を表明し、自分は人生をあるがままに描いたにすぎないと述べたという。が、それは本音ではなく、当時やはりイプセンははげしい意志と情熱をもって、ひと筋の主題を追っていったことはまちがいない。

しかし『人形の家』を例にとれば、女性がすでにすくなくとも理念的には、十分解放されたといえる今日では、その主題はもう過去のものになったといわざるを得ない。明治四十四、五年でこそ、松井須磨子という新しい女優の登場の華々しさと相まって、これこそ新しい劇と迎えられ、すくなくとも戦争直後ぐらいまでは新鮮だったけれども、いまはどの国でも、そうした歴史的記念的な作として以上には評価されていないようである。

それはひとつには、最後のノラの家出への心理的過程が、あまりにも主題のために便宜的に出来すぎて不自然だったり、劇をはこぶための技巧が見えすぎたりという、ドラマツルギー上の欠陥にもよるが、やはり根本は主題そのものが前近代的な当時の社会の特殊性に、あまりにも強く結びついていたからであろう。坪内逍遙は「イズム臭」がきらいだといってイプセンを「余り好まなかった」のであったが、後期の『野鴨』や『ヘッダ・ガブラー』については、そうした主観やイズムが比較的すくなく「脚本として純粋」なのがいいと評して、こう述べている。

「イプセンの作、果してシェークスピヤの如くに命が長いかどうか知らぬが、若し果して長く残るならば、多分

第四期の作の中で残るだろうと思う。」(千葉掬香訳『ヘッダ・ガブラー』序)

第四期の作とはすなわち『野鴨』『ヘッダ・ガブラー』などである。逍遙は鷗外と有名な「没理想」論争を展開したくらいで、シェークスピアが作者の小我、あるいは右にいうような「主観、イズム」を押しつけないところを好んだことは、周知のとおりだ。イプセンについての逍遙の予言は、どうやら当たったようで、現代でも本当に評価されているのはまさに『ヘッダ』と『野鴨』なのである。

もちろん演劇というものは、その時々の観客のためにあるものだから、当時大センセーションを与えた『人形の家』はそれだけで偉大であり、イプセンの劇作家としての使命は十分に果たされたといえる。だが、もっと生命が長ければ一層すぐれた作品といえただろうことは、まちがいあるまい。イプセンを評価しようとする人は、だから、彼の作品のなかに新しい解釈を見出し、価値づけようと研究努力を重ねている。アイロニーの喜劇としてみるとか、深層心理的解釈をこころみるとか——。

日本の古い劇にしても、たとえば歌舞伎の『四谷怪談』その他が、近年新しい主題の光を当てられて、新劇団により改作上演されている。このように、つねに旧作に新しい生命をもとめ、甦らせることはそれ自体いいことで、それに値いする作品は、それだけでも相当に充実したものであるにちがいない。が、欲をいえば、原作のままですこしでも長く、普遍性を保ち得るほうが望ましいだろう(『四谷怪談』のことではない。これはそのままで現代にりっぱに生きている)。その場合、主題はもうひとつ人間の普遍性の奥底に結びついたものであることが、必要のように思われるのである。

一例として『忠臣蔵』をあげよう。塩冶判官は殿中刃傷に及んだため、お家断絶即日切腹を命じられ、切腹する。その間際に家老大星由良之助がかけつけ、無言のうちに仇討の誓いをかわし、やがて何十年仕えた城をふり返りながら、闇の中へ去って行く……。

殿中刃傷に対するきびしい罰則、仇討という方法——これらはいうまでもなく、徳川封建時代にのみ存在したきわめて特殊な事柄であった。だが、この一見きわめて特殊な、いまではどこでも通用しそうもない芝居が、一九六〇年にアメリカで初演されたとき、他のどの演目よりも絶讃を博したのである。

それが「ハラキリ」に対する好奇心などではなく、真実、ドラマとしての感動だったことは、同行した私が毎回客席の中で身体で受けとめた反応だから、まちがいない。ヨーロッパ諸国でも同様の大好評だった。

何故か——第一級俳優（尾上松緑の由良之助と師直、中村勘三郎の判官、中村歌右衛門の顔世御前など）の演技もむろん最高であった。が、根本はその緊密な劇的展開から滲み、あふれ出る人間的なもの——封建悲劇という小さな枠をこえた人間的テーマの普遍性であったと思う。

切腹の場だけなら、ただの見世物に終っただろう。が、序幕から喧嘩場へと進み、判官が師直に不当な虐待、侮辱を与えられ、ついに抜刀するまでが、じつに自然に描かれている。しかも判官と対照的な短慮一徹の若狭之助という若侍が出るために、一層、判官の温厚慎重さが強調され、その判官が禁を犯すのはよくよくのことだと感じられてきて、切腹に追い込まれた判官の悲劇的状況が、体制的悲劇という枠をこえて一個の人間の悲劇として、観客に迫り、切腹から城明渡しにかけてふかい同情共感を呼んだのである。

主題のことを考えているうちに、つい、劇的構造のほうへふみこんでしまった。が、とにかく、たとい特定の時代・社会の特殊性に密着した作品でも、劇作家の眼、劇作家の作劇術によってその主題がもうひとつ深いところ——つまりは人間の普遍性の段階——に根をおろしていたとき、その作品は同時代のみならず、よりひろい人々に演劇的感動、演劇的恩恵をもたらすことができるのではないだろうか。

しかし題材がそろい主題がきまっても、それだけでは詩でも小説でもいいわけで、まだ戯曲つまり演劇の要素としての条件は満されていない。どうしても欠かせないのが「劇的《ドラマチック》」ということである。

劇的なるもの

劇的とは何か――これについては多くの作家や学者評論家が解明を試みてきたが、どうも満足なものがない。それだけとらえがたいのだが、一応今日すでに古典となっている二、三の解答をあげてみると――

フライタークは「ある印象のひらめきによって起こった欲求が行動となってあらわれるまでの心理的過程と、自他の行動によってさらにかり立てられる内面的な活動」と定義し、フェルディナン・ブリュンチェールは、「対立する二つの意志闘争」とし、ウィリアム・アーチャーは「運命ないし境遇上の危機《クライシス》」と考え、ジョージ・P・ベイカーは「人間に情緒反応を起こさせるもの」と述べている。

これらはいずれも劇的なるものの諸々の面をとらえてはいるが、私はより一般的に、次のように定義したい。

「劇的とは、人間の生のいとなみの中における何らかの本質的な矛盾を含んだ、人間と何者かの潜在的対立関係が、時間の経過とともに、実人生的な局面において視聴覚的に顕在化し、強い緊張感のうちにいずれかの側に荷担した結末に到達する一連の過程である。」

これもけっして完全ではないだろうが、とにかく「劇的」というとき、すくなくとも広義における「対立葛藤」を含まない場合はないと思う。おなじ舞台芸術でも純粋な舞踊と、演劇や舞踊劇との本質的な違いは、やはりこの点に根ざしているといえるだろう。そもそも「劇」という文字に、この対立葛藤という意味が内在していることは、第一章に述べたところである。

ドラマの場合、その対立物はさまざまであろう。ギリシャ劇ではそれは運命であり、『ロミオとジュリエット』とか日本の浄瑠璃・歌舞伎の大多数の作ではそれは境遇だった。そのほかむろん人対人、あるいは人対社会、さらには一個の人間の内部における矛盾対立する二つのものの葛藤――など、多種多様である。

が、たとい一見何にも葛藤対立がないようにみえるドラマでも、必ずどこかに対立の要素が含まれているはずだ。能は演劇か否か昔から論議のあるところだが、この場合は脇能（神を主人公とした舞）や『羽衣』その他たんなる謡い舞いの能を幽玄能として、修羅物や狂女・執心物、現在物などのいわゆる「劇能」とは区別することが妥当であろう。

なお前節で、おなじ題材が主題のとらえかたによってまったく別の新しい作を生むと述べたが、劇的なるものの諸相とも関連して、ここに典型的と思われるその例を、一つだけあげておきたい。それは中世の能と近世の浄瑠璃・歌舞伎とにおける、熊谷・敦盛説話の劇化の相違である。

題材は同じく『平家物語』の「敦盛最期」の段である。その要点はこうだ。――一の谷の合戦で、源氏の将熊谷直実は海上を馬で落ちのびんとする平家の若武者を呼びかえし、浜で一騎打をして組敷き、戦場のならいとて首討とうとしたが躊躇する。それには理由が二つあった。ひとつは、その少年が薄化粧すら施して、いかにも優雅高貴なのに感じ、その〃花〃を惜しんだこと。その二は年恰好がわが子と同じくらいなので、父の心を思いやって深く同情したこと。

しかし味方の軍勢が遠巻きにしてはやく討てと叫ぶので、どうせ誰かに殺されるならばせめてわが手にかけてと、熊谷は少年に後生を弔うことを約し、涙ながらに討ち果たす。あとで調べると、それは清盛の孫に当たる無冠の太夫敦盛で、鎧の下から小枝《さえだ》の笛が出てきた。さては昨夜敵陣からきこえてきた妙なる笛の音は敦盛であったか――熊谷は一入《ひとしお》無常を感じ、剃髪して蓮生《れんしょう》坊と名をかえ、生涯敦盛の菩提をとむらう……。

能の作者世阿弥は、謡曲『敦盛』を作る際に、熊谷が敦盛を討ちかねた右の二つの理由のうちの前者だけを取り、後者を捨てる。――いまは蓮生（能ではレンセイと発音する）となった熊谷が一の谷の古戦場を訪れ、懐古の念にくれて誦経している。と、妙なる笛がきこえてくる。やがて現われた若い草刈男は、蓮生の問いにこたえて、自分が吹いたのだという。敦盛の亡霊だったのだ。中入後、彼は敦盛のありし日の姿となって再来、合戦の様を述懐しながら修羅の苦患《くげん》をうたい舞い、やがて蓮生の説得により心柔らぎ、未来成仏を期して消えて行く……。

これにたいして浄瑠璃で創作され、今日も歌舞伎、文楽でしばしば上演される名作『一谷嫩軍記《ふたばぐんき》』（組打ちおよび熊谷陣屋の場が中心となる）では、途方もなく大きなフィクションがおこなわれている。すなわち、一の谷で熊谷に討たれて死んだのは敦盛ではなく、じつは熊谷の息子の小次郎直家だったというのだ。複雑なドラマだが、要約すると、熊谷の主君の大将義経は、合戦に先立ち、敵たりとも天皇の血筋のものは殺すな、やむを得ぬ場合は自分の身内を犠牲にせよとの厳命を下す。不運にも熊谷がとらえた相手はそれに該当する敦盛だった。この作では敦盛は、経盛の子として育てられたが、じつは後白河法皇の落胤――となっているのである。で、やむなく熊谷は薄手を負ったにすぎないわが子の首を討って、敦盛の身替りにする。

最大の見世場としてもっともよく上演される「陣屋」の前に、熊谷の悲劇のクライマックスたるこの組打ちはすんでしまって、「陣屋」の場は観客と他の人物たちに対する謎ときにすぎない。しかしそこでは、熊谷の妻相模がわが子の死をはじめて知っての嘆きと、幕切れ、無常を感じた熊谷が墨染の衣をまとって諸国巡礼に旅立つ――といういわゆる愁嘆場が、一篇の見どころ見せどころをなしているのである。

以上で明らかなように、近世劇のほうでは、能と逆に、題材にある二つの理由のうち、第二の父と子の関係のほうを大きく取り上げ、しかも題材の史実とは全然ちがって、わが子を身替りにするという思い切ったフィクションを構えたのである。それは、封建下の道徳として、主従は三世（過去・現在・未来）、夫婦は二世（現在と未来）、親子は一世（現世だけ）という、人間関係の自然に逆行した社会秩序が強制されており、一般市民にすらそうした道徳観念が適用されて、主家への義理等のため、肉親あるいは愛人同士の悲劇が絶えなかったからにほかならない。

熊谷は猛将ではあるが、やはり主従の義理ゆえにわが子を手にかけざるを得なかった。しかもその彼の父としての愛、また妻相模の母の愛は、われわれ民衆となんら変らないではないか……ここにいたって、近世の浄瑠璃・歌舞伎の観衆は、ふかい共感同感に打たれ、涙を流していわゆる「カタルシス」を果たすことができたのであった。

能は中世思潮を反映して、無常観を主題とし、幽玄を美的基準としたがゆえに、前述のような『敦盛』を生んだ。浄瑠璃・歌舞伎は、封建治下の市民の悲劇的状況をば〝封建道徳の非人間的圧制への力なき反抗あるいは諦観〟ととらえたがゆえに、義理ゆえに起こった家族肉親間の愛別離苦を主題として、『一谷嫩軍記』を作った。したがって歌舞伎の時代物はほとんど、史伝に題材を仰いではいても、主題あるいは劇的本質からいえば歴史劇ではなく、家庭悲劇ないし家族悲劇といわねばなるまい。

以上ほんの一例ではあるが、題材、主題、そして何が劇的かの相互関連、およびその時代・社会あるいは人生観とのかかわりかたをみるうえで好個の例であり、かつはどちらも不朽の名作だと思うので、あえて述べてみたのである。

4　ドラマツルギーの双極性

制約とのたたかい

演劇、戯曲に負わされた宿命的な制約については、折にふれて語ってきた。生身の役者によって生身の観客の前で、あるいは観客とともに創造されるものであるゆえに、守らなければならない時間・空間的制約——劇作家の歴史は古来、この物理的制約をいかに克服、超克して、おのが描こうとする劇的世界を全的に実現するかという、いわば物理的制約とのたたかいの歴史だったといっていい。

ごく単純な筋を、ひろい空地や山野で気ままにうたい踊り、ときに行列しながら芸能したような原始時代は、自由だったろう。西洋中世の宗教劇時代も、専用の劇場は存在せず、はじめは教会内で宣教師たちが聖書の内容を朗読劇ふうに演じていた程度だから、これもそう不自由は感じなかったと思う。

が、中世も後半になって市中、街頭へ芝居があふれ出し、劇内容も複雑に多場面化するにつれて、工夫が必要になった。ある人々は必要なだけの場面を横長に並置して、見物が移動しながら見るように演出した。フランスではやった並列舞台、マンション式芝居である。また一方には、見物が動かないかわり、装置をのせた必要なだけの数の車を、つぎつぎにくり出して上演する方式も生まれた。イギリスでとくにはやったページェント方式 pageant, pageantry で、各個の車をテスピスの車といった。

ところがルネサンスにいたって人々は、古代のギリシャ・ローマの演劇では舞台が一つに固定していて、しかも観客席も固定していた——つまり舞台と客席が「一対一に対応」していたという事実を知った。その原理をルネサンスの演劇人たちは、屋内劇場に取り入れようとした。今日イタリーに残るテアトロ・オリンピコ（一五八四年落成）はその原理に則って建てられた現存最古の劇場である。

さあこうなると、さして大きくない舞台の空間の中だけで、観劇時間として許される三～四時間くらいの時間内に（例外的に長いものもあるが）、完結した劇を閉じこめなくてはならない……劇作家のたたかいは、この時からはじまったのである。

まことに窮屈な制約だ。が、見方をかえれば、劇作家はいまや挑戦する相手を得たのである。その枠の中で可能なかぎり、人知人力を集中燃焼させるルツボが、与えられたといってもいい。無韻詩よりいっそ十四行詩のほうが、自由詩より和歌や俳句のほうが作りやすいといわれるが、演劇の場合もこの制約あるがゆえに、無駄を捨て脆肉をはらい、その小さな時空の中へ広大な「劇的なるもの」を加圧凝縮させて盛りこみ、高温度に燃焼させる方向へと、進まざるを得なかった。そうなればそれだけ爆発力は強まり、演劇的感動は高まるだろう。結果的には、だから、宿命的制約は演劇にとって、劇作家にとって、けっしてマイナスではなく、むしろ恩恵だったというべきかもしれない。

この事情は日本でもまったく同様だが、実際問題として、軍師たる作者がこの制約に挑戦し克服する戦法、すなわち作劇術は、千差万別である。しかしそれでもなお、基本的発想としては前にも若干ふれたように、東西を通じ、大別して相反する二つの極にふるい分けることができると思う。

電気や磁気のように、相反する二つの極。演劇あるいはドラマツルギーの「双極」的発想――。

ドラマにおける古典主義

その一は既述のように、ヘンリック・イプセン（一八二八―一九〇六）を近代における代表者とする、いわゆる「三単一の法則」を守った緊縮的構造で、ここでは古典主義的発想と呼ぶことにする。ギリシャ古典悲劇にはじまり、十七世紀フランス古典主義演劇ことにラシーヌにおいてピークに達し、イプセンその他の近代写実主義演劇へと連なる一大系脈である。

もう一つは「時と所」の単一とは無縁、すなわち時間的にも空間的にもかなり自由に、飛躍変転する流動的な構造で、非古典主義的といってもいいが、ここではバロック的発想と呼んでおく。ドイツ・バロック劇、シェークスピアを頂点とするエリザベス朝演劇、黄金世紀のスペイン劇、ブレヒトの叙事演劇から現代ではペーター・ワイスあたりへと流れる、一大系脈――日本の浄瑠璃、歌舞伎もこの発想系脈に属すると考えられる。

まず両者の作劇上もっとも顕著な相違は、右にあげた「三単一」three unities, drei Einheiten の法則の有無ということである。古典主義的ドラマではこの法則（三一致とか三統一とも訳されるが私は三単一がいいと思う）が基本となっている。

時と所と筋の単一性――いまさら例示するまでもなかろうが、典型的なのは、古くはギリシャ悲劇の『オイディプス王』だ。時は、クレオンが神託をもって帰ってくるところから、王が両眼を自らくりぬいて放浪の旅に出るまで、ほぼ半日ぐらいとみていいだろう。所はテーバイの王宮の前で終始不変。筋は王が、この国の災害を救い国を守るという明確な目的とつよい意志をもって、王としての責任行為を貫くという、ただ一筋である。

その内容は周知のように、災害を救うには父を殺し母と不義の仲にある重罪人をさがし出して、それ相当の罰を与えねばならぬ――という神託の指示を実行するというものである。その結果王自身がその張本人だったことを発見し、自らの手で自分を罰し不幸の極におとすことになるのだが、初めから終わりまで主人公は王一人で、その劇的行為は明快整然と一筋に進行して、いささかの紛れもない。些細なエピソードや過去の回想も、すべてはその太い一本のドラマの主筋を押し進める不可欠の要因として、すこしの無駄もなく緊密に結ばれて組み込まれている。……

ドラマの進行中に、クレオン、予言者ティレシアス、王妃イオカスタ、コリントスからの使者、そして最後の証人となる老羊飼がつぎつぎ登場し、しだいに「潜在的矛盾」を孕んだ王の過去が明らかとなり、眼前の王こそ当の重罪人であることが立証される――つまり出生いらい四十年もの出来事が、わずか数時間の筋、舞台の進行の中に、緊縮されて組み入れられているのである。

坪内逍遙はこの手法を「回顧破裂式」とか「畳み込み式」と名づけているが、こうしたいわば強引な作劇術は何故生み出されたか。――それは一に、それが上演を目的としたからにほかならない。ギリシャ劇場は現存するとおり野外劇場で、日中上演され、照明をつかう余地もなく、またほとんど装置がなかった。そういう条件のもとで数時間、観客の心理を劇の進行に集中させ、劇中の人物、世界にひきこみ、ひきつけておくためには、右の「三単一」を守ることがもっとも有利だったのは、容易に理解できるだろう。

が、三単一が鉄則だったわけではない。アリストテレスもたとえば時間については、「なるべく太陽のひとめぐり以内」という表現をしているけれども、所の単一などはどこにも記していないし、事実これを守ってない作品もあるのである。それを金科玉条のように受け取り、法則化したのは、十七世紀のフランスだった。

その動機は前述のように、舞台と観客との「一対一」の対応のもとに、観客をいかにしてドラマの世界にひきいれ、自らが劇中人物であるかのように錯覚させるか、つまり「同化」させるかという点にあった。

それにはできるだけ観客の「幻想《イリュージョン》」をこわさぬことで、それをごく素朴に、合理的に、自然に考えれば、当然「三単一」に帰結するのはいうまでもない。ルネサンス人、いや西洋一般の合理的一面が、古代ギリシャの実際条件から導かれた作劇術に触発され支えられて、三単一を核とするいわゆる「古典主義」理念を確立せしめた——といってもいいだろう。

近代においてイプセンは、この作劇術を駆使して『人形の家』ほかの近代劇を確立した。分析は省くが、そのもっともすぐれたものは『幽霊』であろう。この作はイプセンの作中でも、自然主義リアリズムの近代劇中でも、頂点に位するもので、古代における『オイディプス王』に対比さるべき名作である。イプセンを盟主とする近代リアリズムは、だから手法上は近代古典主義といえるのだが、これは前に述べたように演劇は人生の実験室、ドラマは生活の断片だとする近代理念の顕現だった。

ここからまた近代リアリズムのいくつかの特長が生じてくる。舞台は実人生の断片、つまり人生を短い時間と限られた空間――リアリズム的観点からしてもっともふさわしいのは、舞台と同じ広さの客室とか居間とかである――に集中的に再現したものである。この「再現」representation ということが、後にみるように反対の極にあるバロック的戯曲と非常に違う点だ。

その再現された人生は実人生の断片なのだから、登場人物は観客を意識せずに、劇に仕組まれた人生を「生き」なくてはならぬ。せりふも誇張されたものでなく、日常的な会話で、演技も同様にごく自然であることが要求される。すくなくとも大声で「独白」を述べたり、舞台上に他の人物がいるのに聞こえないつもりで「傍白」をいったり、見物に向かって話しかけたり――つまりシェークスピアや歌舞伎ではしょっちゅうやる、こうしたせりふや演技、いわばプロセニアムに対して垂直に、客席に突き刺さるような表現は許されない。せりふも演技もいわば「水平」的である……。これを近代において完成したのが、イプセンであった。

つまり登場人物がいっさい観客の存在を意識してはならないと同時に、客もまた暗い席から息をこらして舞台に「再現された人生」を凝視し、登場人物に感情移入し「同化」して、同一の人生体験を味わう。だからいわば舞台はこの場合、ドラマ中の人生における応接間なら応接間そのもので、見物はその第四の壁をそっと取りはずして、中で展開されている人生の断片をのぞき見る――というわけである。そこで近代リアリズム論はまた、「第四の壁」理論ともいわれる。

さらにいえば、ギリシャ劇も含めてこれら古典主義的作劇法の、大きな特長として加えられるのは、血みどろ場面 bloody scene とか、極端な愛欲場面すなわち濡場 erotic scene などは舞台の上では演じられず、すべて登場人物のせりふによって語られるということだ。『オイディプス王』のラストで、王が両眼をくりぬく凄惨な場面は現在ただ今起こっているのだが、それは宮殿の奥の一間ということになっていて観客には見えず、それを目撃したメッセンジャーによって報告されるにすぎない。むしろこうした局面を見せ場とするバロック系演劇との、大きな違いといえよう。

より一般的にいえば、この種のドラマは何よりもせりふが主体で、すべてをせりふによって、観客の視聴覚的直感よりも、ことばの継続理解による論理的過程によって、ドラマを伝達しようとするのである。したがって「主知的」で「静的」static で、いずれかといえば上品で貴族的で、インテリ向きだ。

以上あげた特長をとりまとめていうと、合理的知的で収斂的求心的、三単一による構成的構造――いわゆる劇的構造――をもち、人生再現、錯覚幻想同化をめざしたドラマということになるだろう。もうひとつ、近代では部分的にくずれてはいるが、悲劇は悲劇、喜劇は喜劇のムードを守り、両者の混交を認めない点も、この系脈にいちじるしい。

この発想はたしかに、物理的制約に忠実に従ったものにちがいない。が、見方によっては、その制約、妨害に対して居直り、意地づくで、精いっぱい人間に可能な作劇術の限界を、つきつけたものともいえるだろう。私はむしろそこに制約への消極的な随従でなく、頭脳を傾けた果敢な反抗、挑戦を感じる。

それはあたかも、西洋が古来、大自然その他の環境を、人生を制し脅かす対立物とみて、反抗超克の努力をくりかえしてきたのと相通ずるように思うのだ。西洋の建物は自然の中に石造りでがっちりとそびえ、完全に自己の世界を外界から独立させて、ゆるぎなく構築されている。イプセンのドラマはまさに、この堅牢な建築物なのだ。

これにたいして日本の家や庭は環境にとけ入り、可能なかぎり外の自然をひき入れ、それによって自己の小さな時空を自然と結び、延長していこうという志向が秘められている。ドラマもそれに似ている。花道や回り舞台によって舞台空間を延長拡大し、自在に変化させる歌舞伎は、その最たるものといえよう。

この問題は第四章で改めて考えるが、しかし西洋でも、いかめしく屹立する堅牢な石の殿堂ばかりではない。人間の想像力に乗じて自由に時空を飛翔する演劇もある。それこそバロック的発想にほかならない。

ドラマにおけるバロック

バロックという語はポルトガル語で「石ころ」または「歪んだ真珠」を意味する bar-rocco からきている。十九世紀末ごろまでこれは、ルネサンス様式を正型の真珠とみる美学者たちにより、その歪んだ形、くずれ頽廃した様式をさすものとして用いられた。しかし現代では、ルネサンスないし古典主義的発想とは別の、独立した発想——生成流転・不安変貌の思潮にもとづく——による一大芸術様式として、評価されているものである。

さて演劇ないしドラマにおけるバロックの特長は、すべての点で、すでに縷述した古典主義的なものの反極にあると考えればいい。

まず単一を守っていないこと。シェークスピアや歌舞伎をみれば一見して明らかであろう。シェークスピアの舞台は半野外でほとんど装置がなかったが、彼はその豊富な語彙を駆使して、劇的想念のなかで観客を自在にあちこちへ案内し、飛躍のある長い時間経過を、不自然でなく感じさせたのである。

この方法ではほとんど、劇の展開は時間を追っておこなわれる。すなわち「叙事的」構造で、古典主義の収斂的、求心的にたいして発散的、遠心的だといえよう。

浄瑠璃や歌舞伎の場合は筋の単一性さえも破られている。その好例は『義経千本桜』だろう。西海の藻屑と消えたはずの平知盛がじつは生きていて、源氏への復讐を狙うが、失敗に終わり、碇を背負って大物《だいもつ》の浦の海底に沈んでいくというドラマと、鼻つまみのならず者いがみの権太が妻子を犠牲にして、自分も忠義立てに死ぬという鮓《すし》屋の一件と、静御前を守って道行する孝行狐の狐忠信の芝居とは、それぞれが完結したドラマをなしていて、その間には、どれにも義経がからんでいるということ以外には、ほとんど脈絡がないのである。これは浄瑠璃が合作制だったことにも基因する。が、とにかくこういう構成の作はじつに多いのであって、それが今日でも、歌舞伎でいわゆる「見取り式」という上演法が可能なゆえんでもある。

しかも一見ばらばらなそれらの場面も、通してみると、巨視的にはちゃんとひとつの源平合戦後日譚の世界をなしてはいるのだ。それはギリシャにおける「オレステス三部作」(アガメムノン・コエポロイ・エウメニデス)にも似ているが、むしろバロック音楽における、各楽章の独立性とさらに大きな全体的統一との関係に、比すべきものであろう。これがバロックなるものの、ひとつの大きな特長なのである。

時間や所が変わったり、花道や回り舞台で急に本舞台の進行が区切られたりするから、観客は完全に同化はできない。しかも独白、傍白、時には正面きって語りかけてくるせりふのため、ひき入れられたかと思うと水をかけられたように我に返る。つまり幻想《イリュージョン》による同化でなく「異化」Verfremdungがそこにはある。ブレヒトはこの作用を、社会主義的目的のために活用したのにすぎない。そのために、歌舞伎と同様、彼はしばしば音楽化の手法を用い、回り舞台さえ利用しているのである。この系脈においては当然、演技もせりふも「垂直」である。

全体の動きはしたがって静的ではなく「動的」dynamicで、しかも好んで残虐場面——歌舞伎でいえば「責め場」「殺し場」——や愛欲場面を、舞台の上でスペクタクルとして展開してみせる。ことばによる論理的な伝達ではあきたらず、視聴覚に直接訴えかけるのだ。

こうした諸性質——多時間、多場面、視聴覚化、などは主知的よりも主情的で、貴族的感覚とか知的インテリ好みよりも、概して一般大衆観客に向いた方法だといえるだろう。もちろんいま、どちらがいいなどといっているのではない。どの方法でも名作は名作、愚作は愚作なのであって、ただ、発想の二種があるということをいっているのである。

では一般大衆には、なぜこうしたバロック的方法がよく用いられたか。これについては、スペインの最大の作家ロペ・デ・ベガ（一五六二—一六三三）がフランス流の三単一を批判して、「筋さえ矛盾がなければ、時や所はむしろ変わるほうが望ましい。何故なら、芝居には規則などは不要で見物がよろこべばいいのであって、そうして見物は変化を好むものなのだから」（『現代喜劇新作法』）と述べたところに、よく示されていると思う。歌舞伎の「三親切」と選ぶところはないといえよう。

幽霊だの忍者だの妖怪だのという、超現実的なものがよく出てくるのも、バロック劇の中においてだ。シェークスピアの『ハムレット』『マクベス』『テンペスト』『真夏の夜の夢』その他、また歌舞伎の多くの怪談物などを想像すれば、容易にうなずけよう。場面その他の変幻自在といい、超自然物の跳梁といい、とうてい実人生の再現などという、合理的写実的なものではない。

非合理、超現実——それを通じて人間のさまざまの属性や想念、情念——欲望、野心、残酷、耽美、懐疑、怨念、恩愛等々——が、くっきりと示現される……再現にたいするこの「示現」presentation ということが、近代自然主義リアリズムで代表される西洋戯曲の主流派との、根本的な相違であろう。近代におけるその典例が、表現主義演劇であった。

劇的発想の双極性と相補性

以上、ごく簡単ながらバロック系の作劇術の骨子と思われる特長を、抽出してきた。ここで二、三の補足を加えておきたい。

まずこの相反する二系脈は、とくに西洋においてはたがいに交替、対立、興亡の歴史をくりかえしてきたということだ。

ヨーロッパ大陸で古典主義が全盛だったときは、スペインバロックやシェークスピアは非難、疎外されていた。また近代古典主義的リアリズムは、バロック系の十九世紀ロマンチシズムへのアンチ・テアトルとして起こっている。そうして現在は、その近代リアリズムを超えるべく、世界中が広義のバロック的方法を模索中だ、といっていいだろう。日本演劇にたいする国際的関心も、もはや異国情緒だの東洋的神秘などの時代は去って、超近代への示唆を秘めたバロック的演劇の一様式としてであることは、前にもふれたとおりである。

すくなくとも今日、三単一の法則とか第四の壁理論などを主張し、規則として守っているような人はなかろう。そうした制約を破壊しすこしでも自由な作劇術をと、競い合っているのが現状である。

しかし、では古典主義的な求心性、凝縮集約への努力はもはやまったく不要かというと、そうではない。今日ではむしろ、自由がありすぎて、しまりのない、いたずらに拡散的で安易に流れる傾向がありはしないだろうか。たとえばTVドラマなどはその最たるものだが、ナレーターを安易に用いることもその一つ。

また何でも観客と交流し、参加させればいいとばかり、無理矢理客に対話を強いたり、さては客でもないふつうの人を芝居の対象にして迷惑かけたり、あるいはまた目先を変えることにとらわれてやたらに多場面にしたため、ドラマの焦点が定まらず、巻物に描いた絵物語をみるような散漫な印象に終わったり……。

こうした場合、もう一度、何故三単一の法則などというものが生じたか、その必然性をふり返ってみることが大切ではなかろうか。法則そのものはナンセンスだとしても、それは観客の注意をかぎられた時空に純一無雑に集中させ、強烈な劇的感動を生むための努力の結晶だったということ——これは作劇術の根本として、やはり心にとめておくべきことではなかろうかと思う。

アーサー・ミラーの『セールズマンの死』は巧みに構成された舞台装置や照明を用いて、ドラマの現在的進行の途中に何度も、この悲劇の要因をなした過去の事件が眼の前に復活再現されるという、画期的な方法をみせた。映画のカットバックの技法を取り入れたものといえばいえるが、それ以前にミラーがイプセンを徹底的に研究し、イプセン流の古典主義的手法で『みんな我が子』その他いくつものドラマを書いていたことを、見落してはなるまい。構造からいえば、ミラーは、ソポクレスやイプセンがせりふによって過去を現在進行中のドラマに組み入れた、その部分を、舞台上に視聴覚化して見せたにすぎないのである。

また、西洋の三単一理念とはまったく無縁のはずの日本でも、すぐれた芝居にはこうした集中的凝縮的な作劇術は、おのずと用いられていたことも、忘れてはなるまい。

たとえば歌舞伎十八番の『鳴神』はバロック的構成をもつ長大な戯曲の一幕だが、前述のように日本の浄瑠璃歌舞伎は各段、各幕の独立性がきわめて大きい点で、西洋と異なる。この点は後にもふれるが、さてその各々の一幕ごとをとってみると、もちろんほんのつなぎのような場もあるけれども、昔から名狂言として残っているものにはそれだけでほぼ完結した作とみられるものが多い。『鳴神』もその一で、いかに単一性を具備した緊密で合理的な芝居かは、台本を一読してもわかるだろう。十八番では『勧進帳』『助六』なども、一般論からいえば一幕物だから当然ではあるが、やはり三単一に則った名作である。

もうひとつ、近松の『曽根崎心中』をあげよう。平野屋の手代徳兵衛には、三年越し馴染んだ天満屋の遊女お初がいる。が、主人は自分の姪の婿にと思い、本人にいう前に徳兵衛の老母に申し入れた。欲深の母は多額の金を受け取って承諾してしまう。あとで知った徳兵衛は、本人の知らぬ間にあまりのやり方と憤り、主人もそんならもう姪はやらぬ、そのかわり渡した金を返せと迫る。やっと母から金を取り戻した徳兵衛は、しかし悪友達の九平次に命にかかわる金だと頼まれ、その大事の金を貸してしまう。が、主人への返済の期限が明日に迫ったのに、九平次は金を返してこない。……困り果てて生玉神社の社頭へ来たとき、抱えの身とてやむなくいやな田舎大尽の伴をして、三十三ヶ所の札所巡りをして帰ってきたお初と会う。……

芝居はここからはじまるのだ。金が戻らなければ、徳兵衛は主人の姪と結婚するほかない。義理と、人間自然の恋愛との葛藤、そして破局は目前に迫っている……叙事的展開ならもはや大詰近い、「危機」に満ちた状況。こうして、久しぶりに会った二人が語り合うあいだに、先に述べたような、これまでの経緯が明らかになるのだ。まさしく「回顧破裂式」である。

そこへほろ酔いであらわれた九平次に、逆にゆすりたかりだと逆ねじをくわされ、満座の中で徳兵衛は打ち叩かれる。金は戻らず、男の面子もつぶされ、万策つきた二人はその翌未明、天満屋をぬけて曽根崎の森へと急ぐ……場所はたしかに、生玉社頭、天満屋、曽根崎と移動するが、それは一日に満たぬ時間経過のなかで、観客が心理的に自然についていける範囲内での、きわめて合理的な場面推移で、ほぼ所の単一も守られているといっていいのである。(西洋の古典主義でも、やむを得ず場所が変わる場合は、せいぜい歩いて十五分以内のところならいいとされた場合もある!)

近松の心中物がすべてこのように、自然に単一を守った作風となっているのは、注目すべきだろう。この事実を、日本演劇としてはまったくの例外で、西洋手法との相似もまったくの偶然の一致にすぎないとして、作劇上日本と西洋の共通の発想を一般論として認めない人が多い。が、そうではなく、ドラマというものは東も西も縷々述べてきた宿命的制約――これは東西共通である――を超克するという目標において選ぶところがない以上、西洋でも日本でも、相似した作劇法が生まれるのはきわめて自然のことなのだ。

だから日本の伝統演劇にも、西洋の主流とされてきた古典主義的構成的発想は、部分部分に生きているし、日本の伝統演劇の主潮をなす叙事的バロック的発想はまた、西洋の反主流派――バロック的系脈――に共通に存在するのである。

もっと一般的にいえば、東西に分けてしまう前に、人間の演劇的発想というもの自体の中に、本来、これまでみてきたような二つの極があると考えるべきだろう。それはより根元的には人間の情念、内的本質それ自体の双極性 dipolarity にもとづくものといえると思う。

人間というものは、精神と肉体、理性と情熱、主知的と主情的、論理的と衝動的、求心的と遠心的、凝縮と拡大、収斂と発散、秩序性と反秩序性、……等々の、対極的に相反する諸性質が同時に内包された、双極的存在である。そして演劇はそのような人間ないし人生を、他の芸術諸形態よりもはるかに相似的な形において、すなわち同型《イソモルフイッシュ》的に投影《プロジエクト》したものであるから、人間に内包される双極性もほとんどそのまま投影される。したがってドラマの内容自体もそうだが、何に、いかにして訴えかけるかという表現様式の面においても、両極の方式が生ずるにちがいない。それがすなわち、右に述べてきたような二系脈にほかならない。

しかもこの両極はたがいに相反しながら、しかも互いに相補ってはじめて、人間なり演劇なりの全体がとらえられる、そのようなものと解されよう。それはあたかも素粒子が、古典力学的概念においては矛盾背反する二性質――粒子性と波動性――を同時に内包する存在であるということ、いいかえれば粒子性と波動性とは相反的でありながら、じつは物質存在を支える相補的性質であるということと、似た関係だといえる。すなわち古典主義的理念とバロック的理念とは、現象的には相反的にあらわれるが、演劇、戯曲の発想の根元につねに内包される、相補的本質だということができる。

ともあれ、そのどちらに比重がかかっていようとも、演劇したがって戯曲は、はじまり、「筋」を追って進行し、そして終わらねばならない。その様相——展開のありさま——について次に考えよう。

5　展開と局面

プロット　筋を追って展開する、というが、その「筋」とは何か——用語は人によりさまざまだが、ここでは一応「筋《プロット》」と「物語《ストーリー》」を区別しておこう。用語よりも、作劇上ふたつの概念があるという認識が重要なのである。

この二概念の区別につき、ドルーテンは例の本の中で、エドワード・モーガン・フォースターの著『小説の諸相』*Aspects of the Novel* の一節を援用して、つぎのように定義する。

「——ストーリー story は時間に依存する。「王が死んだ。そしてそれから王妃が死んだ。」これは時間的にみた出来事の継起である。それは聴衆の発する最も陳腐な質問、すなわち「そうしてそれから?」という問いに答えるものだ。それに対してプロット plot というのは因果関係に依存する。「王が死んだ。そしてそれから王妃は悲歎のあまり死んだ。」これがプロットなのだ。

それは王が月曜日に死んで王妃が火曜日に死んだというのと決して同じことではない。プロットとは、聴衆のより深い質問、すなわち「で、それは何故に?」という問いに答えるものである。ストーリーなしにプロットを持つことは不可能だろうが、逆にプロットなしにストーリーだけ持つことはできる。悪漢小説、冒険小説、及びそれから脚色された戯曲は、ほとんどあるいは全然プロットを持っていない。……」

これ以上の説明は不要であろう。ドルーテンはさらに、プロットを仕組むには「ある種の数学的な天分——即ち、ばらばらな部分を一つに結合させ、事件が次から次へと論理的《ロジカル》に導かれるように（しかも思いがけないことの連続のように）縫いつづり、一転して全部を終局に向って一個のフロシキ包みの如くにきちんとまとめあげるといった力」が必要だと述べている。そうして、そういう能力をもった作家は、「きわめて大衆的な人気作家になりやすい」と、半ば警告を含めていう。波瀾万丈の筋を作ることにとらわれると、いかにもわざとらしい嫌味な、〃人間不在〃の作り物になってしまいやすいことを、いましめた言として注目しておきたい。

しかし筋のないドラマというものは考えられないし、アリストテレスなどはドラマの諸要素（筋・性格・措辞・思想・場面・旋律）のうち最重要なのは筋だといっているくらいで、筋だけではだめだが、筋がつまらなくていいとか、つまらないほうがいいという理屈はない。筋は、本当の意味で、いいに越したことはないのである。そこで、どんなのがいい筋か、筋の展開（そのままドラマの展開といってもいいだろう）はどうあるべきかが、古来東西ともに論じられ、探究されてきたのは、当然といえよう。

さてここでもまた私は、劇的展開のとらえかたにおいて、内質的には東西の間に大きな相違を含んではいるが、巨視的な形においては東西に相似、あるいは共通した普遍的発想を、みるように思うのである。

西洋では早くにアリストテレスがドラマの定義の一部として「然るべき大きさを持ったそれ自身全き」ものと述べ、「全き」とは「初めと中と終り」のあること――と明快に定義した。ローマのホラチウスは劇詩は五幕形式にかぎると教えた。これはやがてルネサンス以降の作劇論に数的規範を与えるものとなるのだが、とにかくこの「三～五段の展開」という基本形式の考えかたは、そっくり日本の作劇論にもみられるのである。

まず世阿弥は『花伝書』『花鏡』その他いろいろの機会に「序・破・急」という文字をあげ、「一切の事に序・破・急あれば、申楽もこれ同じ」と説く。この序破急ということは、もと雅楽の音楽理論に発するものだが、世阿弥はこれを、一日の能の上演曲目の配列展開上と、一曲の歌舞の展開構成上と、二様に用いている。

全演目の配列については、能では概ね五番立てを理想とし、最初が「序」、二、三、四番が「破」、最後の曲が「急」となる。一曲の展開構成については『能作書』の冒頭に、

「先づ、種・作・書三道より出でたり。一に能の種を知る事、二に能を作る事、三に能を書く事なり。本説の種をよくよく案得して、序・破・急の三体を五段に作りなして、さて、詞を集めて、曲を附けて書連ぬるなり。」

と明記しているとおりである。ここにすでに「三〜五段の展開」の基本型が確立されており、やがてこれが近世に入って、浄瑠璃、歌舞伎の同様の戯曲構成——時代物五段、世話物三段——を生むことになる。

三〜五段展開を基本とするという、東西間のこの相似は、はたして偶然の一致だろうか。三とか五とかの数は似ていても、西洋のは論理的展開であり、日本のは情緒的展開であって、両者はまったく異質だから、比較して論ずるのは無意味だという説も、あるだろう。

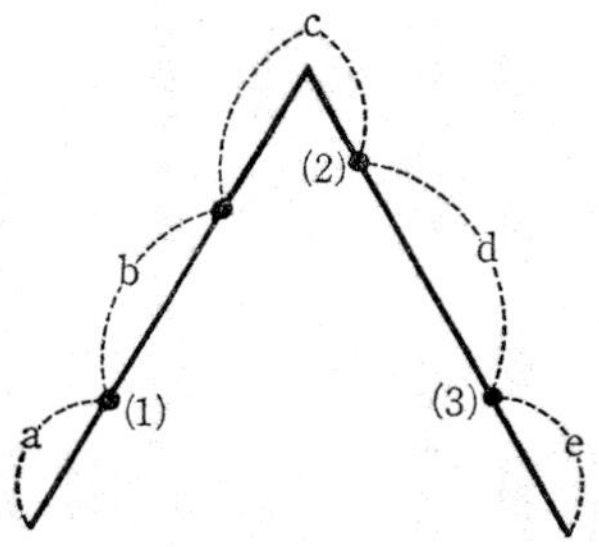

五部
a　導入　Einleitung (Exposition)
b　上昇　Steigerung
c　頂点　Höhepunkt
d　下降又は反転　Fall
e　破局又は大団円　Kathastrophe (Schlußhandlung)

三点
(1)　興奮要因　erregender Moment
(2)　悲劇要因　Peripetie
(3)　最後の緊張要因　Umwandlung

たしかに後にみるように、異質性はある。だが、三～五段のいわばピラミッド型の展開カーブは、世阿弥のいうように演劇にかぎらず、ふつうの文章、論文や演説、あるいは諸行事、等々、およそあらゆる物事に共通した構成であって、それが作劇上にもあらわれたものというべく、東西共通のごく自然な「まとめかた」だというべきであろうと思う。

局面構成における東西の差異

西洋で古代いらいの理論と優秀戯曲の分析結果から、この戯曲展開の理想型あるいはモデルを作ろうとこころみたのは、前にもひいたグスタフ・フライターク（一八一六―九五）だった。彼の説は「五部三点説」として知られている。名著『戯曲の技巧』*Die Technik des Dramas* に示された理論で、古典的戯曲構造論の頂点をなしたといえるもの。前掲の図で明らかと思うので説明は省く。日本では『戯財録』中の「作者心得の事」の項に、「五花十葉の伝」として上の図が掲げられている。

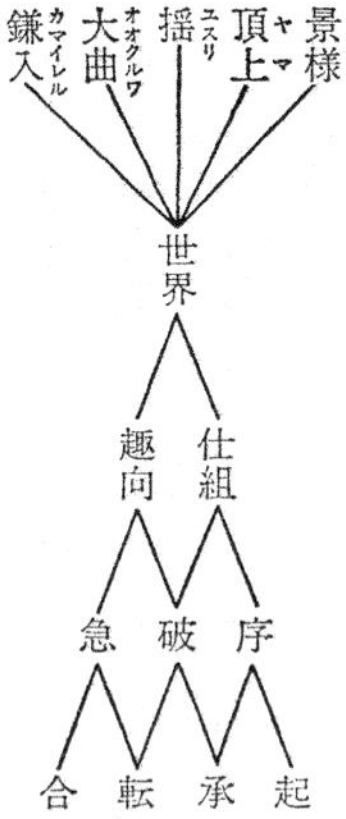

能の「序破急」や漢詩の配列法則の「起承転合」などを取り入れているが、説明は記されていない。しかし、景様から鎌入までの五段階は、ほぼそのままフライタークの「五部」に相当するとみていい。この展開理念はこれでみるかぎりけっして情緒的ではなく、プロットの論理的展開に沿って作られているとみるほうが妥当であろう。

しかし、浄瑠璃においてはこれより早く、五段組織は近松よりすこし前ごろ、井上播磨掾、宇治加賀掾のころすでに樹立されつつあった。それより以前の古浄瑠璃時代は六～十二段が定法で、これは『平家物語』十二章から流れてくる叙事詩的展開そのままだった。それが五段になったとき、浄瑠璃ははっきり「劇的」性格をそなえるに至ったのである。

竹本義太夫は『貞享四年義太夫段物集』（一六八七）の序で、その五段を「恋慕・修羅・愁歎・道行・問答」に対応させて次のように注記している。摘録すると、

「初段之事——……一番の内の式三番也。……いかにもあざやかにみだれたる糸をさばくやうにかたる事也。見物の気をしむ（締）る習ひ有。……初段の段切ことに大事也。……」

「二段目の事——……初段の位《くらい》をはらりとかへて、めいらぬやうにかたる。かろき位也。……聞く人もこぶしをにぎる様に気をたるまずかたる也。緩急、急緩といふ事あり。……」

「三段目の事——……三段目をまなこ（眼目）として……愁歎の事、真実を忘れず、一番の浄るりを胸にこめてかたる事也。……」

「四段目の事——……浄るりも大様むすびに成、人の気も尽る比《ころ》なれば、少しももたれてはあしし。……」

「五段目の事——壱番のくくりなればむつかしき物也。……凡《およそ》初段は絹、二段めはうらぎぬ、三段めはもやう（模様）、そめ色うはゑぬひはく（上絵縫箔）、四段めはいとわた、五段めは仕立《したて》也。……」

これは明らかに、作者の心得ではなく浄瑠璃を語る語り口についての教えである。しかしそれは当然ドラマの内容に対応するものだから、これからその構成理念が想察し得るわけだが、これで知られることは、その展開が「恋慕」以下のいわば典型的な「劇的局面」と密接に関連対応していることと、観客聴衆の情感あるいは視聴覚上の情調《ムード》の配列のバラエティーに、最大の関心がはらわれていることであろう。

総じていえば、この局面中心主義と情調第一主義とは、たしかに西洋にはない、あるいはすくなくとも比重において決定的に違う、日本演劇の特質であるといわねばなるまい。

シェークスピアでもスペイン劇でも、バロック系の演劇は一読一見してわかるように、多くの場面に応じて悲劇的

局面や喜劇的局面、軽い場面や重い場面、あるいは多人数の出るスペクタクル的局面と少数人物による心理的局面などが、じつに深い配慮をもって配合配列されている。しかし日本の伝統演劇のように、前述のごとく各場面がそれぞれ独立の一幕物として存在を主張し得るほどに、しかも時として各場が（たとえば『菅原伝授手習鑑』における「寺子屋」と「車引」、『忠臣蔵』における「大序」と「勘平切腹」のように）時代考証的にも様式的にも全然ちがうことがあり得るほどに、筋よりも局面主体になった演劇というものはないだろう。歌舞伎の場合はさらに、役者の仁《にん》と芸を「三親切」的に生かすという根本姿勢から、各局面の独立性とバラエティーが一層濃くなるのはいうまでもない。

この特長は幕末明治の黙阿弥にまで一貫した性格で、近代になって西洋の合理精神が入ってからは、たとい歌舞伎でもこうした新作は作られなくなったのは当然の成り行きだった。が、前にふれたように合理的な人生の「再現」representation としての演劇のほかに、人間・人生のさまざまなパターン、多種多様の情念や情感のパターンを、典型的に「示現」presentation する演劇が存在することを思えば、日本の伝統演劇のもつこうした局面構成のドラマツルギーもまた、むしろ未来の舞台芸術にとって、大きな啓示を秘めているといえるかもしれないのである。

補足的に、劇の柱をなす三つの部分につき記しておきたい。

初めと中と終りと

「初め」――すなわち序の部分は一篇の劇への関心を一刻も早く観客の中に生ぜしめ、かつ大体の状況を設定するうえで重要だ。近代劇ではその説明のために大きな部分を割くことが多い。それはイプセンの劇の序幕が長いのをみればわかるだろうが、この序幕があまり長く重くて、人物の会話のみで説明するような方法は望ましくはない。義太夫は初段は「ただ風俗を大事に」といったが、それは景容すなわち色と形、見栄《みば》えを重んじよということである。視聴覚的に斬新で生き生きと流動生動して、軽快なテンポがあり、その中に聴衆観衆を思わずひきつけ、何事だろう、何が起こるのだろうという興味を速やかに起こさせることが、何としても必要だ。

「ハムレット」の序幕は、その模範例といえよう。深夜。寒風吹きすさぶ古城の高台。コツ、コツ、と闇中にひびく靴音。重い甲冑の音、武器の鈍い光……と、突然「何者だ」と誰何する鋭い声。緊張が走る。しかしそれは味方の交替の武士だった。一瞬、ほっとする。が、つぎの瞬間にはひそひそ声で、「例のものは、今宵もまた現われましたか?」「いや、何も」という囁き合い。

何事だろう——と思わず耳をそばだてると、「昨夜あの星が、ちょうど、あれ、いま光っているあのへんへ来たときでした……」といいかけたとき、「しっ、しずかに。あれ、あそこへ」と指さす方に、甲冑に身をかためた先王ハムレットの亡霊が忽然とあらわれる。が、彼らの問いかけに、もどかしげな素振りをしながらついに答えず、消えて行く。一同は、わがデンマーク国に何か不吉な一大事が迫っている予兆ではないかと、不安におののき、ともかくも皇子に知らせねばと語り合う。

やがてしかし、亡霊の口から皇子がきくのは、意外や意外、先王の死因は毒蛇に嚙まれたのではなく、国と妃を奪うための毒殺の陰謀だったという、秘密の大事である。信じていいのか、いけないのか……皇子の懊悩とともに、観客も迷い、疑惑のうちに劇の世界の中へひき込まれて行く。

また前にあげた近松の『曽根崎心中』や『天の網島』は、西洋近代劇に似て、しかもきわめてスピーディーなみごとな序幕だが、同じ近松の『堀川波の鼓』の序もすばらしい。鳥取の下級武士小倉彦九郎の妻お種は、三十の女盛り。実家へ帰ったある夕暮、庭で未婚の妹を相手に洗い張りの内職をしながら、参勤交替で江戸詰のためもう八か月も会わない夫の帰りを、のろけまじりに指折りかぞえている。武家とはいえ貧しい生活ぶりがリアルに描けている。

と、奥から、弟の文六が習っている鼓にあわせて、「松風」の謡。いうまでもなく「松風」は、ありし日の恋人への思慕が断ち切れず、松の木にその幻影を見て思わず抱かんと走り寄り、妹村雨にとめられる松風——一途の女の愛かけ寄るのを、村雨ならぬ妹お藤が笑いながらたしなめる。

欲の業を描いた名曲だ。お種はその謡をきくと、戯れに「あらうれしや、アレ連合いのお帰り」と叫んで、庭の松にかけ寄るのを、村雨ならぬ妹お藤が笑いながらたしなめる。

戯れに――ではあるが、じつは松風同様久しい空閨にもだえるお種の、熟し切った女体のうずきをみごとに表現して、余すところがない。しかも、やむを得ぬ状況が起こったためとはいえ、根本的にはその欲求不満がもととなって、当の鼓の師匠と不義密通をおかしてしまう――謡と松をあしらった絵模様を背景とした、さりげないリアルな描写のなかに、一篇の悲劇の動因を設定し、主題を暗示した手法は、内外を通じて最高の部に位する。

さて「中」、日本流にいえば「破」の部分だが、アリストテレスは筋の展開のもっとも重要な要素として「発見と急転」ということをあげている。主人公がそれまで隠れていた重大な決定的な事実を発見し、それがため運命の急転を余儀なくされるというのだ。この理論は名作『オイディプス王』をその最高の典型として導かれたものと考えられる。この場合、父を殺し、母と不義をおかしている罪人が自分自身だったことの発見が、自らを富と栄光にかがやく王の位から盲目の乞食に突きおとすという急転をもたらすことは、周知のとおりである。

必ずしもこのタイプだけがクライマックスを形成するわけではないけれども、このパターンがもっとも典型的なのは事実で、日本の劇にもいくらでも好例は見出される。たとえば前出の『熊谷陣屋』――ここでは熊谷がとらえた若い敵将敦盛が、主君の命によれば討ってはならない天皇の直系だったという発見が、身替りにわが子の首を討たねばならないという悲劇的急転をもたらす。またつづいて、妻の相模が、討たれたのは敦盛でなくわが子だったという発見により、母親が子を失うという運命の急転に遭う。この悲劇の頂点はかように、二重の「発見と急転」から成っているのだ。

『忠臣蔵』の「勘平切腹」も主人公は勘平一人だが、射殺したのは猪でなく義父だったと思いこんで腹を切る、その直後それは義父ではなく、義父を殺した悪党定九郎を射っていたのだということが発見されて、切腹は不要だったとわかるが、すでにおそく落命する——という、これまた誤解を含めて二重の「発見・急転」から成り立っている。「終り」すなわち大詰は、ドラマの主題、ねらいによりさまざまであることはいうまでもない。近代ではイプセンのように問題を残したまま終る形が非常に多い。同じく問題を残すにしても、登場人物それぞれの行末、生きる方向を暗示したチェホフの『桜の園』のようなのも、すくなくない。老フィールスが生ける屍のように横たわる広間の鎧扉に、かすかに光がさしこみ、外にコーンコーンと桜の大木を切り倒す音がきこえるというこの幕切れは、論理的結末と同時にまことに豊かな情感にあふれていて、最高の終幕の一つだと思う。

その他名作傑作はかぎりがないが、花道を活用した前記『熊谷』のラストや、碇を負って自らその重みに引かれ、海へ逆落しに落ちて行く『碇知盛』の最期、岩の上で孤独のなかに船を見送る『俊寛』の幕切れ等々、日本にも印象深いものはいくらもあげられよう。

坪内逍遙の『役《えん》の行者』の幕切れもいい。弟子の背信、女魔の誘惑、そして最後には老母への愛さえも断ち切ってすべてを破壊し、金剛蔵王《ざおう》の立像を残して消え失せた行者——闇中天地鳴動の数瞬が過ぎ、やがて晴れ渡ると——

「はるかに大天井、小天井の峰のあなたに、物すごくきらめく北斗七星。そのそばを流れて行くかと見える綿毛のような白雲。前鬼と後鬼（行者の忠実な弟子の老夫婦）とがどこからか出てきて、行者をさがすらしく駈けまわっていたが、前鬼はふと其綿毛のような白雲に目を附け、ふしぎそうに後鬼にそれを指さしする。しばらく首をかしげていたが、やがて二人はひざまずいて、恭しく合掌し、それを拝む。遠くで角《かく》の声がきこえる。幕。」

このト書で想像されるように、一切はパントマイムで、スケールの大きな、一篇の主題をくっきりと刻みながら縹渺たるロマンチシズムをたたえた、美しい絵面《えめん》の幕切れである。

以上、戯曲とは何か、すなわち演劇という一個の芸術様式のなかでそれはどういう位置を占めるか、何をどのように扱い表現するかなどについて、なるべく具体例により古今東西を比較しつつ考察してきた。

もちろん戯曲そのものの研究となれば、さらに扱われる個々の題材、主題から人物の性格、表現手法上の写実・反写実、等々の、より具体的な分析研究を必要とする。しかしそれはもはや、戯曲史および実際の作劇技法の課題であろう。芸術ないし文学様式一般の中における戯曲の本質、特質の抽出解明を趣意とする本章としては、以上でほぼ目的を達し得たかと思う。

第三章　演技と俳優

1　俳優の成立と分化

演劇の三要素（ないしは四要素）の中でもっとも本質的なものが俳優であることは、第一章でも述べたように、ほとんど自明といっていい。要素としての戯曲も、観客も、結局は俳優に投影され、その肉体によって時空的に顕現されて、はじめて演劇となる……。

俳優が演劇の第一次的要素であるというこの事実は、古今東西、例外はない。むしろ俳優、すなわち何ものかに変身して人生の何らかのシークエンスを生き、表現する人間の存在こそ、演劇の存在証明というべきだろう。

その意味における俳優は、見せるものとしての演劇の成立よりはるかに古く、人類が社会生活を営みはじめると同時に出現していたと考えられる。その頃は俳優と観客と作者とは分化しておらず、いわゆる「三位一体」の存在であった。

生成・創造・芸能の主神とされるインドのシバー神は、ギリシャのディオニュソスや、他の原始民族の生成神に共通した性格をもっているが、この神は両眼のほかに額にも第三の眼があり、みずから踊るだけでなく、同時にこの第三の眼によって乱舞芸能する自分自身を見るといわれる。この「三位一体」未分化の状態は、ごく初期のギリシャのディオニュソスの歌舞でも同様であったろう。

それが周囲を歌い踊る五〇人のコロスと中央指揮者と、さらにこれを取巻く観客として参加する者とに分れるのは、前七―前六世紀の頃で、日本では「記紀」にみえる天宇受売《あめのうずめ》（鈿女）命《のみこと》の天岩戸の舞いの故事に、この分化がみられる。

このように、まず俳優と観客が分離し、さらに俳優から作者が分化するというのが、世界各地の一般的原則である。もう一つの共通点は、東西ともかなり近代まで、公許の劇場の舞台には女優が立てなかったことである。西洋では古代ギリシャ以来ルネサンスの始まる前の十五世紀末まで、あるいはイギリスの場合はもっと遅く、エリザベス朝演劇を含めて清教徒革命の終わる（一六六〇）まで、日本でも神話時代以後中世末期（十六世紀末）までは、公式の舞台には男だけが登場を許されていた。これは当時東西ともに、演劇はまだなによりも神事芸能であり、俳優は一種の聖職者とみなされたからである。それは日本の「役者」という語が、元来、神事祭礼で特別な役を受け持つ者という意味であったことにも暗示されている。

ルネサンス以降になって女優が発生し、一般化するのは、人文主義の発展とともに演劇が中世宗教劇の呪縛から解かれて、神事芸能としての機能を失い、合理的精神が演劇をも支配するようになったことによる。日本では近世徳川期になっても、相変らず歌舞伎のなかに女方《おんながた》（形）が存在し、女優が用いられなかった。しかしそれは、寛永六（一六二九）年に風紀上の理由で女芸人が禁止された結果であって、それ以前の慶長八（一六〇三）年には、出雲の阿国《おくに》（生没年未詳）の出現により、日本の女優史はすでに開かれていたのである。東西ともに近世市民文化の開花期に女優が生まれたことは、注目すべきであろう。

けれどもそれ以前に女優がまったく存在しなかったのではなく、公許の常設劇場をもたない卑俗な大衆演劇や大道芸のなかには、女優ないし女芸人は存在していた。

神事芸能の男優たちが、社会的地位は高くても俳優としてはしろうとであったのに対し、大衆芸能者は即興的に芸本位の芸を披露する必要上、くろうとによる職業劇団でなくてはならなかった。ギリシャのミモス、ローマのミムスやパントミムスには、一般民衆の嗜好にこたえるためにも女優は必要であった。日本でも歩き巫女《みこ》と呼ばれる旅の女芸人が存在し、女曲舞《くせまい》、女猿楽《さるがく》、白拍子《しらびょうし》などの多くの女性芸能は、古代から中世を通じて絶えなかった。そしてこれら職業芸人の系譜が、やがて十六、十七世紀以後の人間復興とともに社会の表面に浮かび上がり、ドラマの系譜と合流して、男女優が対等に演劇のなかに地位を占めるようになったのである。

だが、古代ギリシャでこそ俳優は聖職者として尊敬されていたが、ローマ時代からは、俳優といえば卑俗劇のそれをさすようになり、俳優の社会的地位は低くなり、この偏見はルネサンス以後も長く続いた。西洋で俳優の地位が確立するのは、一八九五年にイギリスのヘンリー・アービング（一八三八―一九〇五）がナイトの称号を得てからである。日本でも同様で、舞楽の楽人と能役者はそれぞれ神職ないし武家待遇であったが、その他は低く、ことに歌舞伎役者は河原者とさげすまれた。明治維新以後「芸人俳優を教部省の監督下」におき、「教導職」に任ずる法令が下され、一八八六（明治十九）年に結成された演劇改良会が、西洋にならって俳優の自戒と地位向上を勧奨し、さらに明治末年から大正にかけての新劇運動勃興期に、一般人、知識層出身の男女優が生まれるようになった。

しかし社会的偏見は相変らず残存し、真に地位が確立されたのは第二次世界大戦後で、一九四六（昭和二十一）年、七世松本幸四郎、六世尾上菊五郎、初世中村吉右衛門が芸術院会員になってからといえよう。

2　演技論の地位

さて、このように俳優は、社会的地位こそ長いあいだ不当に低かったけれども、その存在は有史以前から人類社会とともにあったといっていい。したがって、その俳優の変身術の論――他の何ものかに扮し、表現し、別の人格を生きる術、すなわち演技の論――こそは、東西古今ひとしく、演劇論の中でももっとも第一次的、直接的で、最重要であるはずだ。

だが、現象にあらわれたところは、必ずしもそうでない。西洋では、すくなくとも体系的演劇論としては戯曲論の方が先行し、量的にも質的にも優先しているのである。

前四世紀のアリストテレスの『詩学』いらい、ローマのホラチウスの『詩論』からルネサンスのイタリーやフランスの劇詩論、その決算をなすボワローの『詩法』を経て、近代のフライターク、アーチャーへと流れ下るドラマツルギーの水脈は、西洋演劇論の核髄をなしている。これにたいして演技論は、後に、一、二ふれるように勿論ないわけではないのだが、戯曲論に比してはるかに非体系的、散発的でしかなかった。理論的体系的に扱われるにいたるのは、ようやく近代のスタニスラフスキー以後である。それ以前も歴史は浅く、十八世紀以前にはほとんど俳優術は論議の対象にさえなっていないといっていい。

ところが日本では、この事情がまったく逆である。

戯曲論としては、やっと十五世紀に世阿弥の『能作書』が出るが、近世に入っても、近松の『難波みやげ』の序文に浄瑠璃作上の心得程度のものが少々あり、下っては二世並木正三著とされる『戯財録』と、三升屋二三治《にそうじ》の『作者年中行事』があるくらいだ。しかもそれとて、西洋のように発達史的理論的に脈絡づけられるものではなく、単発的な実用心得書にすぎず、ドラマとは何かを論ずるようなものではなかった。

しかし演技論となると、俄然活況を呈する。往古の『教訓抄』や『新猿楽記』あたりは諸芸の単なる記録として除外するにしても、十五世紀前半にはすでに、『花伝書』『花鏡』をはじめとする、世阿弥の高度な演技論が成立していた。その後も能、狂言、歌舞伎の演技はもとより、人形浄瑠璃の語り口や人形つかい法までをおおう、厖大な芸論、芸談のたぐいが生まれている。

それらは創造者の側からの演技論だが、観客の側からの演技評、芸論ともいうべきものとして、徳川初期から明治の『六二連評判記』まで、歌舞伎史を縦断するおびただしい量の役者評判記がのこされている。質量ともに日本では演技論が、戯曲論をはるかに上廻っているのである。

東と西との、このようないちじるしい相違は、何を意味するのであろうか。

一概にはいえないが、何よりも明らかなのは、西洋の演劇が劇詩、劇文学の面をより重視するのにたいして、日本では芸――肉体的表現――のほうをより重視してきたということだ。

むろん西洋でも、ギリシャのミモス、ローマのミムス、そしてルネサンス期のコメディア・デラルテ――と流れる即興的な、プロの技芸、職人芸でみせる肉体的演劇の系譜が存在した。そこでは当然、芸本位役者本位で、演技術がすべてだったのはいうまでもない。だがそれは、その卑俗性、大衆性、即興性のゆえに、演技論として理論的に追求されたり、体系化されたりはしなかった。したがって、劇詩、劇文学本位の演劇の流れ――いわゆる古典主義的演劇の系脈――のほうが、おのずから演劇史の主流として歴史に刻まれ、演劇論においても劇詩ないし戯曲の論が、つねに主導権をもってきたのであった。

日本ではこれに反して、古来肉体的な芸と、その伝承発展ということが、演劇ないし芸能史の中枢を占めてきた。むろん、役者本位といわれる歌舞伎ですら、初代市川団十郎が狂言と役者とを「車の両輪」にたとえ、坂田藤十郎が「藤十郎を見する芝居にあらず、狂言を見する芝居なり」といったくらいで、けっしてドラマを無視したわけではなかった。しかし究極において――ということはつまり劇場において観客に訴え、観客にカタルシスを果させるための究極の要素として――役者の肉体と演技とが、ドラマの論理的展開よりも、はるかに強く作用したのである。日本で芸談、芸論、芸評が優先したのは、日本演劇のこのような本質のあらわれにほかならない。

しかし近代になってから、西洋の演技・演出の理論や方法が入ってきた。だから当然、演劇論――これもむろん日本では近代の産物である――においてもこれまで俳優論・演技論といえばもっぱら西洋の、それも西洋近代のそれが中心であった。そこで本章では、以下、日本の伝統的演技論を西洋との比較において検討し、一般論に及んでみたいと思う。

3 型と芸道

日本の演技論を総体的にみた場合にまず気づくのは、おおむね経験的、実践的で非体系的であり、非論理的だということである。

日本の演技論

西洋では諸事万事が論理的に組み立てられるが、演劇論、演技論もその例外ではない。それはアリストテレスいらいの伝統であって、実践的な教えや芸談の域をすぐにつきぬけて、心理学的・生理学的な一般論に結びつき、論理的命題とその議論という形であらわれてくるのが常である。
たとえばレッシンクがその『ハンブルク演劇論』の中で、外面的な物まね演技から内的感情が逆に惹起され得る——ということを述べた一節をみよう。

「……彼がこの種の真似しうるもの（注—いら立った歩きぶりや、荒々しい声、ふるえる唇等々）を自由自在に真似ることができさえすれば、それによってその精神はいつか、不明瞭ながら怒りなら怒りの感情にとらえられ、それがさらに肉体に反応して、意志だけでは支配できないような変化をもひき起すのだ。すなわちその顔はあつく紅潮し、眼はかがやき、筋肉は怒張してくる……」。

こうした種類の演技論の展開は、日本の伝統の世界には見出せない。世阿弥は『花伝書』の第二「物学《ものまね》条々」の冒頭に、「凡そ何事をも残さずよく似せんが本意なり」として、女、老人以下諸役につき最肝要なポイントをあげているが、物真似ということの心理的効果とか生理的反応とかには、論及しない。

また、能のもっとも中心的な観念である「花」にしても、「一大事とも、秘事とも、ただこの一道なり」といいながら、「ただ煩わしくは心得まじきなり」と、むしろ論理的に追究することをいましめ、「花を知らんと思わば、先ず種を知るべし。花は心、種は態《わざ》なるべし」と禅問答のような名句で決着をつけてしまう。

能ばかりではない。歌舞伎役者が弟子を教えるにも、文楽の三味線引きが太夫を教えるにも、理由を説明して、だからこうすればいいと教えるのではなく、どこが悪いとさえいわずに、身体で自然に会得するまで何度もやり直させる——というのが、伝統的な芸道修業法とされてきた。

こうした経験的、非論理的性格は、役者の側からの芸談・芸論にも、観客の側からの評判記にも、共通している。
世阿弥の芸論は、それでもかなり本質的で、西洋のそれのように論理的な叙述形式こそとらないが、内容的には東洋的論理を奥底にうかがうことができる。が、歌舞伎の演技論になると、内容の価値の高下とは別問題に、ケース・バイ・ケースの具体的な対処のしかたが、「聞き書き」あるいは素朴な「印象批評」としてつづられているにすぎない。

もうひとつ注意しておきたいのは、芸談、演技論として取り上げられる材料にとかく偏りが感じられることだ。歌舞伎の場合なら、『役者論語』が最重要なものとして取り上げられるのは、当然のこととして、この芸談集にある写実の意味とか女方論などが重視されるあまりに、ともすると江戸の団十郎系の、つまりは荒事の演技論などが見落されがちである。いや荒事の芸論が無視されているのではないのだが、それは荒事の特異性を強調する意味でだけ取り上げられることが多く、歌舞伎演技一般の中の一側面として、写実芸と同一の平面で取り上げられることが少なかったのではないか。

偏りは正しつつ、できるだけ全体としてとらえる必要があろう。

「道」と「広場」

つぎに秘伝的性格、あるいは家の芸ということがある。

それをもっとも早くしかももっとも明快に述べたのは、世阿弥の『花伝書』であった。その「別紙口伝」の末に記された次の句はあまりに有名だ。

「此の別紙の口伝、当芸に於いて、家の大事、一代一人の相伝なり。譬へ一子たりと言ふとも、不器量の者には伝ふべからず。〃家家にあらず、続くをもて家とす。人人にあらず、知るをもて人とす〃と言へり。」

事実世阿弥の伝書は、明治も末に吉田東伍博士によって公開の緒を得るまで、数百年間「一子相伝」によって秘蔵されていたのだった。

また明治中期ごろ、フェノロサが平田禿木の紹介で梅若実を知り、能について教えを乞うたときに、実は、「能の長所は情感にある」「能にあっては心が形である」などのことばとともに、「能は誠実に追随さるべきだ」と説いたという（古川久『欧米人の能楽研究』）。

これも、こうした日本の伝統演劇における芸というものの、〃狭くて深い〃性格をよく示す話である。

この狭くて深いもの――それは「芸道」ということばがあるように、日本独得の「道」という基本的発想に関連している。それにたいして西洋の文化の基調は〃広場〃の論理だといった人があるが、首肯される説だ。

戯曲論にせよ演技論にせよ、アリストテレスいらい西洋では、あるテーゼができるとそれを公開して普遍妥当性を世に問い、公開の場つまり広場で活発に論議され、アンチテーゼを生み、弁証法的に発展していく。

演劇学校が早くから発達し、古典も現代劇もおなじ演技の基礎の上に演じられる。「型」というものが固着せず、ドラマの内容、解釈に即応しての自由度がきわめて高い。こういった西洋の演技のありかたも、根本的には右のような〃広場〃の論理にもとづくといえるであろう。

日本においては、歌道、茶道、華道から武士道、芸道まで、何にでも「道」がつく。日本独自の演劇的局面というべき「道行」なども、そのひとつと考えられる。

他者の介入批判を許さず、何事かを深く秘めて、細く長く狭い道をどこまでも孤独にたどって行くといった「道」の観念は、記紀万葉の昔いらい、日本の風土自然とともに育まれてきた独自のものである。芸道、演技術における秘儀、秘伝、口伝のたぐいも、そのあらわれだといっていい。

能は高級武家の芸能として完成しただけに、そのきびしさにおいて第一なのは当然だが、程度の差こそあれ他の芸能界にもこの性格が本質に存在する。

狂言でも、当代一とされた野村万蔵（一八九八―一九七八）などは、近代的な考えの人で教え方も開放的だったが、そのすぐ前まではやはり秘伝ということがあったことを、その著『狂言の道』で次のように述べている。

「釣狐に限らず狂言は何でも口伝で稽古されたもので、昔から書物は当てがわれず、自ら暗誦して来て居ります。特にこの釣狐は厳重で、自分の覚え書を我が子に見せることさえ許されないものとされ、私共の書物にも他見を許さずと記してあります。」

ちなみに万蔵の属していた和泉流では、曲目を難易格式により、入門一四四、小習九、一番習五、大習二（『花子』と『釣狐』）、一子相伝一（『狸腹鼓』）……と分類している。

浄瑠璃には大きく分けてかつては東風（豊竹座風）、西風（竹本座風）があり、その後歴代太夫の芸流の分化により、現在も、政太夫風、駒太夫風、島太夫風から、近代の大隅風、山城風まで、種々の「風」つまりは〝型〟が生きている。

また歌舞伎でも、団十郎の型、菊五郎の型等々、それも世代に対応してさらにいくつもの「型」が生まれ、それぞれが口伝、家伝として縦につたえられ、いわばいくつもの〝道〟となって現代につながっている。そのいちじるしいものが、団十郎家の十八番ないし荒事と、尾上家の怪談狂言とを典型とする、いわゆる「家の芸」にほかならない。

舞楽から文楽歌舞伎までを貫く、演技におけるこの秘儀的芸道意識は、根本的には日本芸能の、古くは呪術としての、下っては各支持社会の式楽としての性格に、由来するのではなかろうか。

呪者あるいは神職司祭としての超能力をもつ特殊な種族・家系という結社的な意識が、自他共に存在し、広場でなく深く狭い縦系列の芸道を生み、演技に秘儀秘伝的性格をもたらしたと考えられる。

当然それは祭祀的回帰性を内包するがゆえに、一定の「型」の固定確立をうながすことになる。能における『翁』、歌舞伎における顔見世の『三番叟』や『暫』などは、そのいちじるしい例である。

日本演技論の経験的、非論理的性格も、結局はこの秘儀的、相伝的な芸道の本質にもとづく。それは当然また、非交流的、非変革的傾向をも生むであろう。以下演技論の検討をすすめるに当って日本の演技の種々相も、このような、西洋とは非常に異った性格、あるいは制約があってのことだということを、あらかじめ頭におく必要がある。

そうでないと、どうしても〝神秘性〟や〝秘論理性〟〝秘儀・口伝性〟に幻惑され、その都度演技論としての純粋な要素を、分離選別しそこなうおそれがあるからである。

「型」の成立

個々の演技論を読みとるうえで注意しておくべきことを、もう一、二つけ加えておこう。

ひとつは、概して芸談、芸論は古いものほど抽象的で、心構えあるいは心の持ち様を説いたものが多く、近代に下るにつれて具体的になり、ディテールにわたっての技術論が多くなるということである。

これも考えてみれば、前述の非変革的な縦系列の芸のありかたにもとづく、当然の現象といえる。つまり原理はひとつで連綿と変ることなく伝えられ、ただ役柄《キャラクター》やその表現が細分化していったにすぎないという、非変革的性格のあらわれなのだ。

それは能においてはついに変ることなく、歌舞伎においては明治の九代目団十郎が独自の写実精神——それがはたして西洋の写実主義に影響されたものか否かは、なお未解決の問題だが——により、役柄の造型から個的な人間の描写への、近代的開眼に半ば無意識に到達するまで、つづいてきたのである。

古くは〝心得〟が多く、近くなるほどディテールにわたるというこの傾向は、歌舞伎の女方の芸談にはことにいちじるしい。

『役者論語』は元禄期、つまり今日みる歌舞伎の基本的芸態がほぼ成立した時期の芸談集だが、中で女方芸の聖典とされる「あやめぐさ」では、「女形は色がもとなり」といい「平生ををなごにて暮さねば、上手の女形とはいはれがたし。舞台へ出て爰《ここ》はをなごの要《かなめ》の所と、思ふ心がつくほど男になる物なり」という——この種の基本的態度についての教えが、ほとんどすべてを占めている。

念のため「あやめぐさ」から、いちばん具体的と思えるものを拾ってみよう。たとえば、次のような句がある。

「女形にて大殿の前へ出、夫《をつと》に成かはって一事を捌くといふ様なる、女家老の役あり。いかにもしっかりとせぬ様にすべし。しっかりとしては男の家老が帽子を着たるに成べし。申ても大勢立合の所へ、いかに家老の女房なればとて、心おくせぬ理はなし。身もふるふほどにあぶなあぶなかかり、敵役がどっとつっこんだ悪言をいうた跡にて、それよりきっとすべし。女は其場に成ては男よりいひ度ことをいふものなり。但し少しは上気したる態にて、狂言をすべしと申されし。」

女性の性情、態度についての、芳沢あやめ（一六七三—一七二九）の透徹した観察力が、じつによく出た一節だと思う。ある意味では目にみえるほどに具体的だともいえよう。だが、ではどうすれば、しっかりとせぬようにみえるのか、どうすれば「あぶなあぶな」とみえるのか、きっとするには、どうすればいいのかを、具体的に教えてはいない。

それが近代の六代目尾上梅幸（一八七〇—一九三四）の『梅の下風』になると、たとえばこんな具合だ。

「女形は一番指先を気に致します。堀越（九代目団十郎）の叔父さんは娘形などに扮した場合親指を決して四本の指と並べて踊る等ということはありませんでした。親指は必ず手の平の方へ隠して手の甲の方から見る時は四本より見えないように仕て居られました。」

「姫君や娘形は袖口に入れた手の先を反せて泣く振りを見せれば可愛く見えますが、之を普通のように内へ折ると色気が無くなります。」

まったくの技術論であることは一目瞭然であろう。しかしそれらはまだしも一般論的なほうなのであって、『梅の下風』の大部分は三代目から五代目の菊五郎によって創られ伝えられてきた「型」を祖述した、きわめて具体的な記述である。それは各狂言、各役々についての詳細な技術――演技・演出の型の記録なのだ。

たとえば「忠臣蔵」六段目の勘平について、

一、財布を見る時は正面を向いて坐り、横目にて見ること。
一、煙管の羅宇《きせるらう》は真中を持って居ること。これを落すに工合よし。

とある如きである。

初期の芸の創成期における基本的心得の教えから、末期の瑣末にわたる技術の伝授へ……この非変革的な、「細分化」の過程の途中に、反復と創意工夫の添加・修正による「型」の成立があったのである。

この点も、広場的で変革的、発達史的な西洋の演技論の系譜とはまったく異質の、日本独自の性格といわねばなるまい。

ジャンルによる違い　もうひとつ――日本の芸能、演劇は非交流的であり、各ジャンルがそれぞれいわば独自の閉社会をなして縦に伝統してきたために、演技論といっても厳密には各ジャンルごとにまったく分立して存在していることだ。

西洋においては、シェークスピアもイプセンもアンチ・テアトルも、一人の役者が同一の演技術でやれるかと思うと、シェークスピアひとつにも、自然主義リアリズムから表現主義的演技方法まで、千差万別の演技が可能である――というのとは、根本的にちがう。能には能の、歌舞伎には歌舞伎の演技があって、それ以外にはないのだ。

近代には各ジャンルの演技者が共演したり、別のジャンルのものを演じたりする実験は、むろん少なくないが、それらはそれぞれの現代劇への可能性の模索であって、元になっている演劇自体の混交や変革ではない。

たとえば能は、仮面による日常的個性の否定から出発する。それは歌舞による徹底した示現の世界であり、人間の一般情念の徹底的な典型化であり、肉体行動の抽象化にほかならない。

狂言は人間の日常的行動の普遍化された截片である。

人形浄瑠璃は語り物の劇化・立体化で、人形ではあるが、ある意味では能や狂言よりも、はるかに日常的リアリティーないしアクチュアリティーに迫った表現を、本命とする。

歌舞伎は坪内逍遙がカイミーラなる三頭怪獣にたとえたように、能を含む舞踊劇脈と、狂言を含む科白劇脈と、人形浄瑠璃をもととする楽劇脈との混成による、雑多な芸の集合体である。そこには民間祭礼や一般庶民の風俗生態が、そのまま演技化されたものも、もちろん加わっている。

総じていえば中世芸能たる能・狂言の演技は日常性・具象性をどんどん捨て、抽象化、簡素化の方向に洗練されたものであり、近世の人形劇と歌舞伎においては単純な歌舞、寸劇、ロマン的語り物に発しながら、日常的アクチュアリティーを加え、急速な複雑化、具象化の過程をたどったといえる。

つまり、むろん観客の嗜好によることではあるが、中世と近世とは、演技の発達の方向性が正反対だったのである。日本の、こうした各ジャンルにおける演技方向の違いかたは、「泣く」という動作の表現の違いひとつを頭にうかべただけでも、明らかにみてとれるであろう。しかもそのいずれもが、日本の演技なのだ。

この事実は、日本人の美感覚がけっして一様でないことを物語ってもいる。明治いらい、外国人に日本の美を紹介するのにすぐ能面とか茶室、石庭といったものを強調する慣習があるが、こうしたいわば「幽玄」的美は日本人の到達した美のひとつの極点にはちがいないが、それはあくまでも「ひとつの」であってすべてではない。

遊里文化、浮世絵、俳諧、そして文楽・歌舞伎という、岸田劉生のいわゆる「卑近美」を生命とした、もうひとつの美の世界があることを、見のがしてはならないのである。
こうしたジャンルごとの相違あるいは個別の特殊性を承知したうえで、しかも西洋と比べてみた場合、日本演技論に共通してみられる特質はどういうものであろうか。

4　再現か示現か

花と慰み

歌舞伎の芸談中もっともよく知られ、かつ古典的価値が高いとされる『役者論語《やくしゃばなし》』は、安永五（一七七六）年八文字舎自笑の編に成るが、その中の坂田藤十郎の芸談を集めた「賢外集」に、左のような話がある。

「坂田藤十郎曰、歌舞伎役者は何役をつとめ候とも、正真をうつす心がけより外他なし。しかれども乞食《こじき》の役をつとめ候はば、顔のつくり着物《きもの》等にいたる迄、大概に致し、正真のことにならざるやうにすべし。此一役ばかりは常の心得と違ふなり。其ゆゑいかんとならば、歌舞伎芝居はなぐさみに見物するものなれば、随分物毎花美にありたし。乞食の正真は形までよろしからざるものなれば、眼にふれておもしろからず。慰にはならぬものなり。よつてかくは心得べしと常々申されし。」（傍点河竹。以下とくに傍点原文と記さぬときは同断）

右にみえる「なぐさみ」「おもしろさ」ということばは、日本の演劇のあらゆるジャンルに通じた、究極の目的であった。

藤十郎は和事の名人といわれた人で、上方の合理的現実的な観客を前に、迫真の演技で第一人者となった役者である。「正真をうつす」とは、いまのことばでいえば写実的ということにちがいない。しかし、それにもおのずから限界、節度がなくてはならない——その限界を画する基準が、「なぐさみ」「おもしろさ」という観念なのである。いかなる迫真の演技も、究極的には観客にとって「慰み」「おもしろさ」を与えるもので、不快や嫌悪感を抱かせるものであってはならぬ……。

これと同様のことばが、近松門左衛門（一六五三—一七二四）にもある。ふつう「虚実皮膜論」として知られる、『難波みやげ』序文の一節である。当節はすべて理詰を好み、「実らしき事にあらざれば」合点せぬ世の中だが、と人のいうのをきいて、それはちがうと近松がこたえていう。

「此論尤のやうなれ共、芸といふ物の真実のいきかたをしらぬ説也。芸といふものは実と虚との皮膜の間にあるもの也。成程今の世実事によくうつすをこのむ故、家老は真の家老の身ぶり口上をうつすとはいへ共、さらばとて其の大名の家老などが、立役のごとく顔に紅脂《べに》白粉をぬる事ありや。又真の家老は顔をかざらぬとて、立役がむしゃむしゃと髭は生《はえ》なりあたまは剥《はげ》なりに、舞台へ出て芸をせば慰になるべきや。皮膜の間といふが此《ここ》也。虚《うそ》にして虚にあらず、実にして実にあらず、この間に慰が有《あっ》たもの也。（中略）趣向もこの如く、本の事に似る内に大まかなる所あるが、結局芸になりて人の心のなぐさみとなる。……」

近松は竹本義太夫と提携する以前に、宇治加賀掾その他のために古浄瑠璃を作るのと並行して、藤十郎のためにかなりの数の歌舞伎脚本を書いていた。それが藤十郎の死後ぱったり歌舞伎に書かなくなったのをみても、よほど藤十郎とは肝胆相照らす仲だったことが想像される。したがってこの二人の芸論が一致するのに、ふしぎはない。

しかし、究極に慰みとかおもしろさをめざしたのは、歌舞伎ばかりではなかった。能でも同様である。『花伝書』の第二「物学条々」において、世阿弥は「凡そ何事をもよく似せんが本意なり」というが、そのすぐ後に「事に因りて濃き薄きを知るべし」と記し、物真似に限界と節度の必要なことを説いている。

すなわち、「国王・大臣より始め奉りて、公家《くげ》の御起居《たたずまい》、武家の御進退」そのほか「上職の品々、花鳥風月の事態《ことわざ》は、「いかにもいかにも細《こまか》に」似すべきだが、といってから、

「田夫《でんぶ》野人の事にいたりては、さのみに細々賤しげなる態をば似すべからず、仮令《けりょう》、木樵、草刈、炭焼、汐汲などの、風情にもなるべき態をば、細にも似すべきか。それより猶賤しからん下職《げしょく》をば、さのみには似すまじきなり。これ上方《うえつかた》の御目に見ゆべからず。若し見えば、あまりに賤しくて、面白き所あるべからず。此の宛行《あてがい》をよくよく心得べし。」

語義は明らかであろう。ここには「風情」「面白き」ということばが用いられているが、これらはいずれも、声や姿の優美さや珍らしさ（斬新、新鮮、目新しさ）などとともに、能の芸術美の極致をさす「花」という概念の素因をなすものである。

この場合、「上方の御目」すなわち上流貴人の客の眼に、あまりに賤しくうつってはならぬといっている点が、民衆演劇である歌舞伎とちがう。しかし能にあっては、高級武家ないし貴族階級が最重要の主観客だったことは事実ではあるが、かつての支持層だった一般大衆をも同時に感動せしめることを、忘れていたわけではない。むしろそこに観世父子の本当の苦心があった。

観るものに、ひとしく究極において「花」をもたらし、「慰み」を与えるためには日常ありのままの写実ではいけない。いいかえれば、日常的写実とは一段次元のちがった美的世界の創造、極端にいえば、真よりも美を優先させる――日本の演技論は例外なく、この方向を指してつくりあげられているといっていい。

その例としてもうひとつ、『花伝書』の「物学条々」の〝鬼〟の項から一節を引いておく。

「……真《まこと》の冥途の鬼、よく学べば、恐しき間、面白き所更になし。（中略）先づ本意は、強く恐しかるべし。強き

と、恐しきは、面白き心には変れり。(中略) 恐しき心と、面白きとは、黒白《こくびやく》の違ひなり。されば、鬼の面白き所あらん為手《して》は、究めたる上手とも申すべきか。(中略) 鬼の面白からむ嗜み、巌に花の咲かんが如し。」

こうした芸能観は『花伝書』の次の一節に、一層明確に述べられている。

「抑々《そもそも》芸能とは、諸人の心を和らげて、上下の感を成さむ事、寿福増長の基、遐齢延年《かれいえんねん》の法なるべし。」

外国においても、長い歴史の全体からみれば、やはり民衆、観客に慰楽を与えることを目的とする演劇のほうが多いであろう。しかし、すくなくとも演技論とか俳優術とかが云々される限りの演劇においては、西洋ではどうも、美よりも「真」のほうに重点がおかれているように思われる。

西洋演劇における「真」　ことに近代劇においては、これはほとんど決定的であった。それは演劇を人間探究の場であり、人生の実験室でなければならぬとする〃自然主義的写実主義演劇論〃によって確定された。

これを最初に明瞭に提唱したのは、一八七三年、エミール・ゾラが自作戯曲『テレーズ・ラカン』の序文に示した、いわゆる「自然主義宣言」であった。彼は「現実という枠の中で研究されたる人間の問題のみが、いまや我々の問題である」と述べている。

この主張からすれば、必然的に舞台の上に展開されるものは、できるだけ、実人生そのまま、つまり日常的生活の断片の「再現」representation でなければならないことになる。したがって俳優は、別の次元の美を「示現」することと presentation ではなく、実人生における人間そのものを生きることが理想だということになる。すなわち「真」を創りだすこと——その極点が、スタニスラフスキー・システムであったにほかならない。

この場合は当然、俳優によって演じられる人物は舞台を実人生の場として「生きる」のだから、観客に向って話しかけたり大見得をしたりというような、いわば「垂直」の演技は許されない。いいかえれば舞台を全く独立した、閉じた物理的心理的な場として、つまり舞台と客席のあいだにあたかも第四の壁が存在しているかのごとくに、演技しなければならない。すなわち世にいう「第四の壁」理論である。

しかし、演劇を、人生の問題をなげかけ真を告白するものだとし、第四の壁理論をとなえることは、じつはゾラにはじまったわけではなく、すでに十八世紀にディドロによって提唱されていた。

ディドロは後にふれる『逆説―俳優について』なる俳優論でも知られるが、もっとも革新的な思想の根本は、近代市民劇という理念を樹立したことである。第二章「戯曲と劇性」で述べたように、古典主義における悲劇と喜劇のジャンルの峻別を不合理として、そのいずれの要素をも併せもついわゆるドラーム drame（ドラマ）の確立を主張したのも、そのひとつだが、その奥底にあったものは、演劇は〃人生の真〃をうつすものでなくてはならぬという考えであった。

しかし、第四の壁という近代写実主義的な表現上の主張こそディドロ以後だが、「人生の真」に演劇の本質をみるということは、昔から西欧演劇の根本思想だったといえる。それを示す一例は『ハムレット』の中で、旅役者の座長にあまりオーバーな演技はつつしめとさとす、あの有名なせりふの一節である。

「……とりわけ大切なのは、自然の結合を過さぬことじゃ。そもそも演劇《しばい》は、今も昔も、いわば造化に鏡を捧げて、正邪美醜の相容《すがた》や当国《そのくに》、当世《そのよ》の有りのままを写して見する筈のものじゃによって、度を過しては本意に外る。……」（坪内逍遙訳）

シェークスピアの演劇は、舞台から客席に向って傍白や独白で語りかけるような、およそ近代リアリズムとは逆の垂直演技によって演じられていた。その他娯楽性をも含めて、あらゆる面でシェークスピアは、むしろ日本の歌舞伎に血脈の近い演劇だといえる。にもかかわらず「正邪美醜」をありのままに描くという〃真〃の観念は、日本におけるよりもはるかに明確に意識されていたのであった。

西洋におけるこの観念は、おそらくギリシャまでさかのぼることができるだろう。が、日本の演劇においては終始、真よりもまず「美」を第一義として、観客に花あるいは慰みをもたらすことを目標とした。この点で、西洋とは明らかに異る。……

この傾向は、演技ばかりでなくドラマについても、たとえば文楽や歌舞伎の悲劇が、結局は肉親の別離——愛別離苦——の愁嘆の情緒の中に還元され、一種「甘美なる哀愁」のうちに「絵面の美しさ」をもって終るという、メロドラマないしロマン的性格にあらわれている。

なおここで、演技論としてもうひとつ加えておきたいのは、右のように、花や慰みを与えることを第一義とする結果、観客へのサービス、あるいは観客のひきつけかたということが、意識的に演技論に反映されていることである。たとえば『花伝書』の第三「問答条々」に、見物がまだ落着かずざわついているのに主賓の貴人が着席したようなときは、

「日頃より色々と振りをも繕ひ、声をも強々《つよづよ》と使ひ、足踏をも少し高く踏み、立振舞ふ風情をも、人の目に立つ様に、いきいきとすべし」

といい、また「夜の申楽《さるがく》」の場合は見物が滅入《めい》らぬよう、動きの多い華やかな能を「利《と》く」、つまりきびきびと活発に演じよと教えている。

またおなじ世阿弥の『花鏡』には、「離見《りけん》の見」ということばがある。

「舞に目前心後と言ふ事あり。目を前に見て、心を後《うしろ》に置けとなり。（中略）見所より見る所の風姿は、我が離見

なり。然れば我が眼の見る所は我見《がけん》なり。離見の見にはあらず。離見の見にて見る所は、則ち見所同心《けんしょどうしん》の見なり。其の時は、我が姿を見得するなり。我が姿を見得すれば、左右前後を見るなり。然れども、目前左右までをば見れども、後姿《うしろすがた》をば未だ知らぬか。後姿覚えねば、姿の俗なる所を知らず。」

この箇所はいろいろに、またむずかしくも解釈されているが、要するに見物からみて「花」があるためには、見所すなわち客席にいる見物の心になり、その眼になって自分の舞い姿を見る必要があるということである。それには「目前心後」、つまり心を常にうしろに置いて、自分の後姿までも客観視できなければ、善美の風体は得られない——というのだ。

花、慰み、観客第一……これは歌舞伎において能にまさるとも劣らないのは、いうまでもない。ではその花、慰み、おもしろさ、美しさとは、実際にどういうものを内容とするのだろうか。

美の造型

ことわざに、「一振二声三男《いちふりにこえさんおとこ》」という。人によっては「一声二振三容姿《おとこ》」ともいうようだ。が、いずれにせよ、日本の芸能の見どころが、古来このように、身のこなし、音声、男前——という、視聴覚的な要素にあったということは、重要である。

いやこれは日本ばかりではなく、東洋一般の特長というほうがいいかもしれない。それは「俳優」の語義に、そもそもあらわれている。この言葉は『古事記』や『日本書紀』にすでに「わざおぎ」の訓をともなって見えているが、その漢字を分析すると——、

まず「俳」は「人」プラス「非」で、非の字は鳥が翼を左右にひろげ、たなびかせながら飛翔する様を示した象形文字である。したがって俳の字は、あたかも鳥が舞うごとく、軽やかに優美に手足をはたらかせる人を意味する。

次に「優」は「人」プラス「憂」で、憂の字は「頁」と「心」と「夊」の三部から成る。頁は人体の首から上の部

分つまり〃かお〃。心は心臓の象形。夂は「夊」からきた象形文字で、それは夂すなわち足の象形文字の逆立ちしたものである。つまり夂は逆立ちして歩く様、さらに敷衍して、歩きにくいさま、また重々しくしずかにゆっくり歩くさまをさす。

心に「うれい」があると、それは自然に顔にあらわれ、足取りも重くなるものだ——そこで〃憂〃という字が合成された。すると〃優〃の字は、憂《うれ》いを抱いている人、あるいは憂いのある人の歩きぶり、さらに転じてそのようにゆっくりしずかに歩く人の意にもなり、したがっていわゆる「優《ゆう》にやさしい」という、ふつう用いる意味が生まれたのである。

すなわち「俳優」とは、元来ドラマとも文学とも関係なく、「優雅なうつくしい身ぶり表現をする人間」をさす文字であった。東洋の、そうして日本の演劇の俳優表現の第一義が、まことによく象徴されているといえよう。

これに比して、英語で俳優を意味するアクター actor なる語は、アクトする人つまり「行動する人間」ということである。が、それはある劇的内容——戯曲の要素——を行動によってあらわす人という意味であって、どうも表現自体より表現内容のほうが第一次的に存在するような感じが先立つ。もっともドイツ語ではシャウシュピーラー Schauspieler で、これは眼に訴えるものを演じ出すという意味で、比較的日本の観念に近い。ドイツ演劇の基盤となる近世の謝肉祭劇や世俗劇が、多分に即興劇的肉体的な要素に富んでおり、視覚的直感性に比重がかかっていたことによるのであろう。

が、それよりも、近世以降の西欧演劇が、ギリシャ古典のドラマの理念に決定的な影響を受けていたことを考えあわせると、ギリシャにおける演劇の諸理念——たとえばテアトロン、スケーネ、プロスケニオン、オルケストラ、マスケ等々——の本質的重要さが痛感されるわけだが、そのギリシャにおいては俳優はヒュポクリテス hypokrites といった。

この語はしかし元来は芝居に関係なく、「答える人」という意味の語であった。それが俳優を意味するようになるのは、前六世紀初頭ごろ、アリオン（前六二八―五八五）がディオニュソス祭の円舞合唱歌《ディチュランボス》の指揮者として、円陣の合唱隊の中心に立ち、まわりの隊員の問いかけにこたえて、みずからディオニュソスであるかのごとくに、受難と復活の物語を生々しく朗誦したのにはじまる。このこたえる人アリオンが、すなわち俳優の祖先だったのである。

つまり西欧ではギリシャにおいてすでに、演劇は問いと答え、すなわち対話を必須の成立条件としており、俳優とはすなわち、劇的内容をことばによってのべることを第一義としたのである。『ハムレット』のあの「言葉、言葉、言葉……」というせりふにも、このようなことばの占める比重、つまりは劇文学的要素の大きさが暗示されている。

このように西洋では、ドラマをつたえることが、俳優のまず第一の使命であるにたいして、日本では肉体による視聴覚的表現こそ、俳優の最大の生命であった。が、では各ジャンルで具体的にどうそれをとらえているか。

能ではそれは声あるいはことばと、姿あるいは身形《みなり》であった。『花伝書』の冒頭の「序」に、世阿弥はいう。

「ただ言葉賤しからずして姿幽玄ならんを、受けたる達人とは申すべきか。」

そうして第一「年来稽古条々」では、「十二、三歳より」の項にはじめて「花めく」という文字があらわれるのだが、その花――「時分の花」ではあるが――の要因を世阿弥は、形と声にもとめて、

「先づ童形《とうぎよう》なれば、何としたるも幽玄なり。声も立つ頃なり。二つの便りあれば、悪き事は隠れ、善き事はいよいよ花めけり。」

と述べている。それが十七、八になると「先づ声変りぬれば第一の花失せたり。躰《てい》も腰高になれば、懸り失せて……」

しばらくの間はまったく花のない時期があることを指摘し、やがて二十四、五になると「声もすでに直り、躰《てい》も定まる時分なり。されば、この道に二つの果報あり。声と身形《みなり》なり」と記しているのである。

世阿弥の、声と姿という肉体条件へのこのはげしい執着は、肉体の衰えたあとの能にも、むろん貫かれている。ともすると能は枯淡の境をよしとするもののように誤解されがちだが、それはまったく逆で、枯淡の年齢になっても老いを感じさせず、若々しい花を見せつづけることこそ、世阿弥が生涯かけて求めた「真の花」の境地であった。

その証しとして、世阿弥は四十四、五よりの心得として次のようにいう。

「……能は下らねども、力無く、やうやう年たけゆけば、身の花も、余所目《よそめ》の花も、失するなり。まづ、勝れたる美男は知らず、よき程の人も、直面《ひためん》の申楽は、年寄りては見られぬものなり。」

直面とは仮面《マスク》をつけないこと。こうして世阿弥は中年以降の肉体の衰えを熟知するからこそ、「似合いたる風体を、安々と、骨を折らで、脇の為手に花を持たせて、会釈《あしらい》の様に、少な少なとすべし」と教えたのだ。

さらに五十有余の項では、「大方、為《せ》ぬならでは手立あるまじ」と、極端にまで動きをいましめている。これはつまり、体力の衰え、声や姿の花の凋みを、枯淡老衰を、できるだけ見せないための手立てにほかならない。

裏返せば、よそ目には肉体的にもなお「花」と見せておくための、必死の　そして賢明なる演技術だったのである。

歌舞伎が花をいのちとし、色気、うつくしさを貴しとしたのは、いうまでもない。能とちがってつねに「直面《ひためん》」つまり生の顔をさらしているだけに、役者が肉体の美、若さに執着したのはひとしおであった。

二代目の団十郎（一六八八―一七五八）にこんなことばがある。

「老年になりて案じたる狂言は、仕組に花すくなきものにておもしろからず。（中略）作者は若きがよし、役者も若き、がよし。」

いかにも、荒事のみでなく和事にも長じ、美貌でもあって『助六』を初演した人らしい。そういえば明治の名優九代目市川団十郎（一八三八―一九〇三）も、「俳優は舞台の華やかな時に引退しなければいけない」ということばを残している。

ことに若さと色気を大切にするのは、いうまでもなく、女方である。『役者論語』の中の「あやめぐさ」にとどめられた芳沢あやめ（一六七三―一七二九）の芸論にも、冒頭に「女形は色がもとなり」とあるくらいだが、また次の一節もよく知られている。

「女形というもの、たとへ四十すぎても若女形という名有。ただ女形とばかりもいふべきを、若といふ字のそはりたるにて、花やかなる心の抜けぬやうにすべし。わずかなる事ながら、此若といふ字、女形の大事の文字と心得よと稽古の人へ申されしを聞侍りし。」

女方とは男が女を表現するのだから、本質的に無理なわけだが、それだけに、その演技術は日本の演技論のもっとも特異な、もっとも特長的なものということができよう。それについてはまた後に考えるところがあるが、ここでは、あやめが、女方の稽古には傾城が第一だといったことに注目しておきたい。

「女形は傾城さへよくすれば、外の事は皆致し易し。其わけは本が男なる故、きっとしたることは生れ付て持ているなり。男の身にて、傾城のあどめもなく、ぼんじゃりとしたる事は、よくよくの心掛なくてはならず、されば傾城にての稽古を、第一にせらるべしとぞ。」

傾城というものは、「男性に対する異性」としての女性の、本能的にもっとも純粋なるもの、すべての点で男の反極にあるべきものである。したがって男にとってもっとも演じにくいものにちがいないから、それさえできればほかの女はやり易いのは当然かもしれない。が、ここでも問題は「あどめもなくぼんじゃり」ということで、これは要するに風情、雰囲気の形容にほかならない。理屈ではなく、ムード、感覚なのだ。

ここで私は、あの荒事にふさわしい男性的な顔をした九代目団十郎が、娘に扮しても無類の色気があったという話を思い出す。九代目は『本朝廿四孝』の八重垣姫の場合、障子があいて初めて姿を現わすとき後向きになっていて、そのうつくしい襟足によってまず観客を魅了したといわれる。

理屈をこえた色気、肢態、容姿の美——女方はもとよりながら、日本の演技演出の大前提ともいうべきは、これであった。おなじ九代目が助六について、

「この助六は、花道へ出て、ポンと傘を開いたとき、俺は日本一の色男だと思う自信がなければ出来ない役だ。」

といったのも、その一証左といえるだろう。

歌舞伎において、演技の巧拙はもとより、「仁《にん》」ということを重視するのも、姿かたちを第一とすることのあらわれである。仁とは、役柄にふさわしい柄《がら》——体軀、風貌、持味——をいう。たとえば九代目団十郎にとっては、髪結新三や弁天小僧などは仁《にん》にない役で、これらは五代目菊五郎の仁に合う役だ、といった具合に。

西洋の演劇や新劇の場合もむろん向き不向きはあるのだが、歌舞伎ほど鮮明ではない。これは歌舞伎においては役者の肉体条件（芸風を含めての）が、舞台成果において占めるパーセンテージがはるかに大きいことを物語っている。ということは、劇的内容にもとづく役の内面的性格とか、せりふを介して伝わる論理的内容よりも、声や姿の視覚的なイメージのほうがより大切だということにほかならない。

これは能で「得たる風体」というのに似ている。つまるところ、その俳優の肉体条件、持味芸風に役柄がぴったり合ったとき、はじめて演技も生きるのだ。役者の魅力の十分な発揮を第一とする、——これが日本の演技論あるいは

俳優術の大前提である。

もうひとつ、歌舞伎ではよく舞台が「大きい」とか「大きな役者」という。巧いというのとは別の概念で、むしろ小細工を弄せず、登場しただけで偉風があたりを圧し、悠揚迫らないゆとりと伸び伸びした大らかさがあり、いわゆる貫録が感じられる——といったようなことの形容である。よく写真にみる九代目団十郎の『暫』の元禄見得などは、その典型であろう。団十郎はけっして大柄でなく、むしろ小さいほうだったが、その姿は根が生えたように大きい。

二代目団十郎の芸談に、

「真直に舞台の正面を向けば、細く見ゆるなり。すじかいに向ひて、三角に坐れば、強く大丈夫に見ゆるものなり。とかく荒事は足を投げ出すがよし。」（『歌舞伎雑談』）

というのがある。むろん経験から出たことばだが、これなどは空間幾何学的または力学的に、〝大きい〟という視覚的効果を考えるうえに、重要な示唆を含んでいる。

ついでにいうと、これと似た概念でややニュアンスのちがうものに、「芸格」ということがある。芸の品格、風格、格調ということだ。これについては現・六代目歌右衛門に次のようなことばがある。

「器用になっちゃいけません。器用になったらば芸格は落ちます。（中略）いくら肩肘張っても、格というものはつくもんじゃないんですからね。（中略）うまい、まずいは二の次で、歌舞伎座の舞台にのる役者になってほしいです。……」（講座・伝統と現代Ⅱ・『現代の芸談』）

声と姿、身形、花、若さ、色または色気、ムード、仁《にん》、大きさ、芸格……舞台における俳優は、日本の場合、うまいとかまずいとか、性格の解釈やその表現の是非、などといった、ドラマの伝達者、媒体としての価値評価に耐えるだけでなく、むしろそれ以上に第一義的に、こうした諸尺度によって測られる「個体そのもの」の形相において、まず及第しなければならない。

こうした、西洋の演技論では比較的表立って取り上げられない「花」あるいは〝役者の好さ〟についての論議が、きわめて本質的な要素として取り上げられているところに、日本の演技論ないし演劇自体の、ひとつの大きな特長がある。

5　虚と実――心と形

さて、では日本の演劇において俳優は、その「花」ある肉体表現の中に、何をどう描こうとするのか――。

典型と虚実

結論的にいえば、日常的リアリティーの次元において劇中人物の個性を再現的に描くのではなく、非日常的次元に、いいかえればロマンの世界において類型化された「役柄」を、各ジャンル独自の様式によって典型的かつ示現的に表現するのだ、といっていいだろう。

様式にはいろいろあるが、日本の伝統演劇の場合、再現的写実的でなく、程度に多少の差こそあれ、各ジャンルそれぞれに対応した音楽感覚により、非写実化されているのが、特長だといえよう。

音楽とはたとえば能なら大小鼓笛と謡曲の節調、歌舞伎なら三味線音楽を基調とする複雑な語り物、唄、合方、囃子の重合などである。だから日本の演技も、多かれ少なかれ写実をはなれ、デフォルメされているのは当然である。

能の場合ならば、仮面によって役柄が明示されるということと、すべてが凝縮簡略化されるという二つの条件によって、演技のありかたが規定される。

すなわち、仮面をつけるために、肉顔の表情は一切演技に参与することがなく、声も、たとえば女なら女を女面により表現しつくしているから、もはや女の声色をつかう必要もない。というより、生の女の模倣的再現をはじめから目的としておらず、女のやさしさ、なまめかしさ、はかなさ、あるいは愛欲の業といった女性一般の普遍的な属性を、もっとも典型的に視覚化することが、能の演技のめざすところなのだ。

こころみに『花伝書』第二「物学条々」の「女」の項をみると――

「舞・白拍子、又は物狂いなどの女懸り、扇にてもあれ、挿頭《かざし》にてもあれ、如何にも如何にも弱々と、持ち定めずして持つべし。衣《きぬ》、袴などをも長々と踏み含《くく》みて、腰膝は直《すぐ》に、身は嫋《たおや》かなるべし。顔の持ち様、仰のけば、見目《みめ》悪く見ゆ。俯けば、後姿悪し。さて、首持ちを強く持てば、女に似ず。如何にも如何にも、袖の長き物を着て、手先をも見すべからず。帯なども弱々とすべし。（中略）殊更、女懸り、仕立をもて本とす。」

男性の役者が女性に扮するのは、もっとも極端なる変身に相違ない。しかも女の舞はいわゆる幽玄の最たるものとして、能のもっとも重要視する役柄である。したがって「女」の項が、この「物学条々」の冒頭に据えられたのでもあろうが、細かい日常的模倣はいっさい説かれず、「仕立をもて本とす」としている点が注目される。

仕立とは、装束の仕立、着方、姿勢、身のこなしなどをひっくるめて、身づくろいとでもいえばいいだろう。やわらかで、弱々しく、たおやか――という、男に対する女性の視覚的特長を的確にとらえること、全体的イメージの表象ということが、能における女性の演技のすべてなのだ。

こうした理念は、「老人」についてもみられる。

「凡そ老人の立ち振舞ひ、老いぬればとて、腰膝をかがめ、身をつむれば、花失せて古様《こよう》に見ゆるなり。さる程に面白き所稀なり。ただ大方、如何にも如何にもそぞろかで、しとやかに立ち振舞ふべし。……」

老人だからとて、腰を曲げたりしわがれ声をつくったりという、生の写実はとらない。そぞろかで、とは、気をそぞろにしないの意。老人だからもう気が散らず、おちついた静安の境地に達している――それが老人というものの、あるべき姿だというのである。

ついでに、女とは反極にあるともいうべき「鬼」についてはどうか。これは前に、能のめざすものが花あるいは風情であることの一例として引いた「鬼の面白からむ嗜み、巌に花の咲かんが如し」の一節にみるとおりだ。すなわち「真の冥途の鬼」の属性として、世阿弥は「強きと恐ろしき」という二つの性格を取り出しているのである。

鬼というものは想像上の架空のものではあるが、人間存在にとってそれはどういうものでなくてはならぬかという、本質あるいは典型を、指摘したものといえよう。

典型の表現

実在人物そのものの個々の性格の創造ではなく、それぞれの人間類型のもっともそれらしいもの、すなわち「典型」をえがくということは、歌舞伎においてもまた同様である。

歌舞伎の世界ではしかし、前にもふれたように、はじめは単純な役柄だったものが、時代が下るにつれて細分化していった。

ごく初期の女歌舞伎のころは能のシテ、ワキ、ツレに相当するものに、後の道化《どうけ》（道外）の先祖とみられる「猿若」という役柄があったくらいだが、やがて若衆歌舞伎から野良《やろう》歌舞伎の成立をみるころになると、「女方」が生まれ、それはまもなく若女方（若女房）、花車《かしゃ》（嬶《かか》）方などを派生する。

いっぽう男役のほうでは、地方《じかた》に対する立方《たちかた》という呼称からきたと考えられる「立役」と「敵役」とがまず分立する。――こうして元禄の寸前、一六六〇―八〇年ごろに、ごく基礎的な役柄が成立をみた。そして元禄年間には、

若女方、花車方、中女方、かぶろ（禿《かむろ》）

若衆方

立役、親仁方、子役（子供）

敵役、実悪《じつあく》、半道《はんどう》（半道敵）

道外（道化）方

のごとくに細分化されている。さらに下ると、女方なら娘方、肩はずし、悪婆、毒婦……など、立役からは荒事、和事、実事、ピントコナ、つっころばし、……その他、敵役からは公家悪《くげあく》、端敵《はがたき》、色敵、叔父敵、手代敵、等々、ドラマ内容、劇的局面（趣向）の複雑化につれて、どこまでも細分、派生していく。

これらのいわゆる「役柄」なるものが、職業、身分、年齢、性格《キャラクター》などの「類型」であることはいうまでもない。その各類型ごとに、それぞれのもっとも一般的普遍的な、最大公約数的な属性を組み合せ、重ね合せて構築した性格《キャラクター》が、すなわち「典型」というものであろう。歌舞伎演技の根本は、この典型を役者の肉体によって眼前に形象化することである。

しかし、こうした役柄というものの存在は、けっして日本演技の独自性ではない。西洋でも、十九世紀後半はリアリズム精神の勃興にともなう〝個人・個性〟の尊重、その写実的再現的演技が要求されるようになるまでは、むしろ類型的役柄の分立ということが、演技術、俳優術の常道だったのである。

すくなくともローマ時代には、もう職業俳優における役柄の分化、専業化があった。アッテルラーナ劇とよばれる通俗的笑劇にはマックス（愚直でだまされやすい人物）、ブッコ（ほら吹きで貪欲な屁理屈屋）、パップス（愚鈍で思慮の浅い老人）、ドスセンヌスまたはマンドゥス（大食家でずる賢いせむし男）などの類型が知られている。

またこれと大同小異の物真似即興劇たるミムスにもいくつかの役柄があり、老人（白）、食客（灰色）、青年（紫）娼婦（黄）などそれぞれ衣裳の色もきまっていた。

こうした大衆的演劇の要素は、その後中世宗教劇時代を地下水のごとく社会の表面下に潜行しつづけ、やがてルネサンスを迎えてイタリーのコメディア・デラルテとなって復活する。ハインツ・キンダーマン著『ヨーロッパ演劇史』第三巻によれば、そこでは役柄は次のように分類されていた。

一　恋人役（仮面なし）
　A　若い恋人（男）役（コミコ・インナモラート）
　B　若い恋人（女）役（コミカ・インナモラータ）
二　喜劇的な役と仮面の役柄
　A　従者役（ザンニ）
　　1　アルレキーノ
　　2　ペドロリーノ
　　3　その他
　B　下賤の者の役
　　1　プルチネッラ（後にパンチ、ポリシネル、ハンスブルストになる）
　　2　ブリゲッラ（色事の手引。スカピーノ、ベルトラーモなど。後にスガナレル、フィガロになる）
　C　パンタローネ（老父役）
　D　ドットーレ（博士、老役。女好きでだまされやすい衒学者。後のペダント）

E　カピターノ・スパベント（ほら吹き軍人。スカラムッチャはその変型）
F　タルターリア（太った喜劇的人物）
G　コロンビーナ（侍女役、仮面なし）

こうした役柄がやがて西欧各国の職業劇団に流れこんでいくことは、モリエール喜劇の役々や『ハムレット』の中の俳優についての会話などをみても明らかである。

それらの役柄の中で、いちばん早く際立った役柄として成立するのは、身分の低い喜劇的役柄すなわち道外《どうけ》（化）で、これは歌舞伎における猿若の早期発生と対比されよう。

役柄自体だけでなく、その分化の過程にも相似がみられるわけだが、ここではまず、いわゆる「役柄」を通しての演技ということが、西洋でも同様に存在したという事実に注目するにとどめる。

ただ前述のように、西洋では十九世紀後半に至ってリアリズムが勃興するにおよび、役柄というものは解体消滅して、人間の内面的性格、個性の表現へと移行するのにたいして、日本では伝統演劇が役柄的演技のままで定型化し、西洋近代のリアルな性格表現術は新劇の世界において、西洋輸入の一環としてはじめられねばならなかった。

前にふれたごとく明治にいたって九代目団十郎は、類型から個性への開眼を素朴ながら体現するのだが、それは半無意識、かつはまったく彼一人の独走に終ってしまったのであった。

さて役柄を通しての典型の表現とは、いうまでもなく、個々の実在物のありのままの模倣的再現 representation ではなく、その普遍的本質、当然あるべき姿、あらまほしき姿の示現 presentation である。

前にあげた近松の「虚実皮膜論」は、そのもっとも知られた一節といえる。べつのいいかたをすれば、演技表現はすべて、「生《なま》」ではだめだということだ。小道具にしても実物は使わず、作り物を用いてしかもそれらしく見せるのが演技とされる。日本の芸談はどれをとっても、そういう理念を指し示しているといっていい。

たとえば『役者論語』の中の「賢外集」には、有名な〝草履〟の逸話がある。

「坂田藤十郎はけいせい買の名人と、もてはやされたる稀人《まれびと》、ある年、夕ぎりの狂言に、ふぢや伊左衛門の役を勤る筈に極《きわま》り、今度の狂言には上草履《うわぞうり》いるなれば、早々あつらえ然るべしといひわたしける。扨草履出来あがりたりとて見せければ、藤十郎見てこれは大き過たり、仕直すべしと云付ければ、男申しけるはお前のお足の寸を取誂《あつらえ》候へば、違い申さぬ筈といふ。それにても大きなりとひたすらいひければ、買物方の者、これにいか様ちひさく致さんと尋ねければ、一まはりちひさくと申より、すぐさまあつらへ直し、惣稽古のせつ彼ざうりちひさきゆゑ、指にはさみて出られたり。初日にも同じく指にはさみ出る。……ある人此事を不思議におもひ尋ければ、藤十郎いはく、此度の草履は揚屋の庭にてぬぐ事あり。舞台にぬぎ捨たる時、ざうり大きければ、諸見物藤十郎はさてもきつい鈥足なりと見出されては、重《かさね》て傾城買の狂言はならざりしと、答へられし。すべてか様な事までも気を付、狂言仕ける。名人の心得は格別の事なり。」

舞台の色男は見物にとっては理想の美男、優男《やさ》でなくてはならない。足なども白く小さくありたい――それが色男のイメージであり、典型というものだ。

歌舞伎役者、ひいては日本の伝統演劇きっての写実派と目される藤十郎にして、そのリアリズムにはこうした節度、というかフィクションとしての超写実性があったのである。

女方の芸論から一例をあげておこう。

「十次郎申されけるは、女は右の膝をたて男は左の膝を立てる。歩み出しもおなじ事とぞ。弟子へ教へられしもその通りなるを、吉沢氏ひそかに意見せられけるは、それは其通りなれども、見物衆の方へむかふ方の膝を立てず、又見えによるべし、理屈ばかりにては歌舞伎にあらず、とかく実とかぶきと半分半分にするがよからんとぞ。」（『役者論語』のうち「あやめぐさ」）

膝を立てて坐るのは昔の遊女の坐りかただが、男は武士のたしなみから左を立てるのにたいして、右を立てるのが、日常的〝真実〟であった。が、その実にとらわれるよりも、女であるという大前提に照らして、見物に向いた膝を立てない心がけのほうがより重要だと、教えたのである。女性のあらまほしき姿としての典型的姿態を説いたものといってよかろう。

役柄の本質、典型の心得は、歌舞伎でいう「性根《しょうね》」ということともほぼ同等だといっていい。

西洋では演技について Nachschaffung ということばがある。Schaffung は創造ということだが、Nach は何々に則って、もとづいて、何々の原型を追って、という意味である。つまり、役者の演技は純然たる主体的創造ではなく、ドラマによってあらかじめ作りあげられた人間像に則って具象的に造型するものだからで、新関良三博士はこれを「従（追）創造」と訳し、劇作家青江舜二郎は「模創」と訳している。

この場合、その従創造さるべき人間像が、十九世紀以前には類型的役柄としてとらえられ、近代リアリズム以後は個性的人間としてとらえられるのである。

しかし、ドラマのえがく人間像というものは、本来、事実そのものでなく、あるべき姿、あらまほしき典型であったことは、日本も西洋も変りはなかった。

アリストテレスは『詩学』第九章において、歴史が実際にあったことすなわち個々の事柄、個性を描くにたいして、詩は「蓋然性」Wahrscheinlichkeit（あたかもそうあってしかるべきもの）あるいは普遍性を描くゆえに、一層哲学的で荘重だと主張して、次のようにいう。

「詩人の仕事は、実際に起こったことを描くのでなく、起こり得ること、即ち、蓋然、もしくは必然的に、可能なことを描くことである。」

これはドラマの論ではあるが、同時に演劇そのものの虚と実、芸術上の真実を説いたものと解され、近松の「虚実皮膜論」と相通ずる主張を述べたものということができる。

こうみてくると、類型的役柄を典型的に描くという日本の伝統的演技論は、根本理念において、すくなくとも近代リアリズム以前に関するかぎり、西洋のそれと異なるところはないということがわかる。

逆にいえば、本来演劇というものが別の次元の、虚構の真、虚構の美の中に人間を投影するものである以上、その投影法すなわち演技の本質はひとつであるということが、いえるのではないだろうか。

心と形

しかし理念はかりにひとつであったとしても、そこに到達するための創造方法は、ひとつではない。厳密にいえば、役者の個性や演劇の様式、内容の種類により、十人十色、千差万別であろう。が、ごく巨視的にみると、古来東西ともに、ふたつの創造タイプが、互いに相反するものとして対置され、論議されてきたといえる。

心から入り、役のなかに自己を完全に投入させるタイプと、形から入り、役を意識的に表現して見せるタイプのふたつだ。たとえば「泣く」という演技の場合、役者自身が本当に涙を流すのをよしとするのと、自分が泣いてしまっては客を泣かすことはできないとするのとの、違いである。

前者をかりに〃感情移入〃型、後者を〃他者表現〃型と呼んでおこう。

こう分けた場合、日本の伝統的演技はふつう後者、すなわち〃他者表現〃型に属するものとして位置づけられてきたようだ。が、では心から入るということが全くないかというと、そうではない。むしろ「心」の大切さを説いた芸談が意外に多いのである。

従来、日本の演技が他者表現型といわれてきたのは、じつは近代リアリズムにおける自然主義的傾向のつよい感情移入型、つまり劇中人物を役柄、典型としてでなく、個の人間として生きるというスタニスラフスキー的創造タイプに、対比させてのことだったのではないだろうか。

もっと一般的にみた場合、日本の伝統的演技論のなかにも、一方において〃感情移入〃的な要素の十分にあることを、一応見直す必要があろう。

坂田藤十郎には多くの基本的芸論があり、すでにその一、二を検討してきたが、ここにもまた彼の一節をあげよう。

「身ぶりのよしあしを吟味する芸者あり。尤《もっとも》見物に見するものなれば、あしきよりはよからん。予は吟味なし。身ぶりとて作りてするにあらず。身ぶりはこころのあまりにして、よろこびいかるときはおのづからその心身にあらはるる。然るに何ぞ身ぶりとて外にあらんや。」（『役者論語』のうち「耳塵集」上）

藤十郎の役づくりはまず「心」をとらえることからはじめられた。心が正しくとらえられ、それがあふれるほどに体内に充実してくれば、自然に表情動作にあらわれるはずだ――というのである。

また、菊池寛の名作『藤十郎の恋』の原拠となった次の逸話も、有名だ。

「坂田藤十郎、祇園町ある料理茶屋のくわしゃ（花車）に恋をしかけ、やがて首尾せんと思ふに、件の妻女、おくの小座敷へ伴ひ、入口の灯《ともしび》をふき消したり。時に藤十郎すぐさま逃げ帰りけり。其翌朝右の茶やへ行き、妻《さい》に打向ひ、御影にて替り狂言の稽古を仕たり。此度の狂言は、密男《まおとこ》の仕内なり。つひに左様の不義を致したる事なければ、甚此仕内にこまり、此間太夫元よりはやく初日を出し申度と、再三せがまれ、日夜此事にあぐみ、密夫の稽古を男に出《で》合《あい》もらひては、其情うつらねば、ひとつも稽古にならず、我願ひ成就致し稽古仕たり。今朝太夫元へ、初日明後日御出しと申遣はしたりと一礼申されし。一座の人々扨々名人と呼ばるる人の心がけは、凡慮の外なる事と手を打ちぬ。」(『役者論語』のうち「賢外集」)

日本の芸道には前にも記したように、多かれ少なかれ秘伝的性格があり、また〃道〃という精神面を重視する傾向がある。この一節でも末尾にそれがうかがわれる。

が、そうした素因を割引きしても、右の二つの話柄が、単に形の上の模倣でなく、その役の人物の心的状態の体験的把握から出発する方法を示すものと、解することに異論はあるまい。

この種の芸論はいくらでも見出せる。こころみに他の二、三例をあげてみよう。秀鶴こと初代中村仲蔵(一七三六―九〇)は『関扉《せきのと》』を初演した踊りの名手であると同時に、『忠臣蔵』五段目の定九郎を昔ながらの山賊型から、今日みるごとき素浪人そのままの、写実的演出にしたことでも知られる写実芸の名人だが、こんな芸談がある。

「……中村秀鶴も、舞台の心掛格別にて、狐の狂言を勤むるに、終に狐を顕さぬ狂言にても、肌には狐の形の縫ぐるみを着て、本体狐の心持にてせし由、近代の名人也。」(『劇場新話』)

近代では九代目団十郎と、その芸風を慕った六代目菊五郎が、つねに「心」の重要さを説いたことは周知のとおりだが、歌舞伎にかぎらず文楽その他にも、この種の話はすくなくない。

戦前、形でみせる華麗な女遣いの吉田文五郎にたいして、いわば「肚芸《はらげい》」ともいうべきしぶい高度な芸で双璧とされた文楽人形つかいの、男遣いの名人初代吉田栄三は、『伊賀越道中双六』沼津の呉服屋重兵衛についてこういう。

「人形の腹ということは(中略)重兵衛がそれで、あれは奥半分は、泣きたい位の腹で演《や》らんと品物になりまへん。黒衣《くろご》の時やと、奥は泣顔して遣《つこ》てますけど、出遣いやと、顔が見えまっさかい、お客さんにそうおかしな顔も見せられしまへんがな、そこで、とうない行きにくおます。」(『吉田栄三自伝』)また戦後まで活躍し、説経節近代の名人といわれた武蔵大掾・若松若太夫は直話のなかで、『信田妻《しのだ》』で狐の化けた妻女を語るときには狐の心になり、胸の前に両手をそろえてさげているつもりですといっていた。演者自身が、己れの扮する人物の心になる——この方法は近代において西洋演技術の主流を占めることになる。しかし西洋でもこうした方法論は、近代だけの産物だったわけではない。

もっとも早くこの立場を演技論として述べた一人は、十八世紀のフランスの学者レモン・ド・サンタルビーヌだといわれる。彼は『俳優論』(一七四七年)なる著書で、次のように述べる。

「悲劇俳優は、われわれを欺こうと思うならば、おのれ自らを欺かねばならない。おのれが現実におのれの演ずるところのものであると、信ぜねばならない。(中略)しばしば想像上の不幸が、真実の涙を誘わねばならない。……」(山田肇訳)

ドイツの有名な俳優兼演出家で、劇場長から劇作までひろく活躍したアウグスト・W・イフラント(一七五九―一八一四)も、この系統の論者であった。すなわち、

「ひとりわれわれを欺くもののみが人間を表現するのであります。ひとり想像の所産にわれを忘れるもののみがわれわれを欺くのであります。われわれを欺かぬものは表現すべき人間について物語るのであります。一は自然であり真実であります。他は、狂言綺語であります。」(『マンハイム国民劇場議事録』、山田肇訳)

やがて十九世紀後半のリアリズム全盛を迎えて、この系脈の演技論を理論的に大成したのが、スタニスラフスキーである。その根本は「創造的コンディションの上に立って、ドラマの示す環境に自分自身を置き、超課題を自然に行動し遂行する」ということ、手短かにいえば「ドラマ中の人物として生きる」ということにあった。

そしてその創造的コンディション——舞台で霊感が自然に生まれるような素地——をつくることが、すなわち彼の有名な「俳優修業」にほかならないのだが、それは日本の場合、たとえば芳沢あやめの、女方としての日常的心得に通ずるものがある。「あやめぐさ」(『役者論語』)にいう。

「……平生《へいぜい》をなごにて暮さねば、上手の女形とはいはれがたし。舞台へ出て爰はをなごの要《かなめ》の所と、思ふ心がつくほど男になる物なり。」

「女形は女房ある身を隠し、お内儀様がと人のいふ時は、顔を赫むる心なくては勤まらず。立身もせぬなり。子は幾人《いくたり》あっても、我も子供心なるは、上手の自然といふものなりとぞ。」

「女形は楽屋にても、女形といふ心を持つべし。弁当なども人の見ぬかたへ向きて用意すべし。色事師の立役とならびて、むさむさと物をくひ、扨やがて舞台へ出て、色事をする時、その立役真実から思ひつく心おこらぬゆゑ、互に不出来なるべし。」

舞台で女に扮するという意識が出るとしたら、それは性根が男だからだ。日常を女として「生きて」その意識がなくてすむまでになれば、舞台上でもつねに女性として感じ、女性として行動することができる——これほど徹底した「創造的コンディション」の修業が、ほかにあるだろうか。

雪の夜の大口寮で恋わずらいの三千歳を演ずるとき、氷水で手を冷やして舞台へ上ったという、近代の女方三代目尾上菊次郎(一八八二—一九一九)——彼は相手役の六代目菊五郎に生涯本当の年齢をかくして、〃年下の女〃のようにふるまっていた。

また藤十郎の芸談として知られる次の話も、創造的コンディションのつくりかたの一種として注目しておきたい。

——ある人が藤十郎に、あなたは初日でも、十日も二十日も仕馴れたようにせりふをいうが、どうしてそう出

来るのかときくと、

「けいこの時、せりふをよく覚え、初日には、ねからわすれて、舞台にて相手のせりふを聞、其時おもひ出してせりふを云なり。其故は常に人と寄合、或は喧嘩口論するに、かねてせりふにたくみなし。相手のいふ詞を聞此方初めて返答心にうかむ。狂言は常を手本とおもふ故、けいこにはよく覚え、初日には忘れて出るなり。」（『役者論語』のうち「耳塵集」上）

能楽界近代の名人といわれた野口兼資にも、『羽衣』につき、

「天女になろうと考えて舞い、謡ったのでは天女になりません。無心でやってそこに現れるものが天女となっていなければなりません。無心といっても稽古をしない無心は何にもなりません」（『黒門町芸話』）

ということばがある。

一方、形から入る方の芸論となると、型を重んずる日本の伝統演劇の世界では、ことに役柄が細分化した近代に下るにしたがって、無数にあることはいうまでもない。

前にあげた『梅の下風』は、この種の芸談の代表的なものといえよう。たとえば「姫のさわりは袖でのの字を書いていればいい」とか、「立聞きする場合」は「耳で聞く形」をすると按摩になってしまうから、「耳よりも蟀谷《こめかみ》の方を向うへ出すようにする」つまり「蟀谷で聞くのです」といった具合である。

これは明らかに感情移入型とは異り、他者表現型、つまり心は醒めていて、自分がいわば作家か演出家の立場に立って役を客観視しながら、ただ客からみてそう見えるように、工夫して役を表現するという行き方である。

明治・大正・昭和三代に君臨した五代目中村歌右衛門（一八六五—一九四〇）にも、「女形に扮する時には両の臂を

後へ引いて貝殻《かいがら》骨を付ける様にすると、襟が抜けて撫で肩になって細《ほっ》そりと見えます」というような話があるが、古くにもたとえば初代沢村宗十郎（一六八五—一七五六）などには、この種の芸談が多い。「可愛《かわゆき》者は目を見れば可愛く見へ、悪《にく》き者は鼻を見れば悪《にくくみゆ》見るなり」とか、「生酔《なまえい》は畳を見て物いへばよし」「聾《つんぼ》は盲の気持にて耳を目にすれば聾とみへるなり」といったたぐいである。

こうした〃他者表現〃型の演技を西洋で主張した初期の人に、ルイジ・リコボニ（一六七五—一七五三）がある。このイタリーの喜劇俳優は、サンタルビーヌが感情移入説を主張したのとほぼ同じ一七五〇年に、その『演劇芸術論』のなかで、

「表現とよばれているものは、それに浸っているようにみえる感動を観客に感じさせるところの、あの練達のことである。私はかつてそれに浸っているべきものと考えたことはない。むしろ表現するものを現実に感ずるような不幸な目に遭うならば、演ずることの叶わぬことは疑いのないところであると、つねに信じている」（山田肇訳）

という。

後にこの考えかたに賛同したのが、市民劇を提唱し近代劇の基を成したフランスのドゥニ・ディドロである。すなわちその『逆説—俳優について』（一七七八？）で彼は、

「われわれを思うままに泣かせたり笑わせたりするのは、自分自身を忘れている熱狂した人間ではない。それは己れに克つ人間に与えられた特典である。」

「彼は作中の人物そのものではなくそれを演じているのであり、君が彼はその人物だと思うくらい巧みに演じているのである。幻覚は君にとってのみ存在しているのだ。彼の方は自分がこの人物でないことをよく知っている。」「もっともよく考案された理想のモデルに依ってこれらの外部的兆候をもっともよく識り、もっとも完全に

表出するものが最大の俳優なのだ。」（小場瀬卓三訳）と述べているのである。

さらに近代において、この行き方を支持した名優に、モリエール喜劇で売出し、後に『シラノ・ド・ベルジュラック』を生涯の当り役としたフランスの名優ブノワ・コンスタン・コクラン（一八四一―一九〇九）がある。

彼は芸の本質を教えるとき、いつも次の『イソップ物語』の一挿話を話したという。

――ある祭の縁日で旅の手品師が子豚の鳴き真似をして大喝采を拍していた。一人の農夫がこれをみて、私はもっとうまいぞといって、上着の下にほんものの子豚をひそませ、その耳を引っ張って鳴かせた。が、人々は「まるで似てないじゃないか、さっきの方がずっとうまかった」と、悪口をいいながら帰って行った――

この話をしてからコクランは、「これは一体なぜだろう。それは、豚はたしかにほんとに鳴いたのだが、芸術的には鳴かなかったからだ」とつけ加えるのが常であった。

さてこの他者表現型の演技は、いうまでもなく物真似狂言脈――ギリシャのミモスからローマのミムスを経てコメディア・デラルテに開花したあの〃役柄芝居〃に貫かれる職業俳優の演技、いわゆる「プロの芸」である。それにたいして感情移入型は、元来人にみせるという意識をもたない原始芸能段階の〃神懸り〃的な没我的状態を本質とする。前者においては外形のみに終って、心的内容が空疎になりがちであり、後者にあっては心的充実、没入の結果がはたして、他者即ち観客からみてそう感じられるだけの表現に到達するか否か、保証できない――という欠陥をともなうのは、明らかだ。

西洋ではこれまで述べたように、右の二つの方法が相対立していたのだが、これにひとつの決着を下したのが、前にもふれたレッシンクだった。

保証の限りでない感情移入型よりも、すぐれた他者表現型のほうが有効だ、何故なら、物真似演技であってもそれがよくおこなわれるならば、その肉体の外部的変化がそれに対応する内的感情の興奮を惹起するからだ――というのである。

外部的変化と内部的変化とのこの微妙な関係は、その後多くの美学者、芸術学者によって論じられた。心から入る型として知られるスタニスラフスキーのシステムにしても、原理的にはこの相互作用を追究したひとつの結果だったが、もうひとつ右のレッシンク説の肯定例として、『ハムレット』第二幕第二場の独白の一節を引いておく。

「てもさても奇怪千万！　あれ、あの俳優めは、只仮初《かりそめ》の仮作事《つくりごと》の哀傷《かなしみ》に、我れと我が心の底までも感動させ、それがために顔色《がんしょく》は蒼ざめ、目には涙を湛へ、見るからに物狂ほしく、物言ふ声も断々《とぎれとぎれ》続々に、一挙手一投足の末までも其人柄其儘ともなりおるではないか？……」（逍遙訳）

ここには究極において、すぐれた演技者にあっては形と心が融合一致して、「かりそめ」の表現がいつか「その人柄そのまま」となることが語られている。

形と心の融合

ここで、日本の演技論の場合、「心」を重視する芸談がことに元禄前後において意外に多いのは、けっして外形的表現を軽視したからではないことに注意しておきたい。それは、それまで性的魅力や外形の美のみに堕した歴史が長く、リアリズムの急激に勃興した当時もまだ、そうした外形的模倣や姿態の面のみが踏襲されていて、形が心にまで到達しないうらみがあった――ということへの警告であったとみるべきだろう。全体を貫くものは完全なるプロの芸の方法であって、それなればこそ「心」の教えが強調され、記録にもとどめられたのである。

日本においては、こうした形と心との一致ということが、西洋のように理論的に、そうして相反する二説の論議葛藤の末に認定されるという段階こそ経ないけれども、直感的経験的に把握されていたのである。

そのひとつのあらわれとして、名優同士の芸談に、一見全く逆の創造方法とみえる二者が、たがいに他を認め合うというケースがよくみられる。

たとえば九代目団十郎と五代目菊五郎の場合である。そうして、五代目の子でありながら九代目に師事した六代目菊五郎は、この二名優についてこう語っているのだ。

「……先代（五代目）も一家をなした芸風をたしかに持っていましたよ。それがね、団十郎とは全く異ったもので、私はこの二つが芸道に達する型ではないかと常に思っています。虫の音にしても、先代は「〃虫〃を本当に聞いてこい、そしてそれに真似させてしまえ」といいましたが、団十郎は「そんなことをいったって難かしいことだから虫の感じが出ればいいのだ」といいました。また先代が舞台の真中に腰を下すとき後見の私が合びきをもってあてがうのですが、少しでも位置が違うと「も少し右」とか「左」とか小さな声で叱りました。それで、あまりいまいましいから鉛筆でしるしをつけて置いてね、翌る日わざと違ったところへ合びきを出すとネ、極って「違う」とくる。そこで鉛筆のしるしの処へすえると「ヨシ」といって甚だ御機嫌がよい、そういう風に初日から千秋楽まで一分《ぶ》の狂いもないというのが、先代の芸風だったのです。ところが団十郎とくるとね、おなじ一間《けん》のところを動くにしても、はじめ一尺動いたかと思うとその次は五寸だったり、そうかと思うと三尺動いたり、それでいて、幕切にはちゃんと極りを見せているといういき方なので、見る人によっては、先代の方が正しいのだ、いや団十郎のようなのが本当の名人芸だなどと世評はとりどりでしたよ。」（『芸談百話』）

創造方法の違いもよくわかるが、入りかたは逆でも到達するところは一つだとみているところに、日本の演技論の根本がうかがわれる。

そうしてその六代目と初代吉右衛門がまた、団菊のごとくに相反する型の持主で、しかも菊吉と並び称される一世の両雄だったのは、周知のとおりである。

吉右衛門は毎日寸分たがわぬ几帳面な熱演で、「熊谷」を演じるときは楽屋ばかりか自宅に居ても、いかにも熊谷らしい尊大沈痛な様子だった。

六代目は気紛れだといわれ、揚幕から出る間際まで冗談口をたたき、登場するや否や迫真の芸をみせる役者だった。そうしていずれも名優の名をほしいままにし、互いに反目しながらも無二の相手として尊敬し合っていたのである。じつは、こうした二つの型の本質的一致ということは、日本の場合一人の俳優のなかでも起こっていることなのだ。この点に日本の演技論のひとつの特長をみることができよう。

たとえば右に述べたような六代目菊五郎が、心ということを始終口にしていたのもその例だが、この「心」の重視には団十郎の影響が大きい。そうしてその団十郎は藤十郎と同様「せりふを忘れよ」といい、踊りの心得として「役の心持を振りのなかに編みこんで行け」と教えながら、実体は「他者表現型」で、どんな写実味の濃い芝居でも、たとえばウナギの重箱をあけたときも熱湯が入っていて湯気だけ立てばそれでよかったし、荒事の隈取《くまどり》なども見物からそう見えさえすればいいのだといって、ごく大ざっぱなやり方だったという。

こうみてくると日本の演技論における「形と心」は、けっして全く相容れないものではなく、相反した二つの極ではあるが、そのいずれを欠いても完全な表現とはならないという、いわば相補的なものとしてとらえられていることがわかる。

徹底したプロの芸としての、醒めたる「他者表現」型の演技。「心」の重視も結局はその表現を「まことらしく」

するための「技術」のひとつであり、そうしてこの形と心の融合した極致が、類型的役柄の「典型」的表現にしてかつ「花」「慰み」をもたらすものでなくてはならない——これが日本の演技論の核心であった。

そしておそらく、はじめにも述べたように、究極において即物的写生的な真よりも美を、花を求めるがゆえに、役柄あるいは典型をえがくにとどまったのである。そしてそれは完全に「個」のなかに没入するよりも、典型の表現においてこそ、役者の第一次的な肉体的な花と個性が全的に生きることのあかしでもあった。

それは極限において、「殺し場」「責め場」のごとき残虐場面さえも「美」に転じないではおかない、日本独自の〃演劇美〃観に通ずるものである。そこにはたしかに、第一義において「個」を生き「真」をもとめる、西洋の演技理念ないし演劇との、大いなる差違が横たわっていることを、認めないわけにはいかない。

しかし、そうした理念、方法のちがいにもかかわらず、究極に到達するところは、一は「美こそ真」、他は「真こそ美」——すなわち美と真との区別のない合一した境地であろう。とすれば、最高の芸においては、その芸術性は東西に通ずる普遍のものであるはずだ。これは事実、今日国際間の第一級の演劇の交流にさいして、しばしば実感され、実証されるところである。

第四章　劇場と観客

1　創造者としての観客

演劇の本質的諸要素のなかで、近年ようやく研究の重要性が叫ばれ、世界の学界が共通の課題としはじめたのは、「観客」である。

観客の役割

一九七三年、演劇学のメッカといわれるウィーン大学演劇学研究所に、オーストリア科学アカデミー傘下の組織として「観客論研究所」Institut für Publikumsforschung が設置されたのも、そのひとつのあらわれといえよう。その研究所では一九七六年九月、演劇の国際研究機関である国際演劇学会連合 International Federation for Theatre Research の主催で、観客論をテーマとする国際研究会議が開かれた。日本からも私が参加して、「能と歌舞伎の観客——過去と現在」を発表したが、いま西欧では記号学 Semiotik などを応用しつつ、観客の研究が多角的にすすめられようとしている気配が感じられた。

演劇における観客の役割、観客と俳優あるいは舞台との関係——それはそのまま、演劇と社会、演劇と人間、そうして演劇はなぜ存在するのかという、もっとも根元的な問いかけにつながる問題だ。が、すくなくとも「観客」が、演劇の発生、成立にとって不可欠の存在だったことは事実である。

それは本書の冒頭にあげた、「演劇」を意味することばの語源にも、暗示されている。シアター theatre の語源はギリシャ語のテアトロン theatron だが、それは元来踊る場所《オルケストラ》 orchestra にたいする「見る場所」の意味だった。それがやがて拡大されて、オルケストラやスケーネ（はじめは俳優が支度する掘立小屋、やがて背景、場面）、プロスケニオン（スケーネの前面、やがて舞台）をもふくめた劇場全体から、さらにそこでおこなわれる演劇自体をもさすようになった。

日本の「芝居」ということばは、元来神社や寺院の境内の芝生、草の庭、またそこに坐って居ることを意味した。が、平安末期から中世にかけて、延年や猿楽、田楽、曲舞《くせまい》などが主としてこうした場所に善男善女の観客をあつめて演じられたため、「見物席」の代名詞となり、やがては劇場全体や演劇内容そのものをさすようになった――。

東西ともに、演劇は本来、観客あってはじめて存在し得たのである。

その場合、おのずから「劇場」もむろん、存在した。

ただし、本質的要素としての劇場は、必ずしもりっぱな額縁舞台や照明設備、いや常設的な建物さえ必要とはしない。第一章でもふれたように、演ずる者と見る者が存在する空間、すなわち瞬間芸術としての演劇が刻々に創造されるその空間――それが劇場なのだ。

野原だろうと街頭だろうと、船のキャビンだろうと隣家の茶の間だろうと、問うところではない。

近代舞台美術に大きな貢献をしたロバート・エドモンド・ジョーンズは、その著『劇的想像力』で次のようにいう。

「ライオンの毛皮は間近に、焚火のそばに横たわっている。突然指導者が跳び立った。「わしはライオンを殺した！……」（中略）「もっといい話し方がある。いいかい！　この通りだった！　お前たちに見せてやろう！」その瞬間に演劇が生れた。(中略)こうして大まかな身振りで、彼は――劇場を作ったのだ。この熱心な聴き手の円陣から、ベルリンにあるラインハルトのでかいシャウシュピールハウスに至るのは、時間の中のたった一歩だ。劇場の本質は、ただ俳優が――指導者が――観客の各員を手をのばせば触り摑むことができるように、並べ、間隔をとった席の配列ということにすぎない。」(山本修二訳)

これはジョーンズによる「石器時代にさかのぼった想像」だが、劇場と観客の原初的なすがたが生き生きと示されている。ディオニュソスに捧げる円舞合唱からギリシャ劇が成立する過程にも、この原初的様相は認められるが、『古事記』『日本書紀』に描かれた天の岩戸の故事にも、適例が見られる。

そこでは「天の安の河原」が劇場で、観客すなわち「八百万《やおよろず》の神」は岩戸の前に、円または三方囲みに幾重にも「神集《かむつど》い集《つど》」った。それが客席で、その真中の空間に「覆槽《うけ》伏せて踏みとどろこし」ながら、豊艶な女神天宇受売命《あめのうずめのみこと》がおどり狂う。そこが舞台であった。

そのうちに女神はついに「神懸《かむがか》り」して、つまり陶酔のすえ無我忘我の境に至って、全裸になっておどったので、八百万の神は「高天が原」が揺《ゆ》するほどに「共に咲《わら》」った……。

太陽神――万物生成の神への祈禱舞踊が、このとき、見るもの見せるものの別を生じた。そこに原始的な演劇の萌芽があったといっていい。

古来、観客なく劇場のないところに、演劇はなかったのである。

観客の創造的参加　では観客は実際に、どのように演劇に参加するのか。二、三の例を考えてみよう。

世阿弥がいかに観客を本質視したかは、すでに折にふれて述べたが、彼はまた『花伝書』の第三「問答条々」の冒頭で、

「抑々申楽《そもそもさるがく》を初むるに、当日に臨んで先づ座敷を見て、吉凶を予《かね》て知る事は如何なる事ぞや」という問いを設けて、観客の心をとらえる方法、すなわち観客をうまく創造に参加させる手段について、次のように説く。

――まず当日演能の場を見れば、「瑞相」が感じられるはずだ。が、これは達人の直感であって、口でいうことはむずかしい。けれども、

「神事・貴人の御前などの申楽に、人群集《くんじゅ》して、座敷いまだ静まらず。さる程に、如何にも如何にも静めて、見物衆、申楽を待ちかねて、数万人《すまんにん》の心一同に、遅しと、楽屋を見る所に、時を得て出でて、一声をもあぐれば、やがて座敷も時の調子に移りて、万人の心、為手《して》の振舞ひに和合して、しみじみとなれば、何とするも、その日の申楽は、はやよし。」

もしまた一般客席がしずまらないうちに、主賓たる貴人が来てしまって、開演しなければならないときは、客席をしずめるために、

「日頃より色々と振りをも繕ひ、声をも強々と使ひ、足踏をも少し高く踏み、立振舞ふ風情をも、人の目に立つ様に、いきいきとすべし。」

また「夜の申楽」の場合は、夜は「陰」であるからことさら見物の気持の滅入らぬよう、「よき能を利《と》く」、すなわちきびきびと活発に演じ、「浮き浮きと」「人の心花めく」ように、「陽気」を第一に心がけよ――と教えるのである。

そうして世阿弥は、演者と観客のイキの合った理想的な創造的状況を、

「抑々《そもそも》一切は、陰陽の和する所の堺を、成就とは知るべし」

と説明する。

「陰陽」の理念や「瑞相」ということばなどは、いかにも日本的ないし東洋的な発想である。しかし俳優の鋭敏な反応を通じて演劇の成否におよぼす、微妙にしてかつ重大な観客の作用は、西洋でも、異なるところはない。

たとえば、第一章にもふれたフランス近代の名優ルイ・ジューベ（一八八七―一九五一）は、『コメディアンの回想』にいう。

沈黙のうちに幕が上り、「何千の眼、何千の耳を持った怪物」すなわち見物があらわれたとき、「芝居小屋の漏斗形」は、「肉感的な戦慄」を、「感受性の拡がり」を、「気持が好いのか怖しいのか、もう分らなくなってしまうあの感動」をひき起こす。そうしてこの瞬間、

> 「舞台の上にいる俳優の上には、極度に磨ぎすまされ、あらゆるニュアンスを生じ得る人間感情の波が、信頼と内面的な美に溢れる人間感情の波が、忽如としてその最高潮に達するのだ。この瞬間、みなさまがたの快楽は、おそらくみなさまがた自身よりも、われわれの方にまぢかに感じられるのだ。」（鈴木力衛訳・傍点原文）

そうしてジューベは、観客の熱い反応がいかに演技をよくし舞台を成功させるか、冷たい「敵意」と「無関心」がいかに不成功を招くかを、豊富な体験によって論証している。

歌舞伎近代の名優六代目尾上菊五郎（一八八五―一九四九）は、客の入りが悪かったり質が悪かったりすると、気が乗らず「舞台を投げ」て、粗雑な芸に終始した。役者の態度としては感心すべきことではないが、ジューベと同様、観客との不可分の関係を身をもって証明した例といえるだろう。

観客と舞台、あるいは演劇における観客の意味を考えるとき、もうひとつ、いつも思い出すのは、ドイツのババリア（バイエルン）王ルドウィヒ二世（一八四五―八六）の話である。

当時は西洋でも、日本の朝廷貴族における舞楽や将軍諸大名における能と同じく、諸王諸侯がお抱えの劇団をもっ

ていた。で、その王様はあるとき、役者どもはわしの私有物だから、ほかの誰にも見せぬといい出し、たったひとり客席の真中に坐って見物したというのだ。

話はそれだけで、そのときこの王がどう感じたかは伝えられていない。彼は精神異常者だったらしいから、それはどのみち問題にはならないだろう。だが、この話について注目したいのは、演劇学者ユリウス・バープが『演劇社会学』のなかで述べている次の感想である。

「しかしその時出場を命ぜられた上手な俳優の一部は混惑し、自己を無気力な、貧しいものと感じたであろうことだけは確かである。何故なれば俳優は彼の創造によって昔の群衆陶酔を呼び醒すのみならず、創造の際に群衆陶酔によって支えられもするものだから！」（千賀彰訳・傍点原文）

バープは、俳優と作者と観客は根元的体験においてひとつのものだという、いわゆる「三位一体説」の提唱者であることは、第一章に記したとおりである。俳優の創造過程への、観客の参与のしかたについての右の意見が、この一般論に通じるものであることはいうまでもないが、彼はまた言葉をかえて、こうも述べている。

「俳優は誰でも観衆が「同行する」か否かを感ずる。そしてこの同行に彼の全変化過程はかかっているので、これなくしては変化過程は生じ得ないのである！」

演劇があらゆる芸術のうちで、文化的創造物であるとともに生きた社会現象でもあるという特質、いいかえれば演劇はその時その社会の反映そのものであるという強烈な「社会性」は、このような「創る人」としての観客の本質にもとづく。

もうひとつ例をあげよう。歌舞伎に、「じわが来る」ということばがある。演技が真に感動的であったとき、その刹那は客席にはほめ言葉も拍手も起こらず、ため息ともざわめきともつかない感動の波が「じわじわ」とわき起こり、舞台へ押し寄せ、劇場全体を白熱した空気で満たす。そういう状態をさしたことばである。拍手やほめ言葉は、そのあと緊張がゆるみ、ホッと我れに返ったときに起こるものだ。

そのかわり舞台がつまらなければ、歌舞伎の見物は遠慮なく「半畳を入れ」た。半畳とは昔、板張の桝席へ坐るとき賃借して敷いた、半畳の大きさの敷物のこと。それを舞台めがけて投げつけ、弥次罵声をあびせたのである。

今日でこそ文化財とか伝統芸術とかいわれるが、あの絢爛多彩な歌舞伎は、こうした最も素朴で活発な江戸の庶民観客によって、創造されたのであった。

第二章にふれた劇作家ジョン・V・ドルーテンも、「ギャラリー（天井桟敷）から大声でどなる人々こそ、あなたにとって最も価値ある批評家なのだ」（拙訳『現代戯曲創作法』）と述べている。芝居は、こうした活発な反応を示す「生きた観客」により、時々刻々に創られていく……。

このような創造的参加者としての観客がつくり出す「空気」を、加藤衛は「観客の演技」と名づけ、

「観客の見えざる身振表現としての『演技』と、俳優の見える身振表現としての『演技』との一致が、演劇を生む」（『演劇の本質』）

といい、観客の本質は「自己の内的世界の展開を、俳優の表現の中にみる」ことにあると述べている。簡にして要をつくした定義といえよう。

なおここでひとつだけ、注意しておきたいことがある。観客の創造的参加ということは、観客を強いて物理的参加者とすることではない——ということだ。今日、ともすれば失われた観客との交流、共同意識を回復しようとするあまりに、この点が混同され誤られるおそれがあると思われるからである。

たしかに近代リアリズム演劇では、観客の物理的参加の度合がきわめてうすかった。舞台と客席の直接交流はむしろテーゼとして排され、観客は額縁のむこうに展開される人生再現のドラマを、息をこらして観察するという受動的な立場におかれていた。

現代はあらゆる面で反近代、超近代の模索時代だから、舞台と客席のこの冷たい関係を解消し、本来あるべき熱い創造的空気を回復しようとするのは自然必然の傾向といえる。

しかし問題はそれがしばしば行き過ぎて、観客を無理矢理芝居の中味にひきずりこむことが、創造的参加だと思いちがえる向きがあることだ。

俳優が客席へおりてくるのはいいが、強制的に客に対話や握手をもとめたり、街頭演劇などで観衆や一般通行人を劇中人物に見立てて、働きかけたりするたぐいである。ある劇団が街頭演劇の外国巡演の折、何気なく立ち止って見ていた人のネクタイを引っぱったとか、婦人に無礼があったとかで訴えられたという話も、耳にしている。

かつて出雲の阿国が「かぶき踊り」のフィナーレに「茶屋のおかか（嬶）を引き立て」ておどり、ついには「僧も法師も」いっしょに「恥も人目もうち忘れて」おどり興じたという。また近くには「ヘアー」や「おおカルカッタ！」などで熱狂した観客が舞台にかけ上って合唱乱舞したなどの例は、無数にある。

だが、それは観客が自然に参加せずにいられなくなるだけの、演劇的高潮と陶酔が醸しだされていたからである。それだけの内容も魅力もないのに、強いて観客の参加をもとめるのは、観客への甘えであり、不自然で一層しらけた空気をつくるにすぎないだろう。

まして異形の扮装をした俳優が、何も知らない家庭の玄関をたたき、応待に出た夫人がおどろき戸惑うのを観衆にみせて、これが新しい演劇などというそんな運動にいたっては、悪ふざけな甘えを通り越して、罪悪でさえある。

この種の混同と真の交流交歓とは、まったく似て非なるものだ。歌舞伎の花道は俳優と観客の交歓、舞台と客席の熱い共鳴の媒体として、内外で高く評価されているが、しかも後にも述べるように、虚構と現実の間にははっきり一線が画されているのである。

観客参加はどんな形であれ、観客各個人の自由自発においてなされてこそ、本来の意味があることを見あやまってはなるまい。

2　演劇的「場」の力動的本質

「場」の概念

観客はこのように、本質において単なる享受者でも傍観者でもなく、作者や俳優と協力して演劇を創造する人間の集団である。いや、俳優の演技も作者の書くドラマも、観客の創造的参加の場で受け容れられてこそ、存在し得る――とすれば、観客こそ演劇の真の創造者だとさえ、いえるであろう。すくなくとも、観客は演劇という花を生む「原土壌」であることは、まちがいない。

いいかえれば、個々の演劇は、それを生んだ観客層の心や美感覚や問題意識など、あらゆる人間的・社会的・芸術的特質の、きわめて忠実な投影である。個々の演劇――ドラマも演技演出も、それぞれを生んだ観客ひいてはその時その所の社会と、そこに必然的に生まれた劇場様式とから、切りはなして考えることはできない。

天宇受売命の踊りやディオニュソス祭のような、原始的な無意識劇《アンコンシャス・ドラマ》から、アテナイの市民とギリシャ劇、ロンドン子とエリザベス朝演劇、中世武家社会と能・狂言、徳川町人と文楽・歌舞伎、はては近代社会とリアリズム演劇、現代と諸々の前衛的演劇……と、その対応の諸相は多種多様、千差万別である。

その対応関係――どんな民族、どんな社会がどんな演劇を生むか――の研究は、もはや個々の現象に即しての、演劇史の領域にゆだねられるべきであろう。

しかしこの多様性は、あたかも数学における変数と関数の個々の数値的対応、あるいはコンピューターに打ちこまれる個々の具体的データとその計算結果との対応の多様性にも、たとうべき多様性である。

逆に、そうした多様な現象の中核に、共通して存在するはずの普遍的原理――演劇なるものと観客、あるいは舞台に作られつつある作品ないし俳優と観客との一般的対応関係、相互依存関係の本質を、数学における関数関係あるいは力学の方程式のような形で、とらえることはできないものだろうか。

むろん、人間のきわめて恣意的で個的・一回的な情意活動から生ずる芸術現象に、物理法則のような数量的表現を期待することは、おそらく不可能であろう。定性的な記述、ないしはせいぜい統計的・集約的な扱いしかできないにちがいない。

が、原理的に越えがたいそうした限界はあるにしても、他の芸術ジャンルにおける作品と享受者の関係とはちがう、演劇独自の強烈な直接的相関関係の本質を、もうすこし一般論的に、明確にとらえることはできないものだろうか。

そのアプローチのひとつとして、私は「場」という概念の導入をこころみている。

ここにいう「場」とは、芝居における場 scene とか場面 scenery ではなく、物理学ないし心理学でいう「場」field, Feld の意味である。

それは最も一般的には、ある性質をもった空間の部分をいう。たとえば磁場。磁石のそばに別の磁極をもってくると、その間に引力または斥力がはたらく。それは磁石の存在によって、空間に磁気的な歪《ひず》み――つまり別の磁極をおけばそれに引斥力が作用するような、特殊な性質——が生じているからだと、解される。

電場、重力場、原子核内の素粒子間にはたらく核力の場……など、みな同様である。

その「場」の様相は、たとえば磁力線や重力の方向（鉛直線）のように、ベクトルによってあらわすことができるが、劇場内に生ずる「演劇の場」も、これとよく似ていると思われる。

磁石に相当するのは、いうまでもなく舞台で刻々に生み出される上演作品である。観客は劇場内の空間に生じた場の力、すなわち舞台に向って集中するベクトルに作用され、相互に交わり引き合う緊張した「演劇の場」が成立する。

観客はさらに、この劇場内の時間空間的な、すなわち四次元の「演劇の場」のなかで、各個各様に「心理学的な場」をつくり、一連の心理的ないし生理的な行動をおこなうのである。

問題はこの二重の「場」の特質だが、それを考えるために、なお二、三の概念と方法を導入しなければならない。

まずエネルギーの概念である。物体をある高さに持ち上げて放すと、次第に速さを増して落下し、地表に穴をあけたり、音を立てたり、衝突熱を発生したりして、やがて静止する。穴や音や熱などは物体が地面になした「仕事」の結果で、それは物体が高いほど大きい。この仕事をなし得る能力の大きさがすなわちエネルギーである。高い所の物体のエネルギーはその位置に起因し、位置によって定まるところから、位置のエネルギー potential energy という。

エネルギーはいろいろの形に変化するが、落体でみればまずこのポテンシャルエネルギーが落下とともに減じて、減っただけは運動のエネルギーとして速度の増加となってあらわれる。地表に着く瞬間には全部運動エネルギーに変じており、それが地表に仕事を及ぼし、完全に消費されたとき、物体はエネルギー零の最も安定した静止状態となる。

このような場やエネルギー概念がゲシュタルト心理学に取り入れられて場と行動の理論を生んだ。その根本は対象の「全体分節的」な見方と、場における「力動理論」とである。

全体分節 Gliederung とは、対象を要素の加法的総和と見ずに、個々の事象はそれの属する全体の中にあるべき地位を占め、あるべき役割をもち、あるべき意味をもつというように、相互に有機的力学的な依存をなしている状態をいう。精神現象をもっとも素直にみれば、こういう考え方がいちばん妥当だというのであるが、これは演劇における構成要素と全体との関係にも当てはまるだろう。

力動理論 Dynamik の根本概念たる「力動的」とは、時間空間的性質、すなわち時間現象と空間現象とに分けて単独に扱っては意味を失うような性質をもち、運動的であり、したがってまた方向性を持ってしかも力性を示す、等々の特質をそなえた現象をいう。

右の根本理念にもとづいて、ゲシュタルト心理学では行動する自己、対象、環境などを全体分節的要素とする一つの場を考え、それの力動的推移として心理的現象を解釈する。行動は、行動する人とすべての客観的世界から成る環境とから作られたその時の事態によって規定される。

だが行動の可能性は本能的と意志的とにかかわらず、まず何らかの「要求対象」が心理学的世界すなわち行動環境の一領域になくては生じない。要求を感ずると、領域内で「自己」からその対象に向って一種の力がはたらく。すなわちここに行動の場が形成される。いいかえれば対象は自己にとって一種の「誘意性」をもつ。それはいわばポテンシャルに相当するもので、これによって力の勾配が生じ、何もない状態に比して歪みをもった、均衡の破れた不安定状態を現出する。対象の存在によりエネルギー的に高められたわけで、自己は具体的にはこれを一種の緊張感として感ずるのである。

この力の場において自己は対象に向って何らかの行動を起こし、意識的と否とを問わず、エネルギー零の均衡状態に戻り、力が消失して緊張感がなくなるまで――心理学的環境内でみれば、その要求対象のある領域に自己が達するまで――一連の力動的過程としておこなわれる。が、もちろんその結果この行動経験が完全に自己領域からなくなるとはかぎらず、領域のどこかに残されたり、領域の分化に寄与したり、心理学的環境にくり入れられたりして、後の行動に影響を及ぼすことが多い。観劇後の劇的感動の残存（たとえば「能のあと三日」という言葉がある）はその好例である。

右の経路を公式的に記せば、

対象の存在→要求（ポテンシャル、誘意性）→力（エネルギー高揚、均衡の破れ、緊張感）→行動（エネルギー消費）→均衡復帰（エネルギー零または経験残存）

なお「要求」は下部類型として本能的要求と意志的要求とに区別され得る。前者は真の要求ともいい、食欲、性欲のように生物学的必要から生ずる衝動的なものをさし、後者は準要求ともいい、一定の意図、心組みによって成立し、動作は計画的統制的におこなわれる。要求のこの二種は、演劇の中の不変面と可変面、あるいは普遍と特殊を考える上に参考となるだろう。これは後にまた考える。

さてこのように、人間の行動は場の力動的移行としてあらわされる一連のエネルギー変化の過程としてとらえることができるとすれば、演劇活動も、やはり一種の行動――但し心的行動も含まれる――である以上、当然場とエネルギーの概念で述べられるであろう。

演劇的「場」の性格　ではその「演劇の場」は、いかなる性質をもつか――。

概括的にいえば、それは実在の四次元空間内に生ずる一つの大きな集団的な、エネルギー消費の力動的な場である。未開人の原始的演劇から、今日の歌舞伎やオペラや新劇、軽演劇にいたるまでこのことは変りない。

人間に必要な一種の解放欲的な何らかの要求があって、それが心理学的環境内に一つの指向性をもたらし、さらに演劇的動作中にそのポテンシャルが高まり、かなり急速なエネルギー消費がおこなわれる。このエネルギー変化がもっとも効果的になされるべく、作劇法、俳優術、舞台美術、音楽的要素などのあらゆる要素が、何らかの制約を受けるのである。

今日ふつうの演劇について観客の側から考えれば、芝居がおこなわれることを知ってから、切符を手に入れ、当日を待ち、劇場へ行き、開幕を待つまでがすでに一連のエネルギー変化の過程である。切符を買うまでは切符の入手ということが当面の直接対象であり、劇場へ行く途中では劇場へ着くことが対象となる。そしてそれぞれの段階において順次に目的を達成することにより、部分的にエネルギー消費をなしつつ、すなわちエネルギー変化の波を昇降しつつ、観劇の終るまで一連の過程をつづけるのである。

だがこういう意味での行動過程は、なお一般行動共通の過程を出ていない。それらが実際に演劇的行動に関与してくるのは、上演中の時間空間内においてなのだ。かくして問題は、劇場内部の「場」にもどることになる。

さて劇場に入って、劇場に行き着くという第一段の過程が終り、一方時間空間的に究極の目的たる演劇そのものに近づいたことにより、観客の心理学的「場」においては、その対象に対する緊張の度はますます強まる。そうして他の領域の因子は前面から退いていって、地理的社会的に共通性をもった劇場という環境内に位置する。

開演にふさわしい「場」がこうして作りあげられる。ジューベがいう客席の「肉感的な戦慄」「感受性の拡がり」「人間感情の波」、あるいは世阿弥のいう「瑞相」などは、この場の緊張充実した状況に相当する。

そして開幕とともに、ポテンシャルは舞台の上に演ぜられるものに応じて刻々にさまざまの値をとり、エネルギー消費をくりかえしながら、閉幕まで力動的な心理的行動がつづくわけである。

このような観客を要素として含みこみつつ「演劇」は刻々に創造されるのだが、ここで一応演劇の諸特質を場の概念を通して概括してみると——

一、それは構成的にみて全体分節的である。演劇は綜合芸術といわれるが、個々の要素は演劇的場を形成する要素として、一分節として存在する。

二、それはさらに大きい意味で全体分節的である。舞台上のみならず、客席の雰囲気から劇場建築、照明など、すべてが演者観客それぞれにとって相互関連した要素となる。

三、それは力動的である。舞台上の変化と観客の心理学的場のなかの自己とは、場のなかで力動的に相関連して移っていく。

四、それは個人差をもちながら、大きな共通部分をもった場である。同一時間内に同一空間内で集団をなした観衆は、個人差は失わないとしても、同一の舞台上の対象物によってかなり共通した生活感情を共有すると思われる。もちろん歴史や社会に応じてこの共通部分は異なるが、単なる衝動的な群集心理ではなく、ある時間継続する生活感情の共通性をもつことは、演劇の直接的な社会性、時代精神や風俗習慣などとの密接な関係を考える上に重要である。

五、それは相互交流をもつ。舞台上の作品が観客の心的行動を起こすばかりでなく、生きた俳優の心理にも観客席の空気が同時に行動を起こす要素を与え、その結果の演技がふたたび観客に及ぼす。これは直接的——すくなくとも他の芸術に比して——であり、感情の反映交流はやがて同じ生活感情に融け合うような方向に作用する。

まだほかにもあろうが、とにかくこのような性質をもった現在的な場が瞬間ごとに変移して、全体として一つのエネルギー消費の過程を示すのである。

アリストテレスが悲劇の効用として述べた「カタルシス」という作用も、結局はエネルギー消費のひとつの典型的ケースに相当すると解されるのではなかろうか。

以上、心理学的な場とエネルギー観によって一般的に記述したが、つぎに時間空間的力動性と、歴史と社会との交点にあらわれる人間の共通性とを中心に、さらに演劇の場の要素に立ち入って考えなければならない。ここからようやく演劇の媒材と、そのエネルギー変化の有様の特性があらわれてくる。が、その前に、演劇の場の一般性質として、もう二つ加えておきたい。

一つは、舞台上のものが四次元空間で、この時空性が人間の現実的な生活空間を感じさせ、現実的、実人生的な環境を作り出すこと。生活感情を共有する場合、非常に実人生的であるのは、視聴覚に訴える面が実際の生活空間に近似した四次元世界であり、現在的であり、生動しているからである。演劇がもっとも人生に密接し、直接な社会性をもつといわれる一つの要因もここにある。

もう一つは、演劇の場は物理的には閉じているが、心理学的にはむしろ開かれた場だということ。時間空間的にはごく小さく制限されているが、観客は舞台上のものが仮構なることを知りながら、それによって生ずる心理学的な場においては、人生のさまざまな可能性に向って開かれている。時空的には開かれているはずの現実生活のほうが、心理学的にははるかに制限された不自由な場しかもたないことが多い。

誘意と解放

演劇は他の芸術に比べてもっとも実生活的な、実体験に近い人生の可能性を与える。この意味では演劇の「陶酔状態」はむしろ人生への覚醒の場であり、自由な可能性への「解放」の場であるともいえよう。自己というものが現在的事態のなかで自由に行動できるのである。娯楽性や社会性や教化性はみなここに根本をおいており、演劇が人生において占める意義はこの開かれているところ、ことに実生活実人生にいちばん近く人間を解放するという点にある。

しかし演劇の場をさらに立ち入って考えるに当って、もう一度確認しておかなければならないのは、演劇はあくまで「仮構」によってカタルシスをおこなうものだという点で、実人生と根本的にちがうということである。実人生におけるエネルギー変化は、原則的にいって一種の因果律に従うにはちがいないが、行動の動因となるポテンシャルの高まりは、意志的のものであっても、その時々の何らかの必要から起こってくるもので、カタルシスのためにあらかじめ設置されるのではない。

ところが演劇では、きわめて実人生に近い場を現出するけれども、そのエネルギー変化の過程は、ある一定時間内において、ポテンシャルの設置からその消費という一サイクルを完結せしめる。

すなわち仮構によって集団をなした観客の心理的事態の中に何らかの均衡の破れを生ぜしめ、それを元の状態まで、実際の生活空間における行動と似た仮構によって発散せしめるという二重の機能をもつのである。この二つを「誘意性」と「解放性」と名づけておこう。

たとえば戯曲の構成における「序破急」は、この二段の機能の過程に対応してとらえられる。序とはまずいくつかの動機を与えて観客心理に要求対象を誘発し、ポテンシャルを高めて場の緊張を生ぜしめる段階。破とはそこに生じた不均衡、緊張力をますます強め、一方には部分的にエネルギー消費をおこないつつ、全体として緊張した体系を維持発展せしめる段階。急とは頂点に達したポテンシャルの高まりをエネルギー零まで消費し、心理的平衡状態へと解放せしめる段階である。

この過程が完全に遂行されないときわれわれは不満を感ずる。食い足りないとか飽き飽きしたとかいうのは、いずれも、エネルギー発散の仕方に過不足のあった場合の心的状態を指した言葉にほかならない。

こう考えてくると演劇の場の問題は、演劇のどんな要素がどんな誘意性をもつか、どんな要素がどんな解放性をもつかということに帰せられてくる。そしてそれは人間の心理的環境と演劇の諸要素との二面から、考察されねばならない問題である。

第一に人間の心理といっても俳優と観客とではちがう。俳優は見せる立場にあるが、それよりも、仮構の世界ではあっても自分自らが実際の生理的行動をおこない、直接のエネルギー変化をおこなう点が、観客が舞台上で他人によって演ぜられる仮構によって、心理学的世界の中でのみ行動し、エネルギー変化をなすのと異なる。

この意味で俳優は一次的変化をなし、観客は二次的変化をなすともいえよう。が、いずれも同一時空内で生活感情をほぼ共有する点では同じ体験をもつのであり、前にあげた「見える身振表現」と「見えざる身振表現」との一致云云というのも、こういう意味と解していいだろう。

観客は心理的世界において、舞台上の対象と呼応しつつ生活感情を共有し、力動的な行動をするのだが、その場合、環境の構成要素はきわめて複雑多岐である。同じ時代であっても階級や土地柄によってちがい、同じ所であっても個人はみな別々の自己依存の環境をもつ。同一人物であっても、その時の特殊事情によって環境領域の構造はさまざまである。したがって一般の精神現象と同じく、とうていこれを具体的に取り出すことはできない。

ただしかし、劇場内には同一の対象に対して相当数の人間の集団がある以上、同一対象によって何らかの共通な反応があり、共通な変化過程があるならば、それを受け入れた人々には何らかの「共通な心理学的環境」が生じていると見ていい。外見は個別的でも同じ対象によって誘発される場合また解放される場合には、共通な環境の要素が誘導されて表面に浮び上ってくる。

実際問題としては、この共通部分を研究対象とする以外にはないだろう。それは人間の生物的本能とそれぞれの社会共通の心理的環境からきめられるべきものである。当然、これは歴史と社会に応じて変化する部分と、不変な部分とから成り、ある時ある所の人々がどんな嗜好や思想や願望をもっているかということと、演劇の実態との関係の、有機的研究の基礎ともなる。過去に関してはこれは演劇史となり、現在から未来に関しては演劇の指導性を与えもするだろう。

さて人間の心理的世界内で演劇がどんな行動を起こさせるか。それは演劇が、デフォルメの程度はまちまちでも、本質的に「実人生」と同次元の時空的人間的芸術であるために、人間の一般行動とおなじく原則的なことしかいえないのだが、誘意と解放の性質や種類の種々相を考え、実際問題を考える基準ともなると思うので、ここに人間の一般行動の欲求、動機についてちょっとふれておきたい。

「欲求」は、心理学の各派においてまちまちだが、たとえば本能万能主義への批判を含んだ社会心理学の立場からは、大別して生理的欲求と社会的欲求とに分ける。

生理的欲求とは生理的な基礎をもち、動物にもみられるもので、さらに基本的なものと第二次的なものとに分けられる。基本的生理的欲求は生命保持に絶対必要で、永続的でかつ全人類に例外なく見られるもの。積極的には食欲、渇き、呼吸、消極的には睡眠、休息、排泄、苦痛回避などがある。二次的生理的欲求は生理的基礎を有するが、それを満足させなくとも直接生命に危険はなく、かつ永続的でない。これには性欲と妊娠後の母性的欲求がある。

社会的欲求とは従来社会的本能として生得的固定的に考えられていたものを含み、さらに二分される。基本的社会的欲求は動物の集団にみられ、直接生理的基礎はなく、社会生活のなかで、場合によっては生命保存に必要であるが永続的生得的ではない。また全人類に共通ではなく、ある特定の社会集団のメンバーには普遍的であり得ても、発現と満足の方法にはいちじるしい個人差がある。これには社会行動の基本形態である攻撃と協同の動因が含まれる。二次的社会的欲求は生物的な基礎を持たず、かならずしもその満足が要求されないような欲求で、未妊娠の女性における母性的欲求、父性愛、子の親に対する愛、所有欲、蒐集欲などがある。

要するに、生理的欲求は生物的基礎をもつが、社会的動機は本能そのものではなく、社会環境による行動の可変性により発現するものと見るのである。

演劇的「場」の要素と本質　演劇は全体として「誘意性」と「解放性」という二つの機能をもつといったが、この「二重機能」は演劇を小さな断片にしてみてもその両端にきっとあらわれている。各瞬間ごとに同時にあるといってもいい。これについてはのちにまた述べるが、この意味で演劇は無数の「動的な単位の連続体」であるといえると思う。

ではどんな要素が誘意性をもち、どんなものが解放的に作用するか、これは簡単にはいえない。誘意性と解放性とは機能であって、個々の要素に固定した属性ではない。同じ動作や言葉が、あるときは誘意的にはたらき、あるときは解放的にはたらく場合もあり得る。それは全体の中におけるその部分のもつ分節的役割によってきまるのであるからで、したがってまた同一の部分が前の部分からみれば解放的であり、後につづく部分にとっては誘意的に作用することも可能なわけである。したがって機能としては、「何が」というのでなく「どのような」ということが問題である。どのような、ということはつきつめていえば、人間のどんな欲求に作用するかということである。

大体において人間の生活におけるさまざまの問題は、生理的欲求を基底としてもちながら、社会的欲求によって社会的生活を営んでいるという一種の矛盾から生ずる。衝動的と論理的、本能的と意志的、個体的と社会的等々の相対立する概念が、そこで摩擦を起こして複雑になっていく。階級対立、時代と社会への反逆、恋愛葛藤など、大抵こういう摩擦のあらわれである。

これらは社会の変化に伴ってその形が変る。生理的衝動的な面は変らないが、社会の変化とともにその発現の様相は変化する。そこに倫理道徳、経世思想、宗教観等が論理的に導かれてくる。しかもそれは時として人間の本能や意志を強圧するように作用するため、どんな社会的段階にも摩擦が起こる。それが現実の生活である。

このように人間の内部にはいつも「衝動的」な面と「論理的」な面とが同時に存在している。演劇はこの意味でも人生と同次の複雑さをもつのである。すなわち演劇の要素には大別して生理的欲求に働きかけるものと、論理的な面に受け入れられるものとがある。衝動的な要素は大体において瞬間的な刺戟をもつものであって、それを実人生的な流れにのせて連続的に運んで行くのが、論理的な筋道だと考えてよいであろう。そして機能としては衝動的誘意性、衝動的解放性、論理的誘意性、論理的解放性という四種が考えられることになる。

具体的に演劇の要素を見ると、まず大別して視覚的と聴覚的に分けられ、視覚のほうは、俳優の肉体とその動作、衣裳・背景・大小の道具の色彩と照明、造形的な線・面とその配置など、聴覚のほうは俳優の肉声による言葉、叫び、音楽その他の音響効果などがある。

これらのうち、俳優の肉体と動き、音声の音色とリズム、テンポなどの及ぼす性的衝動、色彩と照明、音響効果、構図の調和などの及ぼす感覚的瞬間的刺戟等は、人間の衝動的な面に作用して「衝動的な誘意と解放」を実現させると考えられる。このほうは演劇の要素のうち、比較的変化の少ないものといえよう。

一方視聴覚から入ったもののうち、受け入れた人の論理面の分化の程度に応じて、それぞれの基準に照して判断される面が、「論理的な誘意と解放」とを与える。

消極的には、衝動的なものが全体の中であるべき部分として適切と認められたとき、それは完全な効果を齎す、その判断を論理面が与える。もちろん意識的に判断していないことが多いが、どんなに感覚的にそれ自身すぐれた部分でも、全体からみてとんでもない所に突然あらわれれば、演劇としては失敗だといわなければならない。

さらに積極的には、いわゆる文学性、社会性などといわれる実人生的な、生活意志的な、過現未の拡がりをもった開かれる可能性を内包する筋の展開というものが、論理的な二重機能をもつ。文化的社会的水準、すなわち観客の心理的世界の分化の程度に応じてこの面は多種多様である。

これらのすべてが不変でないかどうかは問題だが、不変のものがあるとすれば、それは生理的欲求に訴える部分であろう。一般にこの面――論理面――は、歴史の進展と社会の相違によって変化する部分だということができる。

演劇の要素を試みに分けてみたが、しかしこれは、演劇の場を構成する主要素ではあるが、演劇の場それ自体の本質ではない。

演劇の場の本質は、右の二面の要素が別々に独立したものとして誘意と解放の二つの機能を果すのではなく、二つが同時に視聴覚から入って、心理学的場において「渾然とした誘意と解放」を実現するところにあると考えられる（但したとえば歌舞伎では衝動的な面に比重がかかっており、ギリシャ劇やイプセンのドラマでは論理的な面がより大きい。第二章で論じた演劇の二大系脈――バロック的と古典主義的と――の考え方の、もっとも基礎的な発想もここにある）。

衝動的なものは論理的なものによって、動的な連続体の中における真の意味の瞬間的感覚的効果をあらわし、論理的なものは感覚的要素とともに時間的にはたらくことによって立体化され、かくてはじめて動的全身的実人生的な場が形成される。そしてそれぞれの二重機能が心理学的世界において、予期通りのポテンシャルの高揚からその消費へと導くとき、演劇の一連のエネルギー過程が完結するのである。

戯曲も演技も装置も、その他あらゆる構成要素がここで統一されて、完全な誘意と解放により、開かれた世界への解放の可能性を実現しなければならない。

このような要素が同時的に相関し、時空的に展開されていくのが演劇の場の「力動性」であり、この意味で私は演劇における衝動的と論理的の二つの面を、互いに相補的 komplementär と呼びたい。素粒子における粒子性と波動性の相補性のように、互いに単独では演劇の本質をあらわし得ず、両面が同時に重なり合って存在し、相補って、はじめてその概念を記述し得るという意味である。

劇場内で、舞台・俳優と観客との共同参加、相互交流により刻々に生み出される現在的な「演劇の場」の本質・特質を、私は右のように考えている。最後にもう一度、論旨の根幹を要約しておく。

「演劇とは実人生をそれと同次元の仮構世界へ、同型《イソモルフィッシュ》的な座標変換によって投影したものである。それは力動的な一つのエネルギー場を構成し、衝動的と論理的の二面において、誘意と解放を実現していく芸術様式である。そうしてそれは人間存在の生物的本能的な部分（主として衝動面）と歴史的社会的な部分（主として論理面）とを内包しており、前者は演劇の不変面（普遍性）、後者は可変面（特殊性）に深くかかわっている。」

3　花道と「場」の二相

前節の末尾に述べたように、演劇とは実人生をそれと同次元のフィクションの世界へ、同型的に変換投影したものである。

二つの極

しかしその変換は、一様ではない。

できるだけ実人生に近い座標軸をえらべば、それはイプセンの戯曲を典型例とする、「再現」主義の近代リアリズム演劇となる。思いきり角度をまわし縮尺を極端にして、歪んだ座標系をとれば、歌舞伎の荒事や西洋のバロック劇、あるいは今日のある種の前衛劇のような「示現」的な反リアリズム劇が生まれる。

そうした双極性については、第二章で詳述したところであった。

演技演出においてもむろんこれとも関連して――必ずしも完全に対応するわけではないが――、再現的方法と示現的方法、あるいは心から入るか形から入るかといった、二様の極のあいだに、いろいろの方式がスペクトルのように分布している。これは第三章に説いたとおりである。

劇場内における舞台・俳優と観客のかかわりかた、ひいては観客の体験する演劇的感動あるいは劇的陶酔のありかたは、どうだろうか。

結論からいえば、ここにもまた二つの極が存在するのである。

垂直的直接的交流と、水平的間接的交流。

異化と同化。

肉体的感覚的と文学的論理的。

覚醒と陶酔。

これもやはり、それぞれの二極が重なり合うとはかぎらず、日本ないし東洋と西洋との相違と割り切れるわけでもない。が、演劇一般を見わたすと、ともかくこうした二つの方向に大別できそうに思われる。

そうしてこれが、劇場の形態――舞台と観客との空間的関係――にも、ふかくかかわってくる。

そこでこの問題を考える手がかりとして、「花道」を取り上げてみよう。歌舞伎になくてはならない、あの花道である。右にあげた二つのタイプの特質の相違を比較検討するうえに、花道の有無はもっとも典型的な例だと思うからである。

それは前節にいささか抽象的に述べた「場の理論」の、ひとつの例証にもなるかもしれない。

むろん、いまこれによって、東と西の比較をすることが究極の目的ではない。一般論としての舞台と観客の関係を考えようというのである。しかし実際問題として、花道は日本独自のもので、西洋にはまったく存在しなかったといっていい。したがってまず日本と西洋の比較として論をすすめるほうが、問題を明確にするためにもいいと思う。一般的結論は、そこからおのずから導かれるであろう。

世界演劇からみた「花道」　「花道」はたしかに特殊なものだが、それは歌舞伎の特質であって、日本演劇全体を外国のものと比較するための材料としては小さく偏りすぎる、といわれるかもしれない。

が、以下にもみるように、「花道」の本来の機能は歌舞伎以前にも、ずっと昔から存在していた。外国にもそれらしいものはなかったとはいえないのだが、すくなくとも西洋においてはルネサンス以後はなくなってしまう。ところが日本では失われることがないばかりか、劇場演劇としてもっとも発達した近世の歌舞伎の中で、今日みるような、きわめて重要不可欠な「花道」として成長し定着した――この事実の中にも、私たちは日本人の演劇理念の特異性をみることができるだろう。

しかしまず「花道」が、はたして世界の演劇の中でほんとにそれほど特異なものであるかどうかを、もう一度たしかめておく必要がある。それには外国の眼からみてそれがどう映っているかを見定めることが、有力な手段であると思う。

ここでは一つだけ、ロンドン公演（一九七二年）の際の『ザ・タイムズ』紙の拙訳劇評から抜萃してみよう。

「……その伝統的手法、慣習のあれこれは、初めは異国の珍しいものとしてうつるのだが、たちまちのうちに、直接的な生々しい表現手法として働きかけてくる。その一つは有名な「花道」(花の小径)すなわち舞台と客席後方の俳優控え室をつなぐ、照明の仕込まれた橋である。(河竹注――花道は海外公演の度ごとに特設される)この「花道」を通って、登場人物は本舞台ではじまっている劇的場面へ、一足おくれて登場し、参加するのである。西洋の舞台にはこの種のものは存在しない。私がこれに相当するものとして記憶しているのは、一つだけ――それはウースター短期大学の庭で池を背景に行なわれた『テンペスト』の公演のとき、次の場面に登場する人物が、まだ前の場がおわらないうちに、遠くの方からゆっくり舞台に向って歩きはじめるのをみた、その一回だけである。」(傍点河竹、以下同じ)

この評者アービング・ウォードルは、こうしてまず「花道」が西洋の伝統にまったく存在しないことを明言したあと、その「花道」の独得な機能について、そのときの演目の一つの『隅田川』を評しつつ、左のように分析する。

「日本の着想のすぐれた点は、こうした準備が客席の真只中で行われることだ。登場人物は、あっと思ったときはもう我々のすぐ間近におり、そしてしばしひそやかな黙想のうちに沈み、やがて次の劇的行動《アクション》を推し進めて行くのだ。子を失った母に扮した歌右衛門がその橋(「花道」)の途中で立止り、誰にともなく客席の中の一人に花の小枝をさし出すところは、いま述べたような関係(河竹注――舞台または登場人物と観客とのかかわり合いかた)がよく要約された一場面である。そのとき観客は肉体的には手に触れるほどの近さにありながら、劇的現実からは千マイルのかなたにあるのだ。」

この評論の当否は別として、とにかく世界的に水準の高いとされるこの新聞において、「花道」というものが西欧に比べるもののない特異な存在として取り上げられている点に、注目しておきたい。

もちろん「花道」が歌舞伎ないし日本演劇の独得の劇場機構として、西洋に大きな関心をもたれたのは、戦後にはじまることではない。明治の昔から訪日外国人によって、能の仮面や橋懸り、あるいは回り舞台などとならんで、注目され、少なからぬ影響すら与えてきたのである。

そのもっとも顕著なのはメイエルホリドとラインハルトによる実験的応用であろう。たとえば、一九二八年二代目市川左団次の初の訪ソ歌舞伎公演のとき、『芸術生活』誌に載ったマクルスキーという人の「日本の演劇と吾々」なる一文をみると、

「わが国の他の監督より早く、そして、より多く日本演劇に興味を感じたのは、ヴェ・メイエルホリドであって、既にその著『演劇論』(一九一二年)に於て、日本の演劇の個々の形態を利用することが出来ると説いている。彼はまた、その著名な『スタジオ』(一九一六―一七年)の番組の中へ、『日本及び支那の演劇に於ける、舞台広場の特性と演技の形態』の研究を入れた。後に至っても、日本演劇に対するメイエルホリドの興味は衰えないで、メイエルホリド劇場の舞台装置の中で、彼は日本演劇の伝統的な形式を取り入れ、創造的な利用の見本を示した。――全く別な劇の材料を上場するに際して、『森』の中のあの有名な『橋』は、日本の舞台広場の基礎的な構成要素で、俳優の登場退場を完全に自由にする「花道」に近づいたものである。……」(『市川左団次歌舞伎紀行』)

メイエルホリドが「花道」を演出に応用した作品は、オストロフスキーの『森林』(一九二四年上演)だが、ラインハルトも『アラビアン・ナイト』にもとづく無言劇『スムルーン』の演出において、「花道」を試用している。マックス・ラインハルトはラウテンシュレーガーにつづいて歌舞伎の回り舞台を取り入れ、普及したことでも知られている。しかし、いずれにせよこの二人は二十世紀初頭における反写実主義演劇の巨頭で、彼らは西欧の再現的演劇の伝統を打破するために、まったく異質と思われる歌舞伎の回り舞台や「花道」を、取り入れようとこころみたのであった。

しかし、そうした試みは現在までのところ結局は実験におわり、西欧に一つの様式を生み出すまでにはいたっていない。それは一九六八年東京で開催された「日本文化研究国際会議」International Round Table on the Relations between Japanese and Western Arts におけるアメリカ代表のアール・アーンスト博士の、「日本の演劇様式が西洋演劇に及ぼした影響」にも次のように述べられている。

「日本の演劇の模倣《イミテーション》は結局不完全なコピーを生産したにすぎなかったようだ。ジャック・コポーの能の上演も、『スムルーン』上演におけるラインハルトの『花道』の実験も、メイエルホリドの歌舞伎的技法の使用も、そのときだけのものに終り、西洋演劇のその後の発展に影響を与えることはなかったのである。」

これらの事実は、「花道」に関するかぎり、日本と西洋の演劇伝統のあいだの溝が、いかに本質的でふかいものかを証する以外の何者でもないと思われる。いいかえれば、「花道」の有無こそは、日本と西洋の演劇を劇場——あるいは舞台と観客の相関関係——の面から比較するうえに、きわめて本質的な問題点として、取り上げる資格十分だということになるであろう。

「花道」の発生とその機能

歌舞伎の「花道」は、役者の登退場口および演技空間の一部であるという機能においては能の橋懸りも同類だが、発生的には別で、もと民衆観客の代表が舞台の俳優に「纏《は》頭《な》」——花または祝儀——を贈るための道であった。出雲の阿国のころの、ごく初期の歌舞伎舞台が、能舞台の様式を踏襲していたことを考えあわせるなら、「花道」は橋懸りよりむしろ白洲《しらす》梯子《ばしご》（そのもとは勅使段）のバリエーションということになるだろう……というのが、現在花道の発生についてのもっとも有力な説である。

だが、機能としては橋懸りと同じだという面のほうを重視すれば、さらにさかのぼって延年、田楽から神楽、舞楽の登退場の道に、結びつけて考えることができる。そうすると、かつて神霊が出現、来臨した特殊な道であるという民俗的観念に到達するのだが、それが日本固有のものか否かは、それ以上たどられていない——というのが、現状である。

しかし、青江舜二郎の「花道私考」(『日本芸能の源流』)によれば、この「花道」は日本固有のものではなく、他のアジアのどこかから影響を受けたものか、すくなくともアジアのそこここに共通に存在する、演劇的発想であるという。そこでは「演劇本来の場は、舞台ではなくて道であり、固定でなくて、すぎてゆく過程の中にあるものであった」という考えが、前提となっている。以下その所論の大筋を紹介しておこう。

インドにはジャトラとよばれる演劇がある。それは観客席を貫いて中央の舞台へ通じる「花道」をもっている。それは神霊の化身の登場の道で、もと「練り」(行列)の道であったとみられる。ほかにもこれと類似した「道」をもつ移動演劇が、インド各地にある。しかもインドには農耕民族特有の行事として、神や祖霊をまつる「花」の祭がさかんにおこなわれる。日本の民族芸能における「花祭」も、直接関係は未詳だが、おなじく農耕民族特有のもので、しかもそれらでは民衆の中から鬼や神霊が出現する。これは本来が花をもって飾られ、祀られた祭の名残りで、事実三河の花祭などでは「花道」という名称さえつかわれている。すなわち「花道」とは元来、文字どおり花でいろどられた神霊の道の意味で、したがって歌舞伎における花道の発生は、「荒事」の発生とともに実現した。何故なら荒事とは「荒人神事」であり、神なり魔なり、超人間的存在の通る道、あらわれる道が、必要だったからである。江戸で初代市川団十郎が十四歳ではじめて荒事をつとめたのが寛文四年(一六六四年)で、その後まもない寛文八年に「花道」は「花道」として成立したという事実が、それを裏書きしている。……

右の説には、実証的になお多くの検討の余地があり、論者みずからいうように、日本とインドその他アジア諸地方の芸能との影響関係は、まだ明らかにされていない。したがってなお、仮説推論の域を出ていないといわざるをえないけれども、「花道」を神事との関連においてとらえようというこの見方は、きわめて重要な示唆を含んでいる。中国では楽屋から舞台への通路を「鬼門道」と呼ぶ慣習があり、また日本の相撲の「花道」がもと農耕の占いにおける神への慰霊におこなわれた、東西南北の祈念祝禱神事に発したこと、その他を総合して考えると、一層右の発想は首肯しうるように思われてくる。

なお、歌舞伎の「花道」のそもそもの発想が、橋懸りの転化や祝儀を贈る道からではなく、観客のあいだを分けて超現実的な存在が登場することからおこったという、もう一つの有力な論拠についても、ここに附言しておきたい。初期歌舞伎に関する重要な資料とされる『国女歌舞妓絵詞』には、出雲の阿国《おくに》の「念仏おどり」にさそわれて、ついこのあいだ惜しまれつつ討ち果された美男武士、名古屋山三郎の亡霊が登場するところがある。それは、

「念仏の声にひかれつつ〳〵罪障の里を出でうよ、なう〳〵おくに物申さん、其の古《いにしえ》の床しさにこれまで参りて候ぞや。」

といいながらあらわれるのだが、それが橋懸りからではなく見物席の真中に立ちあらわれることが重要なのだ。と、阿国が、

「思いよらずや、貴賤の中に分きて誰とか知るべき、いかなる人にてましますぞ……。」

と問い二人の会話となって、「よし何事もうち捨てて、ありし昔のひとふしを、うたいていざやかぶかん〳〵」と、一同のにぎやかな「かぶきおどり」になる……。

この山三の亡霊の登場のしかたは、その後どのように受けつがれたかというと、どうもはっきりせず、すくなくとも文献資料の上では、後のいわゆる「花道」の発生まで断絶があるようだ。しかし歌舞伎が花祭その他いわゆる風流《ふりゅう》

系民俗芸能の血をひくものであることを思うとき、古来の神霊出現の機能が山三亡霊のあらわれかたに発現したとみることは、けっして無理ではなく、それがやがて歌舞伎が人間のドラマ主体とするようになってから、あらためて超自然的なるものの出る場合の特殊な登場口として架設され、定着した――という筋道は、推論として十分成立つ。

発生成立の説については現在まず右のほかには出ていない。ここではただ、発生論上「花道」というものが神霊・超現実的存在の登場道という、民俗の長い伝統にふかいところで結びついているらしいということ、そうしてそれは日本はじめアジア諸地方にも残存類似形態がみられ、その間には何らかの影響関係もなかったとは断言できないということ、この二点を明らかにしておく。

劇の人間化と「花道」

発生的には右のごとくだが、それが近世町人文化の時代になり、演劇がほとんど完全に――ほとんどというのは、形式上ほんのすこし神事的性格を残存していたからだが――人間世界をあつかった、人間の慰楽のための芝居になってしまっても、「花道」の機能は退化し消失しないばかりか、ますます重要な演技空間の部分として発達をつづけた、という事実に注目したい。

もちろん、相変らず神霊や変化《へんげ》や超人的人間のような、いわば人間界と次元を異にする人物《キャラクター》も「花道」に登場する。たとえば『娘道成寺』のラストで白拍子花子が鐘入りとなり、やがて清姫の怨霊の本性をあらわし、悪鬼の形相で「花道」へおどり出る。すると揚幕から大館左馬五郎（名はどうでもいいのだが）なる豪傑が、隈取をし太い青竹をかかえ、高下駄をふみならして登場し、悪霊を本舞台へ押戻す。で、この役柄を「押戻し」といい、歌舞伎十八番の一つともなっているのは周知のとおりだが、これは典型的な荒事で、いわば荒人神・現人神《あらひと》ともみなさるべき超人的な力、超能力の表象である。したがってこのシーンにおいては、「花道」はまさしく神事的意味に用いられているといえるだろう。

だが、もっと重大なことは、定着後の歌舞伎の「花道」は、右のように神事的に使用されるのはまったく例外であって、ほとんどの場合、それはただの「人間」の登退場口、ないし存在空間となっていることである。助六や揚巻の出、弁慶の引込み、由良之助の馳せつけ、波打際の俊寛、魂抜けてとぼとぼと出る紙屋治兵衛、清心を追ってくる遊女十六夜《いざよい》、白浪五人男の勢揃い……。両花道にいたっては、『妹背山』の山の段にせよ、『鞘当』、『野崎村』にせよ、人間以外の何者でもない。つまりこれ以上例をあげるまでもなく、「花道」はもはや人間界の登場人物によって、占められてしまっているのである。

では神霊妖怪変化など、超現実的なものはどうなるのか。いうまでもなく、「スッポン」――「花道」七三の切穴のセリ――がその機能を果すために特設された。神の場合はふつう本舞台に直接出ることが多いが、たとえば妖術をつかう滝夜叉姫や仁木弾正、狐の化けた忠信のように、「スッポン」は、もっぱら超現実のものの登退場に用いられることは周知のとおりだ。

すなわち、発生的には民俗的系譜をひき神霊の出現する道であったにしても、演劇として成立成熟する過程の中で、「花道」はまったく人間のための「場」となり、超現実的なものはその一部または片隅に、やっと存続を許されるにすぎなくなったということができる。

これは、くり返していえば、日本の演劇が歌舞伎に至ってようやく人間のための、人間界のドラマになったということに呼応する現象にほかならない。そこで問題は、そのように神が全面的に後退したにもかかわらず、「花道」がなくならないどころか、人間が神を押しのけてこれをわが物とし、「両花道」から名乗り台へと、ますます充実拡大させていくのは何故か――ということになる。

要するにそれは、日本人の演劇的嗜好、体質に、「花道」というものが適していたからにちがいない。民衆観客の要望嗜好のおもむくまま、自由奔放に発達してやまなかった歌舞伎では、不適格なものは遠慮なく淘汰され、適合するものは迅速に助長成育していった。「花道」はそのもっとも顕著なものの一つであった。

西洋においても、ごく原初的には神事と結びついた「道」の演劇がなかったとはいえないが、すくなくともルネサンス以後、演劇が人間界を扱い人間に奉仕するものとなったとたんに消滅してしまう。これは西洋における演劇的発想には、「花道」が必要ないものだったからにちがいない。すなわちこの点において、東西はまったく逆であり、そこに彼我の演劇の本質的差異をみることができると思われるのである。

さて、「花道」——人間化された「花道」——にみられる歌舞伎ないし日本演劇の特質として、私は次の三点をあげたい。第一は視覚性または即物性、第二は垂直性または肉体性、第三は同化性および異化性——である。以下、この三つを順次に考察してみよう。

4　垂直と水平

「花道」による空間の拡大と臨場感

「花道」のもつ最大の演劇的効用は、劇的空間の視覚的即物的な拡大、あるいは導入・設定ということであろう。前にあげたロンドン歌舞伎公演に関する『ザ・タイムズ』の劇評は、この一面をよくとらえたものといえる。すなわち、現実にはそこにないはずの——『隅田川』なら「千マイル」の彼方にあるはずの空間を、すぐ手にふれる至近距離の現実の空間に、もたらしている。時間的にも数百年の昔の出来事が、その時間の隔たりを一挙にとびこえて、逆にいえば数百年の時間が一瞬に逆走して、その時点に観客を置いているのである。

西洋の芝居、そうしてその影響のもとに成立した日本の近代的演劇でも、もちろん観客は舞台上の進行を、現在のものとして感じる。しかし、歌舞伎の場合、その感じかたは額縁あるいはカーテンの奥の遠い舞台の出来事でなく、劇的内容が視覚的感覚的に観客の身辺に迫り、周囲をそのムードで満たすために、はるかにその効果が強烈になる。もっといちじるしい例をあげてみよう。「両花道」の場合である。『妹背《いもせ》山婦女庭訓《やまおんなていきん》』の山の段——「本花道」から太宰《だざい》後室定高《さだか》、上手寄り「仮花道」からは大判事《だいはんじ》清澄が登場する。このとき本舞台はとみれば、上手に背山の大判事の館、下手に妹山の定高の館が対峙し、中央には幅広く吉野川が流れ下る。「両花道」をふくめて、すべてが完全な対称的均整美をもって設定されている。

ここで、確執する両家の久我之助《こがのすけ》と雛鳥《ひなどり》が悲恋の果てに死んで後結ばれ、やがて両家は和解するという、『ロミオとジュリエット』と似た悲劇が展開されるのである。ただし、劇的境遇は酷似しているが、シェークスピアの『ロミオ』と近松半二の『妹背山』とでは死の動機もその経過も、まったくちがう。つまり悲劇としてはまるで異質なのであって、この点も比較論上の大きな問題だが、いまはその舞台設定にのみ注目しよう。

そのさい重要なことは、「両花道」が単なる登場の通路でなく、それが吉野川の相対する両岸と想定されていることだ。定高と大判事は同事に揚幕を出てそれぞれの「花道」を歩んでくるが、七三の位置で立ち止まっていつものように観客の方を向く、つまり二人が向い合うとき、定高はほんの一歩、中央の客席のほうへ足を踏み出すのが一つの型とされている。これは、二人がここで問答をかわすに当り、大きな川を隔てているためすこしでも声が届き、聞きやすいようにと、思わず川べりいっぱいに進み近づく——という心持なのだ。いいかえれば、そのシーンにおいては中央客席はまさしく川であって、観客は、川をはさんで進行するドラマを、川の中央に位置して、つまりそのドラマの只中に身をおいて、直接に、生々しく体験するのである。

「花道」の存在によって舞台空間は観客のなかへぐっと張り出し、ついに劇場内全体が劇展開の場と化してしまう……これは西洋の演劇にはないことであった。

もう一例あげよう。不破・名古屋の『鞘当』、その応用である『御所の五郎蔵』の出会いの場は、いずれも吉原仲之町が舞台だが、この場合も「両花道」から互いに敵対する一味がぞろぞろとあらわれ、止まってツラネをのべて本舞台へかかる。このとき観客はみずから吉原に遊んでいる気分にひたり、おりから両側から繰りこむ仇敵同士の喧嘩を見守るといった、現在的状況を錯覚し、そのムードに遊ぶのである。しかもこの場合は、桜の吊り枝や提灯が桟敷のひさしや手摺りに飾られ、劇場内は文字通り夜桜におう花の吉原と化す。

こうした舞台空間の視覚的延長拡大、あるいは立体化は、客席後方の「歩み」(歩み板、歩び板ともいう)の活用によりさらに強められる。今日よくおこなわれる芝居には、『伊賀越道中双六』の沼津の段で呉服屋重兵衛と平作が次の場の平作内へ行く道中、『与話情浮名横櫛《よわなさけうきなのよこぐし》』で与三郎とお富がたがいに見染める木更津海岸の場——などがある。人物は本舞台から「仮花道」へ下り、客席のあいだを縫いながら後方の歩みを通って「本花道」へ上り、また本舞台へ戻る……談笑しながら客席内を一巡するわけだが、そのあいだに本舞台では引道具により背景や屋体を転換し、道中の進行を表現する。こうした舞台処理もまた、西洋にはなかった。すくなくとも、あったとしてもきわめて例外的な思いつきに留まり、それが伝統的手法となるようなことは、かつてなかったといっていい。

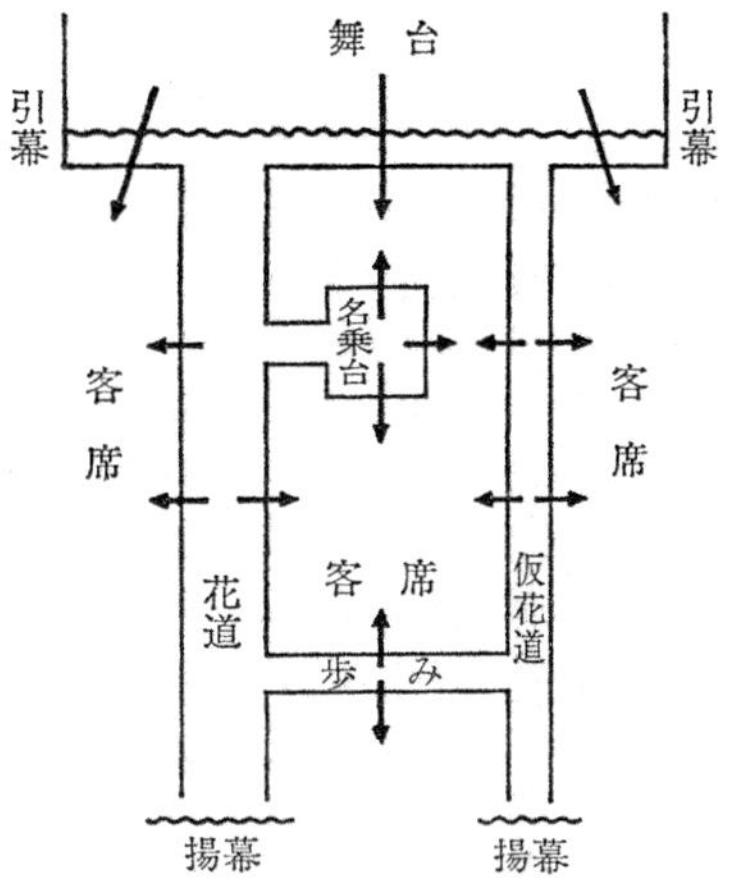

歌舞伎の舞台構造

このような、「花道」による舞台と観客の融合、劇場全体が劇的な場と化する機能は、「臨場感」ということばでも、あらわすことができるだろう。西洋にもかつて中世でさかんだった宗教劇には、こうしたものがあったかもしれない。パリのノートルダム寺院の前で見た野外劇では仮設した桟敷を縫って、大勢の騎馬武士や徒歩《かち》の役人兵士の行列とともに、十字架を負ったキリストがあえぎあえぎ登場する場面があった。これは一種の「花道」といえる。この場合はむろん現代的演出で、むしろ後にもふれるように反西洋的・反近代リアリズム的な現代手法の応用だと思う。しかしかつても宗教劇でこうした演出があったろうことは、かなりたしかなこととして推定されている。

だがこの場合といえども、歌舞伎の「花道」ほどに演劇の本質、演出に緊密に結びついたものとして機能してはいない。第二次大戦後の昭和二十三年九月帝国劇場で上演されたソーントン・ワイルダー作『ミスター人類』(『危機一髪』とも訳される)では、幕切れに村田知栄子扮する女主人公サビナが、半裸に近い姿で絶叫しながら舞台をかけおり、客席の真中の通路を走りぬけていったのをおぼえている。が、これも近代リアリズムを打開しようとするワイルダー一流のこころみであったから、むしろ反西洋的発想といわねばならない。

いずれにせよ、すくなくともルネサンス以降の西洋では、日本のような機能をもつ「花道」は存在しなかった。すなわちそこでは、プロセニアムとカーテンで客席とはっきり区切られた、小さな舞台空間で十分だったのである。それは、西洋の演劇が本質的に、せりふ・ことばの展開によるドラマであって、視覚的肉体的要素が従であるということを、立証するものといえよう。

観客との「垂直的」関係

本舞台においても、歌舞伎の場合はせりふ、演技とも、観客に向かっておこなわれることを本旨とする。つまりせりふや演技の矢印すなわちベクトルは、舞台の前縁に対して「垂直」に、客席のほうへ向かっている。もちろん、幕あきの仕出しのせりふや、ごくふつうの会話のように登場人物同士のあいだにのみかわされる、つまり舞台面に対して「水平」なせりふや演技も、たくさんある。しかしどんなに写実的にみえる芝居でも、肝腎の場面になるとかならず、役者は正面を切り、客席に向かって見得をし、せりふをのべるのだ。

たとえば卑近な例として、『弁天小僧』（白浪五人男）の浜松屋の場をとってみよう。武家の娘に変装した弁天小僧がお供の侍に化けた南郷力丸と二人で、呉服店浜松屋の店先へやってくる。番頭と小僧たちはいい客とばかり、手厚くもてなし、あれこれ品物をみせる。そのうち万引とみせてわざと打ち叩かれ、額についた傷をタネに、二人はゆすりにかかる。――と、これはよく知られた筋だが、このあたりまでは場面も風俗もきわめて日常的写実的で、しぐさもせりふもごくリアルで、西洋の写実劇と大差がない。ところが、いよいよ百両をだまし取ったとき、奥から声があって黒頭巾の武士じつは首領の日本駄右衛門があらわれ、お定まりの〝見あらわし〟になる。つまり弁天小僧がじつは男と見破られ、とうとう本性をあらわして肌ぬぎになり、「知らざあ言ってきかせやしょう」の、あの有名な七五調のせりふになるところ――この芝居はこの場のためにあるといってもいい、クライマックスの見せ場だが、ここへくると周知のように弁天小僧は、いままで会話をかわしていた黒頭巾の武士や店の者たちにくるりと尻を向け、舞台中央に、客席のほうへ正面を切って坐り、見得をし、せりふをのべるのである。

演技の基本方向が客席に向かって「垂直」であるということ。これは西洋演劇ことに写実的演劇とは、まったく異なる。もっとも西洋の演劇でも、ギリシャ悲劇は大野外劇場において、客席に向かって朗々とうたいあげられたではないかといわれるかもしれない。しかしギリシャ悲劇の場合は、演劇ではあるが、詩劇であって、写実的演技ではなく朗誦して聴かせるものだったから、歌舞伎の場合とはちがう。

ただ問題はシェークスピアの場合である。シェークスピアにおいては、劇場も客席も突出したエプロン・ステージ

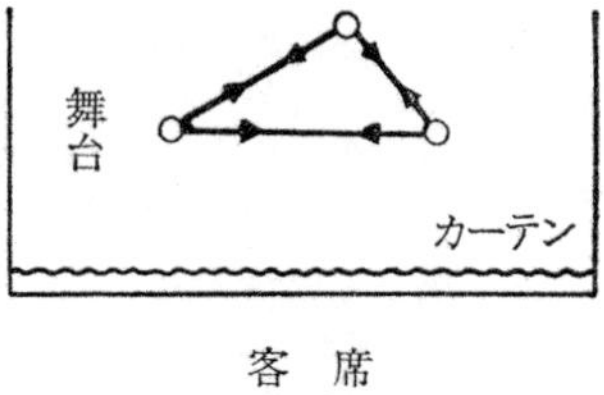

客席に対して水平に演技する西洋の役者

を持っているうえ、独白《モノローグ》が重要な要素をなし、また傍白《アサイド》のように、同じ舞台上の他の人物にはきこえないつもりで客席に向かって語られるせりふも頻繁に使われる。この点においてシェークスピアは歌舞伎ないし日本の演劇に非常に近いといえる。このことは前の諸章でも指摘しておいた。しかし、この種の演劇——シェークスピアやスペイン・バロック劇など——は、ふつうに西洋演劇といった場合にさすところの、ギリシャ劇から近代劇に至る、いわゆる古典主義的演劇からは、異端傍流とされるものであることに注意しておかねばならない。

すくなくとも、西洋近代をいろどったリアリズム演劇——それは結局は西洋がもっとも自然に、おもむき行きついたところの合理的演劇理念の、究極的形態と考えられる——においては、「水平」をもって演技・せりふの方向性の原理とする。ことに、一八七三年のエミール・ゾラによる自然主義宣言いらい、演劇は人生の断片を観察し、人間とは、人生とは何かを考える「人生の実験室」であるという理念が支配的となった。舞台は実人生における部屋の第四の壁をとりはらっただけの、人生のありのままの再現 representation だという、いわゆる「第四の壁」理論である。そうなれば必然的に、舞台は完全に客席と隔絶された、客体的なものとならざるを得ず、舞台上の人物たちは一切観客を意識せずに、日常の生活のままを、模倣的に再現することを要求される。すなわち人物たちは客席に向かって垂直に演技することは許されず、人物同士のあいだにおいてのみ、つまり水平にのみ演技しなければならないのである。

本舞台の演技にしてすでにこうした正反対の差異をもつが、「花道」の存在はさらにこの差異を決定的ならしめるといっていいだろう。第一、人生の再現、写実的模写を目的とする近代劇においては、舞台の枠をこえて客席へあふれ出てくるなどは、考え及ばないことであるはずだ。

しかも歌舞伎では、「花道」は単なる延長でも通路でもなく、重要な芝居の場であり、そこで主要人物は客席に向かってもろもろのせりふを述べ、姿態をとっくりと見せ、演技を示す所である。これは、いくつもの例でもふれたとおりだ。すなわち本舞台のみならず「花道」においても「垂直性」はその本質をなす。なかでもいちじるしいのは、寛政年度という歌舞伎最盛期に設けられていた「名乗台」の存在であろう。これは顔見世の『暫』にかぎられていたが、「花道」の七三の位置からさらに舞台中央へ突出した小さい附属舞台で、主人公の鎌倉権五郎景政があらわれ出てここに坐り、長々とツラネを述べ、名乗るのであった。

「花道」や「名乗台」による観客席への垂直的、肉体的進出——これは本舞台演技において垂直性をもち、歌舞伎とは近似性の濃いとみられるシェークスピア劇にしても、ついに見ることのできなかった独得の機能である。これによって演劇は、せりふの論理的理解による劇的世界の享受という、西洋的水平的演劇の及びもつかない、観客への視覚的かつ肉体的な進出、殺到を実現する。そうしてその官能的波動——それには垂直に突き刺さってくるせりふのリズムやメロディの起こす波動ももちろん参加している——によって、観客を陶酔興奮に巻込んでいく。そこにはすでに神事的なものは完全に意識下《サブコンシャス》の世界に没し去ってはいるけれども、しかもかつて神事芸能が主たる機能とした共感《シンパセチ》的陶酔《ツク・エクスタシー》が、人間の饗宴の次元において再来したのだともいえよう。

ともあれ、「花道」のもつ垂直的表現機能は、水平的リアリズム表現とは本質的に異なるものであり、東西比較上のいちじるしい差異を表徴するものであることは明らかである。

5 同化と異化

前述の二つの点から導かれることではあるが、舞台と観客との間の同化性と異化性——本来矛盾するはずのこの二つの性質が表裏のごとく併存しているところに、歌舞伎ないし日本演劇の本質があり、西洋主流の演劇との大きな差異がある。

舞台と観客の同化

同化作用ということは、すでに説いたところで明らかなとおりである。この点は多くの学者がほとんど異口同音に述べていることで、すでに自明とさえ思われているところだ。つまり、「花道」は観客と俳優とを至近距離に近づけ、西洋演劇には見られない「親炙性」を実現する、というのである。たしかに、これは一面において正しいであろう。明治のころ、当時人気売出しの中村福助（五代目歌右衛門）が『娘道成寺』を踊ったとき、道行きの振りの途中「花道」で落とす懐紙を、女中衆が競って奪い合った話などは、よく知られている。

また「花道」発生の大きな理由として、舞台と観客との親しい交流をもたらすためだったとする説もある。初期の歌舞伎は女歌舞伎も若衆歌舞伎も、周知のように舞台はなかば売色対象の張見世の役もなしており、楽屋と客席とはそうした人間の通行が頻繁をきわめ、風紀を乱すことがはなはだしい。そこで客席と楽屋とはしばしば通行遮断の処置をとられた。しかも寛文四（一六六四）年以後は引幕が発生し、舞台は能舞台のように突出した形式からしだいに横長となって、額縁へおさまる傾向をもつ。そうなると舞台は観客から隔絶され、共感が乏しくなる。「花道」の発明は、そうした共感、交流の稀薄化を救い、ふたたび舞台と客席の緊密化をもたらすべく、おこなわれたのだ——というのだ。

「花道」の発生については、先に記したようにいろいろ考えられるので、いま一概には断じがたい。が、たしかに歴史の展開をたどってみれば、舞台と客席の交感、親炙性をもとめる方向へと推移していったことは、事実として承認される。

「花道」による共感、舞台と客席の融合、一体化の実現――それは「両花道」その他についてすでに十分具体的に検証したところであった。逆にいえば、日本の観客は舞台を自分たちの対立者として、対立したまま終ることを、好まないもののようである。劇的世界も、劇中人物も、自然に私たちの生活空間の中に溶け入り、ついには同感し、和解し、対立を含まない同一の状況に立ち至って、いわゆる「大団円」に終る――それが民衆の「慰み」としての歌舞伎のありかたであり、大きくいえば日本芸能全体を貫く伝統的な精神だったといえよう。

西洋では芝居でも、物の考え方でも、あらゆる面で対立抗争が根底にある。ドラマの内容もそうで、観客は自らに対立した舞台の上で、さらにその対立葛藤のドラマの中に身をおき、矛盾葛藤の対決の過程を自らの問題として受け止める。しかし日本ではそうではなく、矛盾対立は外見上存在しても、究極においてはすべては「善」に立ち返り、大自然と調和合一して、大団円に至るのだ。

この意味において日本の演劇は、舞台と観客の同化、共同体化、一体化を本質とし、「花道」はそれを実現するうえで本質不可欠の作用を果たすということができる。

疎隔と異化

ところがここに、ふしぎな現象がある。それほど舞台と客席が肉体的空間的に近く親しく交感しているにもかかわらず、ある意味では観客と舞台とは画然と別ものであること、つまり舞台はフィクションであることが、明確に意識されていることだ。そうして「花道」は、このいわば「疎隔」「異化」の作用をも、果たすのである。

たとえば「花道」へ人気役者があらわれたとき、「成田屋」とか「音羽屋」とか、人々は屋号を呼び、「日本一」「待ってました」と声をかける。いわゆる「ほめことば」だが、もし心理的に、ほんとに観客が芝居に同化し没入し、感情移入しきっていたならば、こうしたほめことばは発せられないはずである。

ただし歌舞伎でも感情移入による同化が全然ないわけではない。『忠臣蔵』の敵役高師直がミカンの皮を投げられたなどという話はよくある。最も極端なのは篠田鑛造著『幕末百話』にみえる殺傷事件だろう。

桜井という武士の息子がくそまじめで家にばかり閉じこもっているので、気晴らしに友人と芝居を見せにやった。狂言は『天竺徳兵衛』だったが、徳兵衛が老母八重を殺す段になると、孝行息子の桜井は顔色を変え、何気なく預けた刀を受け取るや「おのれ不埒なる奴かな、親を親とも思わぬ天竺徳兵衛め」と叫んで舞台へ斬りこんだ。止めようとした男衆は腕を斬落とされて即死、徳兵衛を演じていた市川市蔵は宙乗りで逃げて助かったが、桜井は「斬らぬが残念」と切腹をしようとするのを、やっと押えた。結局、新門辰五郎が口をきいて百両で内済となったというが、演技の迫真性はほめられても、こういう客は歌舞伎としては甚だ迷惑なことだったのだ。

観客はまた「花道」の上の俳優を見上げ、見下すとき、そのすぐ向うに自分たちと同類の観客の顔、顔、を見る。観客は劇中人物ではあり得ないのだから、当然ここでも、同化的イリュージョンは破られていることになる。

こうした異化作用は、本舞台においてもつねにみられる。たとえば前に垂直性の例とした『弁天小僧』のクライマックスも、それまでリアルに運ばれて、観客がその日常的リアリティ——に同化したかと思ったとたんに、突然あの垂直的場面となって幻想《イリュージョン》は破られる。ときおり、「狂言なかばにはございまするが」といって、人物たちがたちまち素《す》の役者個人にもどり、子役や若手の襲名の披露その他の口上を述べるために一時芝居を中断することさえあるが、これなどは異化作用の最たるものである。

この点もまた、西洋の場合と非常に異なる点だといえよう。西洋演劇の本流は、アリストテレスの『詩学』の昔から、「模倣の形式」すなわち現実の再現的表現を本義とする。したがって、近代的リアリズムはその究極的な形だと、前にもいったのであった。この種の演劇においては、舞台を実人生と錯覚せしめ、観客にその舞台すなわち劇中に生活し行動しているような「幻想《イリュージョン》」をもたらし、それを劇の終るまで持続させることをめざす。十七世紀フランスで理論的実践的に完成され、近代にイプセンがその自然主義的写実劇において復活、典型化した、いわゆる三単一の法則（筋と所と時の単一性）は、その西洋劇理念の端的なあらわれといっていい。

ここでさっきの歌舞伎の殺傷事件によく似た実話をあげよう。一九〇九年シカゴの某劇場で『オセロー』の上演中のこと。悪漢イヤゴーがオセローに、夫人デズデモーナが不義をしていると吹きこみ、ついにオセローが無実の愛妻を殺そうと決心する場面に来たとき一階の客席から突然一発の銃声が起こった。イヤゴーに扮した名優ウィリアム・バッツは舞台に倒れ、そのまま絶命した。やがて我れに返った発砲者は、同じピストルを自分のこめかみに当てて、その場で自殺した。正義一徹の青年将校であった。真に迫った演技に、虚構と現実の境を見失った結果だった。その点、全く天竺徳兵衛に斬りつけた若侍とちがわない。――しかし後がちがう。人々は射った青年と射たれた名優を一つの墓に埋め、碑にこう刻んだ、「理想的な俳優と理想的な観客のために」――と。

行き過ぎであるにしても、西洋がいかにリアリティーを尊ぶかが、示されている。

歌舞伎ないし日本の演劇は、極端にいえば、本質的にこのような現実再現的幻想《イリュージョン》の醸成とは無縁であった。回り舞台もそのひとつのあらわれだが、これまでみたごとく、「花道」の存在もまたそれを証するものといえる。日本の演劇は模倣的再現ではなく、創造的示現 presentation である――というその本質を、回り舞台と「花道」は、もっともよく象徴するのである。はじめに述べたように、近代において反近代主義をとなえ、リアリズムをのりこえようとした先覚者たち——メイエルホリドやラインハルト——が、「花道」や回り舞台の移植応用をこころみたのは、当然であったといわねばならない。

しかしここで、この異化作用ということばが、ブレヒトのいう意味とやや異なる点のあることを注意しておきたい。ブレヒトは、アリストテレスいらいの西洋伝統である幻想《イリュージョン》舞台の観念に反対し、観客をその中に同化させることを否定して、異化作用 Verfremdungseffekt を提唱し、その実践として多くのいわゆる叙事劇を世に問うた。これはもはや周知のことだが、その究極の目的の一端が社会主義的思想の普及にあったこともまた、よく知られるとおりである。つまり、幻想の中に同化させてしまうと、観客は情的に溺れてしまうから、冷静な社会的意識や判断力を失ってしまいやすい。そこでつねに反リアリスティックな方法——音楽や歌によるムードの変化、回り舞台その他による所の単一性の破壊、などさまざま——によって観客を舞台の幻想から疎隔化、異化し、劇的進行にたいして冷静に、対立者批判者として相対せしめ、社会的思想的判断を導き得るような状態におかねばならない。これが、ブレヒトのいう異化作用の目的であったと考えられる。

歌舞伎の異化には、もとよりこうした思想的目的は毛頭ない。そこには前にもいうように、本質的に対立とか批判とかいうものは介在しないのである。その異化は何らかの目的をもった意図的なものではなく、本来俳優個人と役柄とが観客のイメージにおいて二にして一、一にして二という重合関係にあったことから来ている。すなわち、観客は劇中人物として、劇中の人生、つまり実人生とは別のフィクションの世界に遊びながら、しかもその人物の中に役者個人を意識しているのだ。同様に、舞台に展開される劇的世界も、フィクションであることをつねに一方で意識しながら、しかも身近かな肉体的現実として楽しみ、共感的陶酔に身をゆだねる。「花道」によって代表される「異化」というのは、そうしたものとして解しておきたいと思う。

こうした異化的感覚は、第一にあげた視覚的即物的な舞台空間の拡大延長という「花道」の主たる機能に関してもいえるのではなかろうか。「花道」はたしかに、西洋流の「第四の壁」では望むべくもない、ひろい自然環境や外界を導入、搬入することができる。ことに「道行」の場合などは、その最たるものといえよう。

しかし、そうした空間的拡大は、ごく自然な合理的尺度からみればいちじるしい不自然であり、明らかなる仮構であることは、瞭然である。すなわち観客は、「両花道」を定高や大判事が登場するとき、一方でそれは単なる板の通路にすぎないことを、百も承知なのだ。登場人物が、何某の役者であることをつねに一方で意識していることと、同様である。しかもそうした異化感覚の一方で、観客は、それがまさに吉野川の両岸であると自らを錯覚せしめる。つまり、不自然に導入された空間的フィクションを、仮構と知りつつ現実として受けとめ、陶酔に遊ぶのである。

ここに、おなじく仮構とはいえ、隔てられた小さい舞台に閉じこめられたリアルな芝居の中に没入し、同化ひと筋に集中する西洋の観客との、根本的なちがいがあるといっていいだろう。

以上私は歌舞伎独特の舞台機構である「花道」をとりあげ、その存在の有無、機能のあれこれをめぐって東西の演劇の差異、ことに舞台と観客の関係における本質的な相違点について考えてきた。そうして視覚的即物的な空間の拡大導入、演技の垂直性、同化と異化の表裏一体となった性格等々を、西洋に比較しての日本演劇の特質として、抽出してきた。が、究極的には、日本の観客は舞台に対立する存在ではなく、仮構の世界と知りつつ共感同和し、そこに日常性からの解放、慰楽をもとめたのだといえるのではないだろうか。

「花道」は、その意味でたしかに観客と舞台の一体化を実現せしめる「道」であり、そうしてすくなくとも今日までの日本の演劇と西洋の演劇とを分けへだてる道でもある、といえるかもしれない。

第五章　日本演劇史要

1　日本演劇の特質

日本の演劇あるいは芸能の起源をたどっていくと、やはり太古の原日本人の呪術的な原始芸能に行きあたるが、その後、千数百年の間に、他のアジア諸民族や西洋各国の芸能や演劇から大きな影響を受けて、日本演劇は複雑多岐な展開をとげた。

現存するものだけでも、舞楽（雅楽）、能、狂言、文楽（人形浄瑠璃）、歌舞伎などのいわゆる伝統的舞台芸術と、新派、新劇、オペラ、バレー、ミュージカル、商業演劇、人形劇、少女歌劇、前衛演劇などの近代・現代演劇が並存している。これに各地方に残る民俗芸能や学校劇、自立演劇、児童劇などを加えれば、その種類・形態の豊かさ、分布の複雑さは他に比類がない。

しかも、ただ豊富であるというだけではなく、他国にはみられない伝統的特質をいまなおもち続けているところに、日本演劇の特殊性があり、世界の演劇のなかでの特異な地位があるといえるであろう。

他の文化一般と同じく、演劇の場合も、日本は諸外国の多大な影響のもとにある。すくなくとも、六～八世紀を頂点とする隋、唐、朝鮮をはじめアジア諸地域のもろもろの芸能の流入と、十九世紀末（明治維新）から現在にいたる西洋の文芸、演劇の流入という二大エポックにおいて、日本の演劇は決定的な変革と進展をみた。その間にも、この二大エポックほど顕著ではないにせよ、多少の影響を常に受けている。たとえば元のいわゆる元曲が、能になんらかの寄与をしていなかったとはいえないし、キリスト教の風俗が十七世紀初頭の初期歌舞伎に取り入れられたのはまさしく事実であり、西洋の宗教劇が歌舞伎ないし日本演劇に質的変化をもたらしたとする説さえある。また邦楽の主要楽器だけでなく、文楽と歌舞伎にとって不可欠の要素である三味線にしても、十六世紀に沖縄経由で輸入され、国産化された外来楽器にほかならない。

こう考えてくると、はたして今日、日本の演劇あるいは日本の伝統芸能と呼ばれているもののどこまでが、あるいはどれほどの要素が日本固有のものであるかは、意外に識別しにくい問題だということがわかる。それは日本人や日本文化そのもののとらえにくさと同じである。しかし、見方を変えれば、長い歴史のなかで、外来の異質なものをいかに受け入れ、移植、消化してわれわれ自身のものとして育てていったかというその態度、方法、理念自体にこそ、日本人の演劇的特質が発揮されていたはずである。したがって、その成果としての今日みられる演劇諸形態を日本固有のものと呼ぶことは、いっこうにさしつかえない。むしろ、総括的にはこのように考えるほうが妥当で、個々の要素分析やその国籍、由来を探ることは比較芸能史の基本的課題であろう。

歴史およびジャンルの重層性・並存性　西洋ではたとえば近代において、古典主義演劇が否定されてロマン主義演劇が興り、それが退廃に傾くとさらにそれを否定するものとして近代リアリズム演劇が興り、さらにまたそれを乗り越えるべく反リアリズム演劇が生まれるというように、いわば交代・消長・興亡の歴史をたどってきた。しかし、日本ではまったくそれと異なり、重層的展開をとげながら今日にいたっている。

たとえば上代の貴族階級は、みずからの芸能として舞楽を整備、完成したが、つぎの中世において代表的芸能として成立する能は、舞楽を否定し滅ぼし、それに代って生まれたものではなく、また舞楽が自己変革をとげた結果生まれたものでもない。舞楽は能や狂言が成立してからも、みずからの芸術内容にはなんの変化も受けずに存続していた。それどころか、舞楽は近世町人時代から、さらに明治、大正、昭和を経て、第二次世界大戦をはさむ激動の時代を経験して今日にいたるまで、依然として保存、伝承されている。能・狂言は武家社会の台頭に伴って、新たに「加えられ」たにすぎなかった。江戸時代についてもこの事情は同じで、舞楽・能・狂言は貴族あるいは武家という上層階級の芸能として温存され、それらと並行して、新たに経済力をもち、みずからの文化をつくる力を得た町人社会の成長に伴って、人形浄瑠璃と歌舞伎が生まれ、加えられたのである。

かくして、年代も美的性格も異なる各種の伝統芸能が、ほとんどその完成時の様式のままに並存するという、世界に類例のない特質をみるにいたった。しかも、この重層性・並存性は、閉鎖的な伝統社会が一応崩壊した明治維新以後になっても、相変らず続いている。歌舞伎は自己変革をとげ得ないままに古典化し、そこへ新たに新時代を反映するものとして新派が加わった。だが、その新派もやがて固定化して、いわゆる新劇がさらに新しいジャンルとして加えられ、それが一応の伝統をうち立てた第二次世界大戦後は、さらに新しい「反新劇」的な前衛演劇運動が加わるという、重層的な展開を示しているのである。

この重層性・並存性は、島国である日本の国土および民族の閉鎖性・孤立性、社会そのものの発展様式の重層性、皇族をはじめとする縦割り社会的な伝承・世襲性、内容の弁証法的発展よりも様式の完成定型化を尊重する国民性――などと深くかかわる、きわめて本質的な特徴といえるであろう。

重層的、並存的な演劇の歴史からくる必然的な結果として、伝統の肉体性をあげることができる。

伝統の肉体性

あるいはこの肉体性という特質のほうが、本質的には先行するものかもしれない。西洋では、たとえばギリシャ劇やシェークスピア劇やモリエール劇が、伝統劇とか古典劇とかいわれているが、それはその戯曲すなわち演劇の要素のなかの文学的なもの（劇文学）が古典として定着していることであって、その上演様式や演出形態そのものは時代とともに、また各人各様に変ってきているのである。言い換えれば、西洋演劇には文学的伝統はあるにしても、演技・演出という肉体的伝統やその古典的形式は存在しないといっていい。

日本の伝統演劇はこれとまったく異なり、俳優の演技をはじめ、舞台構造、舞台装置、音楽、衣装、照明などの演出様式一切が、伝統にもとづいている。それらはすべて代々の伝承者の肉体から、肉体へと伝えられてきたものであるから、これを伝統の肉体性と呼んでもいいだろう。もちろん、時代が推移し、人が違えば多少の発展ないし変化があるのは当然である。たとえば能では、世阿弥が大成した頃に比べると、現在ではおなじ曲目の上演時間が一・五ないし二倍に延びており、また同時代でも流派の差や個人差で演出にいろいろ違った型がみられる。

しかし、橋懸《はしがか》りのある京間《きょうま》三間《げん》（約五・九メートル）四方の舞台で、シテは仮面をつけ、地謡《じうたい》の合唱と四種の器楽の伴奏によって、歌い舞うという基本様式は変っていない。

伝統の肉体性というこの特質は、必然的に能の世界に最も典型的にみられる型の尊重、俳優その他の世襲制、一子相伝性につながり、演劇理論のほうでも、戯曲論や劇詩論よりも芸論や芸談が中核をなすという、西洋演劇との大きな相違点もここに由来する。

祭祀性・式楽性

演劇ないし芸能が呪術あるいは原始的な信仰、宗教的行事との深い関連のなかで生まれたことは、日本も西洋も同じである。しかし西洋では宗教劇の栄えた中世が終ると、演劇もまたルネサンスの人文主義の勃興とともに教会を離れ、神に捧げ神をたたえるという祭祀的機能を失い、人間のためのものとなった。だが日本では、濫僧《ろうそう》や巫女《みこ》の芸能を主体とする中世が終っても、なお祭祀・式楽性は長く遺存した。

中世の能が神仏に捧げ、寿福増長を祈ることを本旨としたのはいうまでもないが、庶民の享楽・饗宴性を目的として発達した江戸時代の人形浄瑠璃や歌舞伎でさえも、四季おりおりの民間祭祀や年中行事に呼応して、予祝《よしゆく》物、開帳物、縁起物、追善物などが行われた。

歌舞伎の顔見世興行における「翁渡《おきなわた》し(三番叟《さんばそう》)」の予祝性や、市川団十郎家の荒事《あらごと》芸における「ニラミ」の修祓《しゆばつ》性、御霊《ごりよう》信仰にちなむとされる「五郎」の役柄、心中物浄瑠璃の道行にこめられた鎮魂性などにも、あらわれ方は部分的ではあるが、そうした祭祀的性格をみることができる。歌舞伎の、顔見世から初春、弥生、盆狂言を経て秋狂言(お名残り狂言)にいたる「芝居年中行事」それ自体も、民間における祭祀性の一表象といっていい。

歌舞性あるいは総合芸術性

様式上の特質としていちじるしいのは、歌舞《うたまい》性ないし総合芸術性である。西洋の演劇は、すくなくともルネサンス以後、せりふとしぐさによる写実的ないわゆる科白《かはく》劇と、音楽的要素の絶対優位なオペラと、舞踊主体のバレエとに分化発達した。これに対して日本では、民俗芸能にその残存形態をとどめる古い民間芸能はもとより、近世の人形浄瑠璃や歌舞伎のような発達した演劇にいたるまで、このような純一化あるいは分化をみず、歌舞の要素を色濃く有している。これは論理的葛藤そのものに劇的なものを求めるより、感覚的・主情的・肉体的陶酔を求める民族性に密接にかかわる特質と思われる。強いて西洋の様式に類似を求めるなら、ワーグナーのいう楽劇 Musikdrama あるいは総合芸術 Gesamtkunstwerk(劇詩 Tichtkunst 音楽 Tonkunst、舞踊 Tanzkunst すなわち「3T」の渾然一体化した芸術)に相当するといえるであろう。

この特質は見方によれば、古来、現実の模倣 mimēsis による再現 representation を本質とする西洋のドラマに対して、非模倣的、非写実的な様式による示現 presentation を主体とする日本演劇の特質につながる。

バロック的劇場性

前述のように、日本演劇は音楽・舞踊の要素によって様式化されているうえ、幻想、夢幻、変化、別次元への飛躍、悲劇と喜劇の混在、論理的な劇的葛藤よりも視聴覚的演劇性（劇場性）theatricality の重視などの諸性格をもっている。この演劇性は前章までにしばしば述べたように、西洋演劇の主流とされる古典主義演劇、すなわちギリシャ劇からフランス古典劇、イプセンの近代劇へと流れるアリストテレス流の演劇理念とは異なり、むしろ黄金時代のスペイン演劇やシェークスピア劇を含めたバロック劇的発想に近似している。もっとも、歌舞性および演劇性は日本ばかりではなく、東洋諸国の芸術における特質ともいうことができる。しかし東洋諸国のなかにおいて、日本演劇は内容的に最も発達し、ドラマの面でも西洋と比肩すべき水準に達しており、したがって、この点に関しては世界独特の演劇であるといえよう。

ドラマの叙事的性格と主情的傾向

日本の演劇にはドラマがないという説もあるが、これは西洋流の狭いドラマの概念を尺度としたことに起因するものであり、妥当とはいえない。日本演劇にもりっぱにドラマは存在している。ただし、そこには質的な違いがあることは確かである。日本の演劇は能でも人形浄瑠璃でも歌舞伎でも、語り物すなわち叙事的性格が強く、対立葛藤を徹底的、論理的に追いつめて破局にいたるという、西洋流の劇的性格は弱い。そうして既述のように、概して自然と人情ないし情緒への溶解・回帰の傾向が強く、主情的な局面の視聴覚的な雰囲気によるカタルシス（浄化）性がいちじるしい。たとえば人形浄瑠璃や歌舞伎の時代物の英雄悲劇も、クライマックスにおいては、主君のために自分の子供を身替りにした親の、肉親的情愛を強調した家庭悲劇的な愁嘆場が多いことや、世話物に七五調の名詞章をもつ三味線音楽を伴奏とした道行き場面がよく出ることなどに、端的にあらわれている。これは日本人の主情的傾向の一つのあらわれといえる。

2　原始および大陸芸能輸入時代（八世紀ごろまで）

太古の原始社会から、大和朝廷による統一国家形成にいたる間の芸能は、呪術的なものがほとんどで、これに次第に被征服者が征服者に捧げる、いわゆる貢献芸能が加わってくるという経過をたどる。前五世紀にすでに最盛期を迎え、すぐれた劇詩さえ完全な形で現存しているギリシャ劇などに比べると、日本の原始芸能に関する資料や記録はきわめて乏しく、当時の芸能の様相を実証的に知ることは、ほとんど不可能といわざるをえない。

原始芸能

だが、ある程度推測することはできる。その最も古い手掛りは、縄文時代の土偶と土面である。土偶は主として女性をかたどり、とくに乳房を誇張したり妊娠状態のものが多い。これはたぶん、増殖・繁栄を祈るための呪術を目的としたものと考えられる。また土面は目と口の穴が開いていることから、人間がつけた仮面であるらしいが、神にせよ悪魔にせよ、それらは病魔退散や豊作・豊猟を祈る呪術的なものであり、そこにはなんらかの模倣動作が伴っていたにちがいない。これらの土偶や土面の存在は、紀元前から紀元一、二世紀にかけての日本列島に、原始的な呪術的芸能——見せる芸能としての意識はないが、やがてそこへ到達する萌芽となるもの——が存在したことを示している。

二世紀頃から中国・朝鮮の文化が流入しはじめ、群小部族社会から統一国家への歩みが始って、弥生文化、古墳文化の時代に入る。この期になると土偶、土面は見られなくなり、代って埴輪があらわれるが、そのなかに鼓をかかえて打っている女性や、身ぶり豊かに歌舞する男女をかたどった群像などがある。これらはやはり豊作・豊猟・生殖その他を目的とした呪術、信仰の行事で、多分に芸能的要素をもったものの存在を証するものといえる。ことに群舞する男女の埴輪は、筑波山中でおこなわれたという乱交歌舞の「歌垣《うたがき》」（嬥歌《かがい》）を連想させる。

このような呪術的原始芸術も、すべてが太古の日本の土着のものであったわけではない。むしろ弥生時代以後は高天原系民族の渡来定着により、自然採取時代から農耕文化時代に入ったわけで、その過程で種々の外来芸能の流入定着がおこなわれたとみるべきであろう。それを暗示するのが、『古事記』『日本書紀』にみられる二つの芸能神話、すなわちアメノウズメノミコトによる岩戸の舞説話と、海彦・山彦の俳優《わざおぎ》説話である。

前者は、天岩屋戸《あまのいわやど》に隠れたアマテラスオオミカミを招《お》ぎ出すために、女神アメノウズメノミコトが「汗気《うけ》（覆槽とも書く）伏せて蹈み登杼呂許志《とどろこし》、神懸《かむがが》り為《し》て、胸乳《むなち》を掛《か》き出で、裳緒《もひも》を番登《ほと》に忍《お》し垂れ」て踊ったという話である。

これは明らかに太陽崇拝民族の、一陽来復を願う祈禱舞踊と考えられるが、最近の比較文化人類学の研究によれば、この神話の原型とみられる日蝕神話は、広くインド東部からインドシナ全域に分布しているという。したがっておそらくこの天岩屋戸の神話は、古代の一征服民族である南方民族が持ち込んだものと思われる。

しかしそれは単なる日蝕神話ではなく、中国・朝鮮系文化と合流して大和朝廷が成立する前後に、農耕の年中行事である例年の呪術的祭祀の体系中に組み入れられたものを、さし示しているとみるのが妥当であろう。すなわち、それは太陽エネルギーが最も弱まる冬至の頃に、周期的におこなわれた祈禱芸能で、一種の鎮魂舞踊とみられる。神懸りして恍惚状態になるアメノウズメノミコトの機能は、北朝鮮、中国東北地方、モンゴル、シベリアの一部をはじめ、ウラル＝アルタイ系民族の間に広く分布するシャーマニズムと、本質はちがわない。

すなわち、この芸能神話は南北双方の要素を含むもので、原日本人が形成した古代国家の性格をみごとに象徴している。『魏志《ぎし》』の「倭人伝《わじんでん》」に、邪馬台国《やまたいこく》の女王卑弥呼《ひみこ》が鬼道《きどう》に仕えたとあるのも、アメノウズメノミコトの巫女としてのあり方と符合する。

第二の神話は、海彦が海神から呪力を授かった弟の山彦に降参し、服従の意を表わすために、その後、子々孫々まで「汝の俳優者《わざおぎびと》」になろうと誓い、おぼれ苦しむさまを滑稽な身ぶり動作で模倣的に演じたという話で、被征服民が征服者に捧げたいわゆる貢献芸能の一種と考えられる。しかもこの話の前半は、山彦が兄の失った釣針を海中で見つけ、海の女神と契るという説話で、これはインドネシアから南洋諸島の海洋民族に広く分布する型である。

この神話は早くに南方から南九州に伝えられたものらしく、『古事記』には海彦は南九州地方の隼人《はやと》族の先祖と記されている。隼人族は大和朝廷成立の過程で征服され服従した部族の一つで、事実、大和朝廷は隼人を招いて芸能（隼人舞）を演じさせたという。したがって、神話中の海彦がおこなった模倣動作は、隼人舞の祖とされる。

このほかにも、統一国家の形成途上において、多くの被征服部族の原始的な芸能が貢献芸能として大和朝廷に捧げられた。久米氏による風俗歌舞である久米《くめ》舞は、陸戦の武をもって仕えた種族らしく、剣を持って舞う戦闘舞踊であり、吉志《きし》舞は海戦の武をもって仕えた吉志氏による戦闘舞踊である。その他、土師《はじ》氏の楯臥《たてふし》舞、吉野の国栖《くず》地方の風俗歌舞の国栖舞、倭《やまと》（和）舞、筑紫舞、東《あずま》舞（東遊《あずまあそび》）なども、みなこのようにして、大和朝廷の記録的文献にとどめられたのであった。

ここで重要なことは、このような貢献芸能も、もとは原始的な呪術的無意識芸能 unconscious theatricals であったものが、統一国家形成の過程において、中央集権力すなわち大和朝廷に捧げられた結果、やがて天皇制機構のなかに組み入れられ、呪術祭祀としての意味のほかに、見せる芸能としての機能をもつようになり、次第に貴族化していったという点である。庶民的な民俗芸能が、次の時代には時の支配階級によって取り上げられ、ついに彼らのものとして上流化してその体制のなかで様式化、固定化されていくこの形態は、呪術性ないし祭祀性をいつまでも保有しつづける特質とともに、その後、近世、近代にいたるまで、日本の芸能史を貫く特質となる。

こうして大和朝廷がようやく中央集権的統一国家をつくりあげ、諸種の原始的芸能を体制のなかに組み入れようとしはじめたころに、まったく異相の楽舞が海外から渡来してきた。

伎楽

日本は中国・朝鮮と早くから交渉があったので、当然中国・朝鮮の芸能も入ってきていたはずだが、国家統一以前には、組織的な影響を与えるところまではいたらなかった。しかし、国家が成立し、権威と実力を高めるために外国文化を積極的に摂取する段階にいたって、ようやく芸能の輸入・消化もさかんになった。允恭《いんぎょう》天皇崩御（四五三年頃と推定）のとき、その追悼のため新羅《しらぎ》王が楽人《うたまいびと》八〇人を貢献した。この楽人たちは殯宮《もがりのみや》で大声で泣き、かつ音楽歌舞したのち故国へ帰ったという。さらに欽明天皇十五（五五四、仏教伝来の二年後）年には、百済《くだら》から楽人が渡来したという記録がみえる。

しかし日本の芸能史にとって画期的なことは、推古天皇二十（六一二）年に、百済《くだら》の人味摩之《みまし》が帰化して伝えたといわれる、伎楽《ぎがく》の渡来であった。伎楽はそのままの形では現存しないが、正倉院や東大寺そのほかに約二三〇もの伎楽面が国宝として伝えられ、法隆寺、西大寺などの資財帳や『教訓抄』によって、その芸能形態をほぼ推定することができる。それは一種の行道《ぎょうどう》（行列をなして練り歩く、いわゆる練り物）で、仏教の法会のときに種々の仮面をかぶって行列をつくり、音楽に合せて歌舞し、最後に寺の正面で舞い納めるものであった。

行列の先頭は露払いに相当する治道《ちどう》、次いで師子児《ししこ》という美少年に導かれた師《し》（獅）子《し》が現れ、そのあとに貴人風の呉公《ごこう》、迦楼羅《かるら》、金剛《こんごう》、婆羅門《ばらもん》が続く。次が崑崙《こんろん》（くろん）で、やがて美しい呉女《ごじょ》が来ると扇やマラカタ（男根）をかざして挑みかかる。それを金剛力士が出て打ち懲らし、降参させるという卑猥滑稽なひとこまがあり、さらに大孤《だいこ》王《おう》という老人に続いて酔胡王《すいこおう》が酔胡従《すいこじゅう》を従えて登場し、酔態を演じたりしたのち、再び行列を整えて引き揚げる。この間、笛、鼓、鉦《しょう》、銅鈸子《どびょうし》などにより、それぞれの局面にふさわしい奏楽がおこなわれた。

この伎楽は今日その原型をみることはできないが、日本の芸能史においては、記録と残存資料とによって実在が立証され、芸態を実証的に知りうる最古のものとして、画期的な意味をもつ。芸能史上の重要な諸点を列記すると、第一に、直接には「くれのうたまい」とも呼ばれるくらいで、呉《くれ》すなわち隋代の中国江南地方の楽舞とされるが、実はその原産地は遠く西域つまり中央アジア、ないしギリシャ周辺にまで及ぶと思われることである。中国には棲息しない獅子の面があり、酔胡王、酔胡従の面は鼻が高く、明らかに胡人《こじん》すなわちペルシャ、トルコを含むアーリア系人種の面相であるなどが、その証左とされる。ギリシャ起源説は、前六世紀から前四世紀にギリシャの民間でおこなわれた大衆的な仮面茶番劇であるミモスが、一〇〇〇年の間にはるばる東漸して、伎楽という形で渡来したという説である。その根拠としては、仮面の表情が相似しており、かつ能面と違って頭にかぶるほど巨大なこと、マラフリ舞という卑猥滑稽戯が両者に共有されていること、味摩之という発音がミモスと似ていることなどがあげられる。

第二は、時の執政聖徳太子（五七四―六二二）が仏教信仰者であったため、仏教振興の一助として伎楽をその式楽と定め、楽戸《がくこ》という教習機関まで設けて日本人少年に伝習させたことである。これは明治時代の、西洋音楽伝習のための音楽取調掛に相当するもので、国家的規模の芸能行政の最初とみられる。

第三に、伎楽はやがて舞楽に地位を譲ることになるが、しかしその芸内容のいくつかは民間に下降し、形を変えて後代の芸能・文化に深い影響を及ぼしていること。たとえば天狗の面は伎楽の治道の、また烏天狗は迦楼羅の末流とみられ、ほかにも能面、狂言面をはじめ民俗芸能の面にも、なんらかの影を落としているものがある。最も顕著なのは獅子で、これは今日でも正月などに悪魔払いとして舞われる獅子舞（四足二人立ち）の源流であるばかりでなく、一方では能の「石橋《しやつきよう》」から歌舞伎舞踊のさまざまな「獅子物」へと転生し、今日まで生き続けている。

しかし伎楽はまもなく衰退する。芸態が野卑滑稽な要素を多く含むため、寺院の式楽としては厳粛荘重さを欠くこと、仏教臭が強すぎて古来の神道的理念にそぐわなかったことなどが考えられるが、最大の理由は、より貴族的で芸術的に洗練された舞楽がさかんに入ってきたことであろう。

舞楽

現在おこなわれている舞楽（舞をともなった雅楽）は広義の場合、国風《くにぶり》舞楽と外来舞楽とに分けられる。国風舞楽とは、久米舞、五節舞《ごせちのまい》、倭舞、東遊などのように、古来からあった日本の芸能を雅楽化したもので、歌詞を伴い、仮面を使わない。外来舞楽は狭義の舞楽で、伎楽よりやや遅れて、七世紀後半から九世紀初頭にかけて流入してきた外来芸能で、歌詞はなく、異国的な面相の仮面を使用することが特徴である。国風の楽が正式に舞楽のなかに組み込まれたのは、九世紀の中頃におこなわれた舞楽大改編のときだが、主体はあくまで外来舞楽だったところに、上代芸能ないし文化の本質がうかがわれる。

舞楽のさかんな渡来は、遣唐使の派遣および唐からの使節の来日、留学生の交換、帰化人の増加、さらには朝鮮や中国のみならず遠くベトナム地方からインド方面にわたる、広範な文化交流の盛行に伴うものであった。ことに中国の政治・経済・文化が及ぼした影響は大きく、そのいちじるしい成果が大化の改新による大化二（六四六）年の、律令制社会の成立であったことはいうまでもない。外来の舞楽は、この律令国家の絢爛たる朝廷貴族文化の重要な要素として迎えられ、奨励、支持されて定着していくのである。

外来舞楽の発祥地はきわめて広範囲であって、現行曲はおおむねその発祥地の別によって大きく分類される。ほぼ文献にあらわれる順にその渡来の様子をみると、まず推古朝にすでに、新羅《しらぎ》楽、百済《くだら》楽、高麗《こま》楽が奏されたらしいので、三韓すなわち朝鮮の舞楽がほとんど伎楽と同じころに渡ってきたことが知られる。大宝元（七〇一）年は唐の制度を模倣した雅楽《うた》寮《りょう》（うたまいのつかさ、うたのつかさともいう）が、大宝律令の定めによって治部省の管轄下に創設された。これは楽舞を統管し、伝教や公演を行う国立の役所であった。その頃の記録によると、三韓楽に加えて唐楽が加わり、しかも楽師の数は他が各四人に比して十二人と圧倒的に多く、伝習も他の二十人に比し六十人とされており、ようやく唐文化が浸透しはじめたさまがうかがえる。

その後、天平三（七三一）年には度羅《とら》楽、続いて波里《ばり》舞の名がみえる。前者は諸説があるが、セレベス島（スラウェシ島）またはビルマ南部あたりのものとする説が有力で、後者は明らかにバリ島のものである。天平八（七三六）年には、婆羅門僧正の菩提僊那《ぼだいせんな》と僧仏哲によって林邑《りんゆう》から八つの楽が入ってきたという記録がある。林邑とはベトナム・カンボジア地方のことで、これを林邑八楽という。度羅楽や林邑楽はどちらもインド、すなわち天竺《てんじく》楽系のものと思われる。さらに神亀四（七二七）年には、もと高麗の一部であった渤海《ぼっかい》が独立国となり、いわゆる渤海楽が日本に渡来した。このように南北諸国の諸地方からさまざまな舞楽が入ってきて、やがて平安中期の大編成期に一層洗練され、北方系のものは右方、南方系のものは左方へと配属され、今日みるような左方舞《さほうまい》（左舞）と右方舞《うほうまい》（右舞）の整然とした上演方式に統一されることになった。

散　楽

もう一つ、この時期に舞楽と並んで渡来し、のちの日本演劇史に本質的な役割を果すのは、散楽《さんがく》である。散楽という語は隋代以後のもので、六朝末（五世紀）までは百戯または雑伎と呼ばれていたが、周の末期か漢代にも散楽の呼称はあったという。いずれにせよ、それはある一つの芸能形態をさすのではなく、大衆的な演芸、見せ物のたぐいを総称した名称である。これがいつ頃から渡来したかは明らかではないが、最古の記録は『続日本紀』中の聖武天皇天平七（七三五）年に「楽拝槍《けんなげ》」とある記事である。槍を環に向って投げる曲芸であったろうと思われる。次いで天平勝宝四（七五二）年四月の大仏開眼の大法会には、東大寺で各種の舞楽とともに散楽がおこなわれ、そのときの装束が正倉院に現存している。したがって、奈良時代にはすでに散楽がかなりさかんであったわけで、雅楽寮と並んで散楽戸も設置されていた。その設立年次は不明だが、のちに桓武天皇の延暦元（七八二）年に、平安遷都に先立って散楽戸が廃止されたとあるから、実在していたことはまちがいない。

散楽は、散楽戸が設けられたことからもわかるように、当初は朝廷貴族もこれを取り上げ、親しんだ。が、元来が庶民的な大道芸であったために、やがて貴族階級の間では各種の節会《せちえ》や、宴会の際におこなわれる余興程度となり、その主要部分は一般民衆によって愛好されるようになった。そして、そのなかのさまざまな要素が、やがて鎌倉・室町時代以降の芸能・演劇の成立に本質的役割を果すのであるが、それは後述することにし、ここでは散楽に含まれた諸芸について概観しておこう。

宋の『唐会要』には、「散楽、歴代に之有り、其名一ならず部伍之声に非ず、俳優、雑奏、総ての百戯をいう、跳《ちょう》鈴《れい》（鈴とり）、擲剣《てきけん》、透梯《とうてい》（はしご登り）、戯縄《ぎじょう》（綱渡り）、縁干《えんかん》（竿登り）、……窟礧子《くつらいし》（人形まわし）、及幻技（奇術）、等々」とあるが、これによって、だいたいのところを察することができる。奈良時代・平安時代初期の芸能を知るうえで重要な資料は、『信西古楽図《しんぜいこがくず》』で、これには数種の舞楽とともに、かなりの種類の散楽の図が載っている。それには、獅子舞、神娃登縄弄玉（綱渡りしながら多数の玉をあやつる曲芸）、弄玉、飲刀子舞（多くの剣を飲み込む曲芸）、弄剣、三童重立、四人重立（何人もの人間が重なって乗る軽業）、入壺舞（小さな壺に入ったり出たりする奇術）、吐炎舞（火を吐く奇術）などが描かれている。これらと、その他の記録によって芸態を大別すると、ほぼ次の五種類になる。第一は物まね芸で、独《ひと》り相撲、独りすごろく、滑稽問答や寸劇などで、いわゆる「烏滸《おこ》のわざ」である。第二は歌舞、第三は前記のような曲芸、軽業で、これには動物戯もあったと思われる。第四は奇術、幻術。第五は傀儡子《かいらいし》（傀儡師、くぐつまわし）すなわち人形まわしである。

これらの散楽戯が、どこからどのような経路で渡来したかは明らかでない。しかし、烏滸という地名そのほかから推察すると、舞楽と同様に中国、朝鮮、インドはもとより、遠く西域すなわち中央アジア方面に発祥地をもつものが、東漸して入ってきたということは確かである。そうしてやがて、物まね芸は能・狂言ひいては歌舞伎に、曲芸などは猿楽・田楽を経て能・狂言などに、また、人形戯は人形浄瑠璃すなわち今日の文楽に、それぞれ本質的な成立要素として流れ込んでいく。したがって平安末期以降の日本演劇史は、極言すれば散楽の日本化、芸術化の歴史であるといってもいい。

3　外来芸能日本化と中世武家芸能の成立（九〜十六世紀）

外来芸能の定着と日本化

延暦十三（七九四）年の遷都にはじまる約五〇〇年の平安時代は、依然として大陸ことに中国文化の影響下にありながらも、ようやく文化のあらゆる面で日本化が進められた時代である。この期の初めに最澄と空海によって天台・真言二宗が成立してから、この期の末に法然が浄土宗を開くにいたる過程や、かな文字の発明などとおなじく、芸能においても、前代に渡来した数多くの楽舞がようやく日本の国情に適応すべく再構成され、あるいは古来の芸能意識によって日本化され、根をおろしていく時代だった。

まず朝廷貴族の芸能として洗練され、整然とした組織で再編成されたのは舞楽である。舞楽は輸入当時からすでに皇族・貴族のものとして受け入れられていたが、多少の俗楽的要素もあった。それを完全に典雅化して今日みられるような舞台芸術にしたのは、九世紀なかばごろ、仁明《にんみょう》天皇（在位八三三—八五〇）の治世あたりと思われる。

その改革の第一は左右両舞制にしたことで、左方楽・左舞は唐楽・天竺楽・林邑楽など南方系のもの、右方楽・右舞は高麗楽・新羅楽・百済楽・渤海楽など北方系のものとされた。左右に分けた理由は不詳だが、九世紀初めの嵯峨天皇のころから宮廷の儀式や饗宴に必ず奏される、いわゆる式楽として宮中行事のなかに組み入れられ、左右の近衛府によって司られるようになったためと考えられる。

改革の第二は外来楽舞の統一洗練のほかに、先に記したような日本古来の国風の曲目を演目に加え、また相当数の新作が創作されたことで、これには、尾張浜主《おわりのはまぬし》（七三三―？）、大戸清上《おおとのきよがみ》（？―八三九）という二人のすぐれた音楽家の力が大きい。

改革の第三は舞台の定型化である。渡来当時はすべて屋外演奏で舞台も大きく、正方形や矩形など各様であったが、宮廷貴族のものとなるにつれて屋内で楽舞をすることが多くなり、舞台も縮小してほぼ四間四方（約七・二メートル）の正方形と決められることになった。高さは今日でも三尺（約〇・九メートル）から五尺（約一・五メートル）の間で一定しないが、四間四方で朱塗りの勾欄《こうらん》に緑の敷舞台という定式はこのころにできて、今日に及んでいる。楽器の種類や数も精選され、いくぶん少なくなった。

舞楽はこうして伎楽や散楽を押えて、貴族の芸能として定着したのだが、それにはすくなくとも二つの理由が考えられる。第一は伎楽・散楽が俗楽であったのに対して、舞楽はもともと舞台芸術としてかなり高尚な形で日本へ入ってきたこと、第二は日本の固有信仰と容易に結びついたことである。たとえば演奏の最初におこなわれる『振鉾《えんぶ》』は、悪魔の退散修祓の意味に解されるし、『按摩《あま》』は陰陽地鎮の曲と受け取られ、春日明神が『陵王』を好んだとか、みずから『万歳楽《まんざいらく》』を舞ったとかいう伝説が生まれるなどが、それである。外来の芸能が日本古来の固有信仰と結び、融合することによって日本に根をおろしていくケースは、人形劇の場合も同様で、そこには日本芸能成立上の本質的な原理がひそんでいるといえよう。

舞楽はこうして朝廷および大社寺の式楽として保護される半面、世襲的伝承によって固定化し、発展性を失っていった。が、並行して渡来した散楽のほうは一般民衆のなかに入り、低い社会的地位に甘んじながら、根強くたくましく生きつづけた。散楽芸人は固定した舞台をもたず、住所を定めずに、家族単位かせいぜい小人数の芸団で旅回りを事とした。大江匡房《おおえのまさふさ》の『傀儡子記』の次の一節が、よくその様態を示している。「傀儡子は定居無く、当家(自分の家)無し。穹廬《きゅうろ》(天幕の住居)氈帳《せんちょう》(毛氈を張った住居)にて水草に遂《したが》い以て移渉す。頗《すこぶる》北狄《ほくてき》(北方の蕃人)之俗に類《に》る……」。これによると、遊牧民族から帰化した散楽芸人がたくさんいたことが想像される。同書にはさらに、男は昼間芸を見せ、女は厚化粧して歌を歌い、旅客を相手にこびを売って一夜をともにする——と記されている。

猿楽

散楽は平安中期頃からは転訛して、猿楽《さるがく》とか猿楽業《さるごうわざ》とか呼ばれるようになった。散楽の芸能はまた、田の神への感謝と祈念に発する田楽のなかへもふんだんに取り入れられて、その芸の内容を充実させていった。猿楽も田楽も、散楽戯にみるように、曲芸、奇術、滑稽寸劇など変化に富む内容のもので、それが寺社の祭礼や法会の余興として重要視されるようになると、専業の芸能集団も生まれ、寺社の保護を受けるようになった。

猿楽や田楽は濫僧《ろうそう》と称する法体の芸人によって演ぜられた。濫僧とは芸能を生業とする僧をいうが、それは、寺社に仕えるには法体であることが望ましいし、ひとつには法体になると課役を免れるという特典もあったからである。なお神話時代には芸能はむしろ主として巫女によって司られていたが、伎楽、舞楽、散楽以降はすべて、少くとも公開の場では男性による芸能となった。それは、母系制女帝国家から父権国家へと移行したためか、あるいは仏教渡来による女人禁忌のゆえかは明らかでない。たぶんその両方の相乗作用の結果であったろう。

猿楽と田楽はこうして、一般庶民の生活と密接に結びついた寺社の芸能となったが、そうなると当然、旅回りを事としていたのが次第に特定の社寺の周辺に定住するようになり、そこに芸能の「座」が結成される傾向を生んだ。すなわち、猿楽座や田楽座の成立で、これらは神社を核としてつくられたので宮座という。これらの座は奉納をおもな任務としたから、自然に受持ちの寺社の奇瑞、霊験、縁起の物語を上演することが第一義となる。その結果、簡単ながら筋のある芸能や演劇が発生した。猿楽、田楽の諸芸のうち、ただのスペクタクルではなく、筋をもった、したがってせりふをもち模倣的演技で演ぜられる劇的な芸能を、「猿楽能」「田楽能」というようになった。中世後期に観阿弥・世阿弥によって大成された能と狂言は、この両者が交配され、洗練充実されたものにほかならない。

延年

猿楽、田楽は平安時代に成立し、鎌倉から室町時代にかけて隆盛をきわめたが、もう一つ平安末期から鎌倉時代にかけてさかんにおこなわれたものに延年《えんねん》がある。これは大寺院での法会のあとや貴賓接待の宴のあとなどに、僧によっておこなわれた芸能で、全体を雅楽によって統一し、内容としては猿楽、田楽の諸芸をはじめ、風流《ふりゅう》と呼ばれる舞や、開口《かいこ》や連事《つらね》という一種の雄弁術、答弁《とうべん》という狂言風の囃子《はやし》舞などがあった。稚児の芸能も重要な要素で、稚児延年ということばもあるくらいである。

せりふ、雄弁術が入っていることは、演劇の萌芽というべく、現存する劇的対話の台本の最古のものも、この延年のなかにみられる。また、既述のように、延年の観客は境内の芝草にすわって見たので、観客、客席を「芝居」と呼び、それがやがて劇場や、そこで演ぜられる内容そのものをもさすようになった。現在は日光の輪王寺、平泉の毛越《もおつ》寺《じ》その他に残存するだけだが、このように延年の演劇史上における意義は小さくない。

そのほか、社会の表面からは消えたが、女性の芸人は絶えたわけではなく、女猿楽、女曲舞《くせ》、白拍子《しらびょうし》舞そのほか女性の芸能は民間には迎えられていた。それらの女芸人は住所を定めずにめぐり歩くので「歩き巫女」といわれ、表向きは巫女としてふるまい、芸能と、しばしば売色を事とした。のちに歌舞伎の祖として登場する出雲の阿国《おくに》も、歩き巫女の出であったらしい。こうみてくると、平安以降の日本芸能史は、極言すれば琵琶曲（平曲《へいきょく》）を祖とする語り物も含めて、濫僧と歩き巫女の歴史であるとさえいえるだろう。なお平安中期から鎌倉初期にかけては、ほかに今様《いまよう》、朗詠、催馬楽《さいばら》のような謡《うたい》物もさかんだったが、のちの芸能史にとって重要なのは、声明《しょうみょう》の渡来とその浸透である。

声明は梵唄《ぼんばい》ともいい、仏教の経文を音楽的に歌い唱えるもので、最澄の弟子の円仁《えんにん》（慈覚大師）が承和十四（八四七）年に唐から伝えた天台声明は、ことにさかんになった。平家琵琶、謡曲、狂言小唄、さらに下っての浄瑠璃、長唄、説経節から浪花節にいたるまで、ことごとくこの声明の曲調をもととしている。平安時代はこのように、舞楽が上流階級の間で固定化される一方で、外来の諸芸能が日本化され、やがて次代に独自の日本芸能を創出する母体をつくる時代であった。

武家芸能の成立

中世芸能史の中心をなすのは、公家に代って支配階級となった武家貴族の芸能としての能・狂言の成立およびその大成である。

地方の豪族が次第に勢力を伸ばし、源平の戦いを経て建久三（一一九二）年に鎌倉幕府が開かれてからは、新しい文化・芸能の基盤は貴族を離れ、名主、守護、地頭などの組織によって幕府と結ばれた、地方の農村や民衆に移った。したがって、古来地方の民衆にはぐくまれてきた、原始信仰にもとづく庶民的な芸能が、民間の社寺の祭礼を核として急に盛り上がってきたのは当然であった。そのなかで、まず栄えたのが田楽である。

田　楽

豊作祈願の神事芸能に発した田楽は、外来の散楽芸ことに曲芸、奇術の類を取り入れて多彩になり、平安末期には農村から都市へと進出するようになった。『栄花物語』には藤原道長が、田植えのときにおこなわれる田楽を珍しげに見た様子が記され、大江匡房の『洛陽田楽記』には、永長元（一〇九六）年に田楽が天覧に供され、貴族もこれをまねた様子が詳述されている。そして、この田楽が最盛期を迎えたのが、鎌倉時代から室町時代の初頭にかけてであった。正平四＝貞和五（一三四九）年六月十一日、四条河原に起こった有名な「桟敷くずれの田楽」は、その降盛を如実に示す挿話といえよう。

それは祇園の行慶が四条橋をかけるために催した勧進田楽で、周囲約一五〇メートルに三重四重の桟敷を組み、梶井二品《にほん》親王や足利尊氏はじめ、貴賤男女の見物は数千に及んだという。しかし、東西の楽屋から登場した美童の田楽舞がようやく佳境に入ったとき、将軍の座近くから桟敷がくずれはじめ、将棋倒しになってたちまち数百名の死傷者を出した。阿鼻叫喚のなかで装束を盗んで逃げる男を、鬼の面をつけた田楽法師らが追い回す姿は、さながら生き地獄であったという。しかもこのときの演目には、日吉《ひえ》山王神社の縁起を仕組んだ劇的な曲目があったことも、記されている。すなわち、それが田楽能で、まもなく猿楽能とともに能・狂言の成立の要素となるのである。

猿楽のほうでも、平安末期にはある程度まとまった内容の寸劇が成立していた。たとえば『妙高尼之繦褓乞《むつきごい》』は、聖者の誉れ高い尼が父無《ててな》し子を産んで、おむつをもらって歩くさまを、『福広聖之袈裟求《けさもとめ》』は、高僧がつねに身につけているはずの袈裟をなくして求め歩くさまを、滑稽な物まねで演じたものである。また『東人之初京上《あずまびとのういきょうのぼり》』は東国の田舎者が、初めて都へのぼって失敗したり、ばかにされたりするさまのおかしみを演じたもので、いずれものちの狂言の祖脈をなすものであった。卑俗ではあるが健康な笑いによって視聴覚化された、飾らない人間性の表出に、新しい芸能にこめられた民衆のエネルギーが認められる。

この猿楽は鎌倉時代に入ると、地方村落の活発化とともに延年とからみ合って祭礼芸能として発展し、さまざまな芸態を生んだ。たとえば、演目の初めにその寺社の縁起を即興的な秀句で述べる「開口猿楽」、同じく当意即妙の言葉で奇抜な問答をする「答弁猿楽」、いろいろな歌と舞で物語や情景を表現する「乱舞《らんぶ》」（らっぷ）などがそれである。しかし、なかでも能の形成に重大な意味をもつと思われるのは呪師《じゅし》猿楽であった。呪師は「しゅし」「すし」「ずし」「のろんじ」ともいい、元来、奈良や平安京の大寺で護摩を焚き、真言密教の呪法により悪霊退散の修祓をおこなった役僧のことで、その姿は舞楽を取り入れたかと思われるほど華麗なものであったという。これがいつか猿楽者の担当となり、したがって猿楽芸のなかでは厳粛、高雅な演目とされたのである。

こうして鎌倉時代にほぼ形をなしていた田楽能と猿楽能が母体となって、武家の保護奨励を得て高雅化されたものが能・狂言にほかならない。しかし、その成立には、この二者以外の各種の雑芸《ぞうげい》も、さまざまに取り入れられなければならなかった。

雑芸　まず「ほかいびと」の芸能があった。家の門口に立ってめでたい文句を歌い、万歳のような芸をして歩く放浪芸人である。「猿まわし」や散楽芸人の流れをくむ傀儡子なども、だいたいはこの種の門付《かどつけ》芸人であった。占いや寺の雑役、雑芸を業とする声聞師《しょうもじ》という職も記録にある。歌謡物語の舞ともいうべき曲舞《くせまい》（舞《まい》々《まい》または単に舞ともいう）、その一派で平家物語その他の戦記物を語り舞う幸若《こうわか》舞、琵琶を弾じながら語る琵琶曲などは、能や浄瑠璃の成立にとって不可欠のものである。

そのほか、手品や曲芸を見せて歩く放下《ほうか》、鉢をたたきながら空也《くうや》念仏を唱えて歩く鉢たたきなど多種多様だが、雑芸者はほとんどが住所不定でかつ法体の者、すなわち濫僧であった。渡来人ゆえの放浪者もあるが、大半は律令制以来の重税や苛酷な課役を逃れるための法体であった。また雑芸のなかには、前述のような歩き巫女の芸能もあったことに、注目しておかなければならない。女曲舞、白拍子舞などがあり、巫女の姿をした女芸能者が祝詞《のりと》を語り歌い、かつ雑芸をした。ほかに俗曲、物語などを三味線に合せて語り歌った、盲の女芸能者瞽女《ごぜ》もいた。

濫僧や歩き巫女などの流浪の芸人のほか、雑芸者には散所《さんじょ》の民もあった。年貢を免除された一種の賤民である。こうした雑芸者は七道《しちどう》者とさげすまれ、地租や届出無用の河原に起居しあるいは演芸したために、河原者《かわらもの》と卑しめられた。社会的地位の低いことに甘んじながら、これら流浪や河原の芸能者たちはしかし、じっと台頭の機会をうかがっていたのである。そのなかで芸の内容が最もすぐれ、他を圧して当代の代表芸能へと飛躍していったのが、田楽と猿楽であった。

座

田楽や猿楽の芸人たちは前述のように延年にも参加しており、田楽、猿楽、呪師猿楽、延年の四者は互いに密接に関連しながら、推移していった。そして鎌倉時代を過ぎ、あとの二者が衰えはじめた頃、田楽と猿楽は他の諸芸の要素を吸収消化し、座を形成して能・狂言の成立へと独走しはじめたのである。

地方村落の祭礼がさかんになるにつれて、寺社は少しでも上手な芸団を誘致しようとし、芸団は少しでも裕福な寺社に奉仕して、安定と発展を得ようとした。荘園領主や地方の有力武士と結んで、有利な地域における芸能奉仕の独占権を打ち立てるべく、激しい競争が展開された。そうした競争を経て成立していくのが、芸能の「座」であった。田楽では奈良春日若宮神社の祭りに奉仕する本座《ほんざ》、新座《しんざ》が最大の勢力を得た。能の大成者の一人である観阿弥が幽玄の舞の師と仰いだ一忠《いっちゅう》は、本座田楽に属する名手であった。猿楽では物まねを本態とする大和猿楽と、歌舞を得意とする近江《おうみ》猿楽とに大別される。大和猿楽には円満井《えんまい》（金春）、外山《とび》（宝生）、坂戸《さかど》（金剛）、結崎《ゆうざき》（観世《かんぜ》）の四座、近江猿楽には山階《やましな》、下坂《しもさか》、比叡《ひえ》の上三座と未満寺《みまじ》、大森、酒人《さかうど》の下三座があった。

しかし、そこへ五十七年間にわたる南北朝の戦乱が勃発し、その結果朝廷貴族は全面的に後退し、荘園も武家の勢力下におかれ、古代社会は完全にくずれ去った。地方武士の台頭はいよいよいちじるしく、いわゆる「下剋上《げこくじょう》する成《なり》出《で》者」の世となった。そこで当然、芸能の座もこれまでの庇護者であった寺社から離れて、直接有力武士と結ぶようになる。そのなかで一番の成功者が、将軍足利義満の心をとらえた大和の結崎座の観阿弥と世阿弥の父子であった。

能

将軍義満が、京都今熊野《いまくまの》神社の神事猿楽の舞台で、初めて観世父子の芸を見たのは文中三＝応安七（一三七四）年である。義満は数え年で十七歳、『翁《おきな》』を舞った観阿弥（一三三三―八四）が四十二歳。世阿弥（一三六三―一四四三）は藤若丸といい十二歳であった。義満はこのとき観阿弥の至芸に感銘するとともに、世阿弥の美少年ぶりに魅せられ、深く世阿弥を寵愛するようになった。四年後の祇園会のとき、義満が世阿弥をそばにはべらせ、酒をくみかわして興ずるのを非難した記事が、『後愚昧記《ごぐまいき》』にみえる。このように将軍の愛顧を受けるに及んで、当然、猿楽能は武家貴族の好尚に合うように変質せざるをえなくなった。観世父子は大和猿楽の一員として、本来は歌舞よりも物まね芸、すなわち写実的芸風を得意としたが、観阿弥はそれに田楽一忠の歌舞の幽玄味を取り入れて、将軍の貴族趣味に適応しようと努力し、『自然居士《じねんこじ》』『卒都婆小町《そとばこまち》』ほかの名曲を残した。

　観阿弥の没後、世阿弥はさらに幽玄を強調して、「妙花」や「蘭位《らんい》」の境地にまでそれを高雅化した。その方法は中世の庶民芸能本来の素朴さや卑俗さと、平安貴族の優雅・高尚とを止揚することであった。『風姿花伝』の序に「非道を行ずべからず」といいながら「歌道は風月延年の飾り」ゆえ大いに学び取り入れよと和歌を賞揚したのも、雅楽の理論である「序破急《じょはきゅう》」の理念を導入したのも、そのあらわれといえよう。序破急の理念は一曲の構成ばかりでなく、「神」に始まって「鬼」に終る全体の上演曲目の立て方そのものにも反映している。題材も「本説正しき」をよしとし、『源氏物語』『伊勢物語』や『古今和歌集』『新古今和歌集』などの上代和歌文芸、および『平家物語』ほかの叙事的語り物に取材し、浄土思想を核とする中世仏教理念を裏づけとして、集大成したものであった。

　概括していえば、能は前代までの抒情・叙事文芸ともろもろの芸能様式とを集め、一点に凝縮した集成的舞台芸術であるといえる。『風姿花伝』その他の伝書において、「花」によってあらわされる芸術理念や、日本芸道特有の「家」「一子相伝」といった考え方を理論的に基礎づけたことも、観世父子の偉業であった。

　しかし武家の絶大な保護を受けた代りに、武家勢力の消長はそのまま座の浮沈にかかわるという結果にもなった。世阿弥は義満の没後、義持、義教と政権が移るにつれて冷遇、排斥されるようになり、晩年には佐渡へ配流されるにいたった。しかし、八十一歳まで長寿を保ち、演者として第一人者であったうえ現行曲の約半数の能を作り、多くの芸論書を著わした。世阿弥の後には、『弱法師《よろぼし》』『隅田川』などを残したその子十郎元雅《もとまさ》（？―一四三二）、『玉葛』『芭蕉』『雨月』などを作った金春禅竹《こんぱるぜんちく》（一四〇五―七〇?）、『烏帽子折《えぼしおり》』『夜討曽我』などの宮増《みやます》太夫（生没年未詳）、『安宅』『舟弁慶』『紅葉狩』などを残した観世小次郎信光（一四三五―一五一六）などが輩出した。曲名からも察せられるように、後代になると劇的な能が多くなる。おそらくそれは、神への奉納芸能から人間を観客の中心に据えた芸能に変化した結果、荘厳・幽玄な芸態から演劇的性格の濃いものに、変化したものと思われる。

ともあれ、能は信光の出た十六世紀前半を過ぎると、ほとんど新作は生まれなくなり、もっぱら芸の錬磨伝承、芸統の保存という面に傾くようになった。江戸時代に入るとこの傾向は一層強く、式楽化されて荘重を旨とするようになったため、上演時間も当初の倍ぐらいに延びた。現在の能もその延長上にある。

狂言

能と同じ舞台で演ぜられる狂言が、なぜまったく対照的な性格をもっているのか、どういう経路で能と分離していったのかは明らかでない。しかし、猿楽能や田楽能の初期の演目が滑稽な寸劇で、むしろ能より狂言に近いのをみると、狂言のほうが本来のものであったとも考えられる。それが奉納芸能として座をつくって向上する過程で、祈禱芸能に発する能に本体を譲り、みずからは幕間《インタールード》狂言の役割に甘んずるようになったともみられよう。その特質は原則として仮面を用いず、日用語を用い、歌舞主体ではなく科白劇すなわち日常に近い対話としぐさで、日常的題材を諷刺的に取り上げることによって、普遍的な人間性を表現するという点にある。音楽・歌舞性を特徴とする日本の芸能史では稀有の、対話劇形式を堅持してきたのは、歌舞芸能の代表というべき能と、同じ舞台の上で対立共存したからこそではなかったろうか。

起源は古いがその日常性、即興性などのゆえに、狂言は作者不詳のまま江戸時代に入っても、しばらくは流動変貌を止めなかった。その生々しいリアリティと健康な卑俗味と、わかりやすさ、おもしろさなどは、能とともに式楽に組み入れられる一方、庶民の新しい芸能の発芽に、豊富な養分として吸収されていく。室町時代の末期に手《て》猿楽《さるがく》が庶民の間にさかんになったのは、その一つのあらわれといえよう。「手」とは手作り、手料理のように、しろうとによるという意味で、より民衆化した猿楽ということである。また初期歌舞伎のなかに、その芸態の主流をなす女芸人に交って「お狂言師」とか「猿若《さるわか》」とかいうものがあり、『三番叟』はじめ多くの曲目が取り入れられていくのをみても、これは明らかであろう。

4　近世市民演劇の発生と展開（十七～十九世紀）

近世、すなわち江戸時代の代表的演劇は、人形浄瑠璃と歌舞伎である。いずれも、経済的実権とみずからの文化を樹立する力をもつようになった市民が、生み育てた民衆演劇であった。当然、貴族的感覚によって洗練され大成された能・狂言とは似ても似つかない、日常的な即物性に支えられた大衆演劇としてそれは誕生し、互いに深く関係しながら成熟していく。

人形浄瑠璃

人形浄瑠璃は、はじめ浄瑠璃という語り物が生まれ、それに在来の人形戯（傀儡子の芸）が視覚的要素として加わって成立したものである。語り物は平安末期にすでに賤民芸能、ことに濫僧、それも主として盲僧のものとして広く流布していた。なかでも琵琶または扇拍子を伴奏とし、天台声明を基調とする哀艶な節回しで、寺社の縁起物語や仏教説話や民間伝説などを語り歩くものが、いちばんはやった。中世になると、『平家物語』その他源平の合戦の物語という絶好の題材を得て、叙事詩としての内容と形式を整えていった。すなわち平家琵琶（平曲）である。ほかに扇拍子や錫杖《しゃくじょう》を使う説経節もあった。

十六世紀のなかば頃、平曲から浄瑠璃という新しい一派が興り、急速に人気を得て広まりはじめた。平家滅亡を語る凄惨悲壮一筋の平曲がようやく停滞し、しかも次第にそれが上流化していく時代の推移のなかで、乱世の民衆が新鮮な語り物を希求したことにこたえて、浄瑠璃が生まれたのである。その先駆は、東国へ下る牛若丸が三河国矢矧《やはぎ》の宿《しゅく》で長者の娘浄瑠璃姫と恋をささやくという、仏の霊験をモチーフとしながらもロマンチックな『浄瑠璃姫物語』(十二段草子)という新曲だった。享禄四(一五三一)年の連歌師源宗長の旅日記に、駿河の旅宿で「小座頭あるに浄瑠璃をうたわせ」たと記されている。

その後まもない永禄(一五五八―七〇)の頃、近世の音楽、演劇の本質にかかわる一大革命が起こった。泉州(大阪府)堺の港に琉球(沖縄)から蛇皮線《じゃびせん》が輸入されたことである。琵琶より手軽で軽快繊細な音色の、庶民的感覚にぴったりのこの楽器は、たちまち流行中の浄瑠璃と結びついた。そして大蛇の代りにネコの皮を使って改良したところ、むしろよい音色であったので、ここにネコ皮張りの三味線が誕生した。国産の三味線を作り、浄瑠璃の伴奏楽器としたのは、沢角《さわずみ》(住)検校《けんぎょう》と滝野勾当《こうとう》という二人の盲目の琵琶法師であったという。現今も義太夫の三味線弾きの姓に、鶴沢、豊沢、野沢、竹沢のようにみな「沢」の字がついているのは、始祖の沢角に由来するといわれる。

こうして語り物としての浄瑠璃が完成すると、次には目で見ながら鑑賞しようという欲求が生まれる。そこで迎えられたのが傀儡子であった。散楽の一部として渡来して以来、西宮や淡路を根拠地として門付けをして各地をめぐり歩く賤民芸能であった人形まわしが、ここで初めて叙事文芸という戯曲をもったともいえる。この浄瑠璃と人形との提携は、文禄年間(一五九二―九六)のことと思われる。最初の提携者は京都の沢角検校の弟子目貫屋《めぬきや》長三郎と淡路の傀儡子引田淡路掾《ひきたあわじのじょう》、また一説には滝野勾当の弟子の監物《けんもつ》と次郎兵衛の二人と西宮の傀儡子との提携だともいう。いずれにせよ、これらの人の名から察せられるのは、もはや旅回りの濫僧ではなく、普通の町人や商人のなかの愛好者であったらしいことだ。ここに、地方芸能が新興町人のものとなり、都市に定着して栄えはじめる機運がうかがわれる。

このようにして十六世紀末――西洋ではシェークスピアが活躍していたころ――に成立した人形浄瑠璃は、まず京都に栄えたが、元和（一六一五―二四）のころから続々と江戸へ下り、新市場を開拓していった。なかで傑出していたのは、薩摩浄雲（一五九五―一六七二）と杉山丹後掾《たんごのじょう》（生没年未詳）である。浄雲は豪快な語り口で江戸の気風に合い、ことにその門下の桜井丹波少掾（和泉太夫）（生没年未詳）は金平《きんぴら》（公平）節を創始して江戸中の人気をさらった。金平節は坂田公時《きんとき》（金時）の子の金平という架空の豪傑が、超人的活躍をするという単純爽快な活劇で、初世市川団十郎はここから荒事《あらごと》芸のヒントを得たといわれるくらいである。杉山丹後掾のほうはやわらかみのある節回しを得意とし、その門からはやがて肥前節、江戸節、河東《かとう》節などが派生した。だが、明暦三（一六五七）年の、俗に振袖火事という大火のために江戸は灰燼に帰し、劇場もほとんど焼失した。金平節ほかいくつかの浄瑠璃は江戸に踏みとどまったが、市場を失った人形芝居の多くは上方へ戻った。

浄雲の弟子虎屋源太夫もその一人であったが、源太夫は以後浄瑠璃主流派の祖として、きわめて重要な地位を占めた。すなわち、その門からは井上播磨掾（一六三二―八五）が現われ、さらにその弟子の清水《きよみず》理兵衛の弟子が、清水理太夫のちの竹本義太夫である。播磨掾の節は師譲りの硬派調に「憂いと修羅」を加えた華麗なもので、理兵衛はそのいとこで今播磨といわれた。しかし、謡曲をもとにほとんど独習で一方の雄となった人に嘉太夫、すなわち宇治加賀掾（一六三五―一七一一）がいる。その曲調は「ふしくばりこまやかによはよはたようつくし」かったという。

竹本義太夫（一六五一―一七一五）は理兵衛の弟子だが、その節は「表嘉太夫、裏播磨」といわれ、先輩両雄の曲調のいい点をとり、それに流行の説経節や小唄などを加えて創造した曲節であった。大坂の道頓堀に竹本座を創立、理太夫改め竹本義太夫となったのは貞享元（一六八四）年で、その翌年には、すでに歌舞伎作者として、また加賀掾のための浄瑠璃作者として知られていた近松門左衛門を正式に迎え、二人の提携が成った。その第一作が『出世景清《しゅっせかげきよ》』で、従来の剛勇一途の景清ではなく、いいなずけの小野姫と、二人の子までもうけた遊女阿古屋との、板ばさみに悩む人間性を描いた斬新なドラマであった。

それまでの浄瑠璃は長者伝説や戦記物、霊験譚のたぐいの、中世的色彩の濃いものであったのに対して、この作以後の近松によって、封建社会の制約と人間性との対立・葛藤を主題とした、いわゆる「義理と人情」の近世町人ドラマの世界が確立された。戯曲形式のうえでも、従来は叙事詩性に重点がおかれ、六段・十二段構成であったのが、ピラミッド型の劇的展開が重視されるに伴って、三段・五段の構成になっていった。この『出世景清』以前を古浄瑠璃、これ以後を単に浄瑠璃または義太夫浄瑠璃という。

近松門左衛門（一六五三―一七二四）は士族の出で、二十歳頃作者の道に入ったらしいが、詳しくはわからない。しかし、すぐ前に富永平兵衛が番付面に作者名をうたったことはあるが、初めから当時社会的地位の認められなかった作者の道に専念し、堂々と名のって書いたところに近松の抱負と自信がうかがわれる。事実近松は、のちに浄瑠璃と歌舞伎の両方に名作を残し、「作者の氏神」と称された。本地物、霊験物、開帳物ももちろん書いてはいるが、本領は義理人情の葛藤を軸とした人間悲劇である。それはたとえば『国性爺《こくせんや》合戦《かっせん》』の「甘輝館の場」にみるように、時代物の場合でも、中心的な局面をなす。しかし最も特徴的なのは、竹本義太夫のために書いた最初の世話浄瑠璃『曽根崎心中』（一七〇三）以下、『心中二枚絵草子』『心中万年草』『心中天網島』『心中宵庚申《よいごうしん》』その他の心中物で、封建道徳にはばまれ、浄土で結ばれることを信じて心中する男女の愛と死の纏綿《てんめん》たる描写と、道行をはじめとする詞章の美しさによって、近世町人の心をとらえた。

このほか生涯の作品としては、歌舞伎では『傾城阿波鳴門《けいせいあわのなると》』『大名なぐさみ曽我』『傾城仏の原』『傾城壬生《みぶ》大念仏』ほか、浄瑠璃時代物では『国性爺合戦』『博多《はかた》小《こ》女郎浪枕《じょろうなみまくら》』『平家女護島《にょごのしま》』ほかがあり、また『大経師昔暦』『堀川波の鼓』『鑓《やり》の権三重帷子《ごんざかさねかたびら》』は三姦通曲として、『女殺油地獄《おんなころしあぶらのじごく》』は特異な殺人劇として、演劇史上有数の名作とされている。近松はほかに「芸といふものハ実《じつ》と虚《うそ》との皮膜《ひまく》（膜《にく》とよむ人もある）の間にあるもの也」という有名な虚実皮膜論、およびその他の芸談を残した。

なお近松の在世中、浄瑠璃界の一大エポックを画したのは、『曽根崎心中』初演の元禄十六（一七〇三）年に、竹本義太夫の弟子竹本采女《うねめ》が退座独立して豊竹座を創立し、豊竹若太夫（一六八一―一七六四）を名のったことである。しかし彼は義理堅く若太夫節とは称さず、あくまで師譲りの義太夫節として通したので、以後人形浄瑠璃の本流は義太夫節と確定した。その後、竹本・豊竹両座は競い合い、人形浄瑠璃の黄金時代を築いた。

近松門左衛門と竹本義太夫によって劇文学・音楽両面で大成をみた人形浄瑠璃は、次代にはさらにスケールの大きな舞台芸術として発展した。それを促したのは人形の機構の発達である。近松没後一〇年の享保十九（一七三四）年に『芦屋道満大内鑑《どうまんおおうちかがみ》』が上演されて以後は、主役の人形一体を三人で遣《つか》う、いわゆる「三人遣い」になった。発明者は名人吉田文三郎（?―一七六〇）で、演出・工夫にもすぐれ、今日までもその型が基本となっているものが多い。劇内容も人形の表現力の拡大に呼応して、人間の俳優のための戯曲に近づいた。こうして、子供のためのおとぎ話ではなく、おとなのためのリアルな劇の方向へ発展したところに、世界の人形劇には類のない特質がみられる。このようにして迎えた人形浄瑠璃の黄金時代の頂点をなす作品が、二世竹田出雲（一六九一―一七五六）、並木千柳（別名宗輔、一六九五―一七五一）、三好松洛（生没年未詳）の合作による時代物の三大名作『菅原伝授手習鑑《すがわらでんじゅてならいかがみ》』（一七四六）、『義経千本桜』（一七四七）、『仮名手本忠臣蔵』（一七四八）などであった。「歌舞伎はあれど無きがごとし」といわれたのもこの頃で、歌舞伎はただ人形浄瑠璃で大当りをとった新作を借用し、演出をまねてその場をしのぐ有様であった。

だが、あまりに写実性を追求して、人形の限界までのぼりつめてしまったとき、人形浄瑠璃は逆に俳優のもつ生身の魅力と可能性とに敗れ去る運命にあった。十八世紀後半になお『本朝廿四孝』や『妹背山婦女庭訓《いもせやまおんなていきん》』で気を吐いた近松半二（一七二五―一七八三）の活躍はあるが、それももはや掉尾《とうび》の一振でしかなかった。宝暦元（一七五一）年近松以後最大の実力作者とみられる並木宗輔が『一谷嫩軍記《いちのたにふたばぐんき》』三段目（熊谷陣屋）を絶筆として没したとき、人形浄瑠璃ははっきり凋落の一途をたどりはじめる。すなわち豊竹・竹本両座は、不振とたびたびの挫折にあえいだ末、豊竹座は明和二（一七六五）年、竹本座は同九（一七七二）年に、それぞれ六二年、八八年の歴史を閉じた。その後は群小劇団の興亡と、郷土芸能としての存続があるにすぎない。そのなかでわずかに注目すべきは、阿波の植村文楽軒が、天明（一七八一―八九）頃に大坂で創始した当時すでに唯一の座であろう。今日伝わる文楽の直接の祖であり、近代において一般に人形浄瑠璃が「文楽」と呼ばれるのも、これに由来している。

人形浄瑠璃は、江戸時代後半にはまったく歌舞伎に主導権を譲って衰退したが、その劇文学としての内容や音楽性、演出法などはそっくり歌舞伎に移入され、義太夫狂言（丸本物《まるほんもの》）として転生していくのである。

歌舞伎

歌舞伎の歴史は次の五期に分けることができる。第一期――誕生と初期歌舞伎（十七世紀なかばの若衆歌舞伎禁止まで）、第二期――科白劇としての確立期（元禄を中心に享保中期頃まで）、第三期――人形浄瑠璃の摂取・拡大時代（享保末―寛政中期）、第四期――江戸歌舞伎の大成・爛熟時代（寛政末―明治維新）、第五期――近代・現代（明治維新―現代）。

歌舞伎の始祖は、慶長八（一六〇三）年に京都の北野神社の境内や四条河原で興行した、出雲大社の巫女と称する阿国という女芸人であった。一六〇三年という年はイギリスではエリザベス一世が没した年で、シェークスピアが『ハムレット』を書いた直後にあたり、日本では関ヶ原合戦後三年、徳川家康が征夷大将軍として正式に江戸幕府を開いた年である。同年、家康は千代田城内で将軍宣下能を催しており、これ以後、能・狂言は将軍家の式楽としていよいよ洗練され、固定化していった。阿国の芸能はまさにこれと交代するかのように、新しく社会の実権者として台頭した市民のものとして、登場したのであった。

その源流は応仁の乱（一四六七―七七）以来「夢の浮世じゃ、ただ狂え」といった、不安と刹那享楽主義の民心の反映として大流行していた風流《ふりゅう》であろうといわれる。風流は元来やはり祭礼芸能の一種で、きらびやかな衣装をまとい、多彩な持物やかぶり物をつけて歌い踊るもので、このなかには中世に栄えた女猿楽、女曲舞、白拍子舞などの女流芸能も混っていたと思われる。それらはおおむね歩き巫女によって普及された。天正年間（一五七三―九二）になると、「ややこおどり」「わかおどり」といった演目がみえ、そこには地方出身の女風流芸人たちが続々と都にのぼってくる機運がうかがわれる。そしてやがて阿国の京都進出となるのだが、女芸人が堂々と神社や河原で勧進興行ができたのは、戦国時代直後の解放的な状況にあったからこそであろう。

阿国の芸能は能舞台を模した仮設舞台を用い、初期には三味線もない素朴なものであった。しかし仮面を捨てて肉体もあらわに踊る、女芸人の歌舞のエロチシズムは、仏教の禁忌以来一〇〇〇余年もの間、公開の舞台では求められなかったものであったばかりではなく、その芸態がまことに斬新であった。全体の構成は能に似て、途中に猿若と称する男による滑稽な寸劇をはさんだ歌と踊りだが、阿国は「念仏踊」のほか、みずから男装して茶屋の女とたわむれるさまを演じたり、一日の最後には見物人をも舞台に引き込んで一体となって踊り狂ったりもした。

またバテレンまがいの袴をはき、胸にはロザリオの鎖をさげ、舶来の蛇皮線や国産の三味線を取り入れるなど、あらゆる点で在来の習慣を破る新奇な流行芸能であった。そこで、一般に当時、新奇異様な風俗で奇矯のふるまいをするものを「傾《かぶ》きもの」といったのにならって、「かぶきおどり」「阿国かぶき」と呼ばれるようになった。「歌舞伎」の三字はよくその本質をとらえた漢字ではあるが、実は後世の当て字である。

阿国歌舞伎の評判につれて同種の芸能団が急増したうえ、遊里の女たちまで歌舞伎を始め、まもなく「女歌舞伎」は「遊女歌舞伎」となり、全国にその弊が及ぶようになった。そこで幕府は、寛永六（一六二九）年に一切の女芸人が公衆の前に登場することを禁じた。以来一八九一（明治二十四）年の新派による「男女合同改良演劇」までの二六二年間、公認の劇場からは女優が姿を消すことになる。

女歌舞伎の禁止によって勢力を得たのは、むしろ中世以来の伝統をもつ若衆《わかしゅ》による芸能、すなわち若衆歌舞伎であった。歌舞伎常設劇場の開祖とされる京都の都万太夫、江戸劇場の開祖中村（猿若）勘三郎、都伝内、玉川千之丞、右近源左衛門そのほかの若衆役者が覇を競った。しかしこれら美少年俳優も、その魅力の主体はやはり官能美が売物の歌舞にあったので、今度は男色を促す結果となったため、幕府は承応元（一六五二）年に再びこれを禁止した。その後、当事者および関係者は再三歌舞伎の再開許可を嘆願し、ようやく翌年三月四日にいたって「再御免」となった。ただし、歌舞を控えて「物真似狂言尽し」をやること、役者はすべて前髪を切ることという二つの条件がついていた。前髪を切って月代《さかやき》を剃った頭を野良《やろう》（郎）頭といったので、それ以後の歌舞伎は「野良歌舞伎」と呼ばれた。

この二条件は結果的には、ドラマの充実と写実的な演技（科《しぐさ》と白《せりふ》）を向上させることになり、科白劇としての歌舞伎が確立された。すなわち第二期である。たとえば、再禁止の二年後には大道具師長谷川勘兵衛が独立創業し、一〇年後の寛文四（一六六四）年には「続き狂言」つまり多幕物の発生と、それに伴う「引き幕」の発明をみたことなどはそのあらわれといえる。さらにその二年後には花道の先駆となる中央の「歩み板」が客席を貫いて設けられ、それから三年後に中村座では付《つけ》舞台を増設、能舞台式の三間四方の舞台は急速に拡大し、享保二（一七一七）年には半野外であった劇場は全蓋となり、二階桟敷も生まれるに及び、歌舞伎は独自の劇場をもつにいたった。

狂言（演目）のほうも傾城買いの局面が発達して「島原狂言」と呼ばれるジャンルが成立し、寛文・延宝（一六六一―八二ころに上方《かみがた》ではやった。初めは「口立て」という即興形式であったが、天和・貞享時代（一六八一―八八）には一応完全な脚本形式が完成した。作者としても延宝八（一六八〇）年には富永平兵衛（生没年未詳）が「狂言作り」として名のり、続いて近松門左衛門にいたって専業作者の地位が確立した。近松が残した傾城買狂言の局面は浄瑠璃にも移入され、近世的ドラマの重要な要素となった。

演技術の基礎が固められたのもこの頃で、江戸では延宝元（一六七三）年、初世市川団十郎（一六六〇―一七〇八）が『四天王稚立《してんのうおさなだち》』の坂田公時で「荒事」を創始、息子の二世団十郎とともに荒事を確立し、江戸の芸風の基を開いた。延宝七年には大坂で初世坂田藤十郎（一六四七―一七〇九）が藤屋伊左衛門（『夕霧名残の正月』）の役で「和事《わごと》」を完成、元禄年間（一六八八―一七〇四）には芳沢あやめ（一六七三―一七二九）、水木辰之助らにより「女方（形）」の芸が確立した。それらの芸はさらに立役、敵役、道化役など各役柄において次第に細分化されていった。

こうしてこの期には科白劇として歌舞伎は大発展し、中世的歌舞と寸劇から近世演劇へと大きく進展したが、この期の末になると人形浄瑠璃に圧倒されて、その作品や演出要素の吸収に努める時期がくる。なお正徳四（一七一四）年には絵島生島事件のため山村座は廃絶し、明治維新までは江戸三座（中村座、市村座、森（守）田座）となった。この期の俳優にはほかに、江戸でリアルな芸風に長じた初世中村七三郎（一六六二―一七〇八）がいる。

第三期に入ると、歌舞伎は「あれど無きがごとし」といわれながら、営々として人形浄瑠璃を吸収して内容を充実させ、義太夫狂言という一大ジャンルを生み、劇文学と演出の両面で大いに発展した。すなわち、『菅原伝授手習鑑』『義経千本桜』『仮名手本忠臣蔵』を頂点とする浄瑠璃劇文学の移入によって、徳川封建社会独特の近世悲劇をわが物とし、高い文学性と三味線音楽を基調とする音楽的、様式的演出を学び取り、松王丸、由良之助、知盛、熊谷などの「実事《じつごと》」ことに大立役の演技芸風が、この期に確立した。宝暦（一七五一―六四）以後は文化一般が上方から江戸へ移り、演劇の大勢も再び人形から歌舞伎へ移ったが、その傾向を象徴するのは、作者初世並木正三（一七三〇―七三）の人形浄瑠璃から歌舞伎への転向である。正三は義太夫狂言の確立に努めただけでなく、人形の手法を生かした『けいせい天羽衣』『宿無団七時雨傘《やどなしだんしちしぐれのからかさ》』などを書いた。また回り舞台の完成者でもあった。この頃にはすでに能舞台の遺制であった柱や破風屋根もなくなり、まもなく本花道と仮花道の両花道をもつ劇場も現われ、歌舞伎の舞台、劇場は完全に独自の様式をそなえるにいたった。

脚本のほうでは並木正三の門弟並木五瓶《ごへい》（一七四七―一八〇八）が寛政六（一七九四）年、上方の合理的な作風をもって江戸へ下り、写実的な江戸世話狂言の成立を促した。代表作に『五大力恋緘《ごだいりきこいのふうじめ》』『隅田春妓女容性《すだのはるげいしゃかたぎ》』がある。時代と世話を「ないまぜ」にするという従来の不文律を破って一番目狂言（時代物）と二番目狂言（世話物）を独立させたのも、並木五瓶であった。ほかに五瓶と対抗して江戸世話物の大成に寄与したのは、生粋の江戸作者桜田治助（一七三四―一八〇六）で、『御摂勧進帳《ごひいきかんじんちょう》』『伊達競阿国戯場《だてくらべおくにかぶき》』のほか、『戻駕《もどりかご》』『吉原雀』など所作事にも筆をふるった。

この期は三味線音楽と舞踊劇の興隆期でもあった。ことに一中節から分派独立した宮古路豊後掾《みやこじぶんごのじょう》の豊後節は、哀艶な心中物で江戸民衆を魅了したが、おかげで情死が急増したため、幕府によって元文四（一七三九）年禁止されたほどである。ここから派生した常磐津、富本、清元は豊後系三浄瑠璃として長唄とともに劇場音楽として栄え、今日の邦楽、邦舞の基礎をなした。

この期の作者には正三、五瓶、治助のほか津打治兵衛、藤本斗文、壕越二三治、金井三笑、二世並木正三、奈河亀輔らがいる。またおもな俳優には、二世団十郎のほか、丸本物大立役の芸を確立した四世団十郎、広い芸域を完成した五世団十郎、写実を得意とした二世・三世沢村宗十郎、立役の舞踊や写実芸に独自の境地を開いた初世中村仲蔵、色立役と踊りの四世松本幸四郎、実悪《じつあく》の初世中村歌右衛門、『娘道成寺』を創演した初世中村富十郎、美貌で聞えた初世・二世・三世の瀬川菊之丞、「七変化」を踊ってのちの変化《へんげ》舞踊の源をなした四世岩井半四郎らがいた。

第四期には歌舞伎の中心は完全に江戸に移り、下町の庶民感覚と風俗世相を活写した生世話《きぜわ》狂言と変化舞踊が栄えた時代である。大小の「セリ」や「スッポン」のほか「ガンドウ返し」「田楽返し」「引道具」「引割り」などの舞台機構が発達、「蛇の目」と呼ぶ二重の回り舞台も発明され、これらを自在に活用した変幻奔放でスペクタクルな狂言がはやった。ことに早替り、けれん、濡れ場、ゆすり場、責め場、殺し場など変化趣向に富み、エロチシズムと暗黒面の濃厚な描写が特に目立つが、それは爛熟退廃の極といわれた文化・文政年間（一八〇四—三〇）の世相民心を反映したものであった。登場人物も、刹那享楽の現世的な生き方を追い求め、しかも因果の糸にあやつられて破滅していくという、小悪党や毒婦の孤独さが特徴で、その情調を奏でるのは清元の哀調であった。

作者には、『東海道四谷怪談』『心謎解色糸《こころのなぞとけていろいと》』『お染久松色読販《うきなのよみうり》』など、怪談物を含む生世話物を確立した四世鶴屋南北（一七五五—一八二九）、『与話情浮名横櫛《よわなさけうきなのよこぐし》』（通称『切られ与三《よさ》』）、『佐倉義民伝』で白浪物や一揆の作に新風を樹立した三世瀬川如皐《じょこう》（一八〇六—八一）、『蔦《つた》紅葉《もみじ》宇都谷峠』『三人吉三《きちさ》廓初買《くるわのはつがい》』『青砥稿花紅彩画《あおとぞうしはなのにしきえ》』（通称『白浪五人男』『弁天小僧』）などで白浪作者と呼ばれ、七五調と下町情緒の詩的描出を洗練完成した二世河竹新七（黙阿弥、一八一六—九三）がいる。俳優には三世（梅玉）と四世（翫雀《かんじゃく》）の歌右衛門、三世坂東三津五郎、実悪の名人五世松本幸四郎、『勧進帳』を初演して歌舞伎十八番を選定した七世団十郎（一七九一—一八五九）、二枚目で人気の高かった八世団十郎、世話物ことに怪談狂言の宗家とされる三世尾上菊五郎（一七八四—一八四九）、ことに悪婆役を確立した五世（杜若《とじゃく》）岩井半四郎、音楽的演出と写実芸ともにすぐれ、黙阿弥と提携して世話物ことに白浪物で泥棒役者と異名をとった四世市川小団次（一八一二—六六）らがあった。

しかし文化・文政期を過ぎて天保に入るとまもなく、天保の改革のために変化が起こった。すなわち天保十三（一八四二）年、まず江戸随一の存在であった七世団十郎が、本物の武具を用いたところ、万事贅沢かつ僭上の沙汰とて江戸一〇里四方追方に処せられ、きびしい風紀取締りは他の俳優にも及んだ。さらに同年江戸三座に対して、当時へんぴな田圃にすぎなかった浅草猿若《さるわか》町へ移転が命ぜられた。吉原と並ぶ「悪所場」の一つとして社会的地位を決定づけられたといっていい。いらい明治五（一八七二）年に守田座が都心に進出するまでの三〇年間、猿若三座時代が続く。芝居内容についても幕府の干渉は日を追ってきびしくなり、慶応二（一八六六）年には代表的俳優の四世小団次に対し、生世話物を淡白に演ずるようにとの通告があり、病中の小団次はこれを聞いて病がつのり、まもなく没した。これを機に歌舞伎全体の空気はますます美化、様式化の傾向を強め、やがて明治の新しい時代を迎えるのである。

5　近代から現代へ（十九世紀末から現代まで）

明治維新から現代にいたる約一世紀の演劇史は、一口にいえば西洋の演劇の伝統と現状を、歴史や風土と伝統をまったく異にする日本にいかに移植し止揚するかという、矛盾と試行錯誤を含んだ懊悩の歴史であったといえよう。概観すれば、明治維新から明治二十年代までは歌舞伎の新時代向け改良の試みとその挫折の時期、一八八八（明治二十一）年から一九〇七（明治四十）年頃までは、新しいジャンルとしての新派の発生と展開の時期、一九〇七年頃からあとは、西洋近代劇を基盤としたいわゆる新劇運動発展の時代となる。

そしてその間に、一九一一（明治四十四）年創立の帝国劇場を拠点として発足し、関東大震災（一九二三）直前の浅草のオペラ時代を経過して今日にいたるオペラ、オペレッタ、バレー、ミュージカルの系譜、明治後期に興って現代の松竹新喜劇に及ぶ日本風家庭喜劇の流れ、浅草オペラに母体をもち、ムーラン・ルージュその他の喜劇グループを経て今日に連なる軽演劇の歩み、日本独自ともいうべき少女歌劇などが並列的に存在し、複雑多様な芸能史を形づくっている。しかもこれらの各ジャンルは、もちろん相互間に作品、演出理念、俳優などの諸要素について多少の相互交流はあったが、原則的にはそれぞれがみずからのジャンルを保持しているため、並存的、重層的分布をなしている。

しかし、これらの現象を巨視的にみて、西洋の近代演劇ないし近代主義の移入と、それに影響された結果としての日本演劇の近代化、現代化の歩みとしてとらえるとき、近代一〇〇年の演劇史はまず三つの時期に大別できると思われる。第一期は改良演劇時代（一八六八—一九〇七頃）、第二期は小劇場的近代劇主流時代（一九〇七頃—五五頃）、第三期は現代演劇模索時代（一九五五—現在）である。

歌舞伎と新派の時代で、いわゆる新劇を主体とする見方に立てば、前近代といわれる時期である。

改良演劇時代　一方、伝統演劇の近代化という観点からすれば、この時代はやがて第三期の伝統再認識の状況につながる課題を含む、重要な時期であった。

まず最初に歌舞伎の変質への要請が起こった。明治初年、舞楽、能、狂言、文楽はすでに完全に古典化していて、なお新時代とともに発展し変化する可能性をもっていたのは、歌舞伎だけであった。

舞楽は王政復古とともに宮内庁直属の式楽組織として東京に本拠を移し、むしろ安定した伝承体制を整えて今日にいたっている。維新革命の影響を最も強く受けたのは能・狂言で、武家大名の解体によりおかかえ芸能者としての能役者、狂言師らは危機に瀕した。しかし明治四（一八七一）年、欧州視察にたった岩倉具視が、西洋諸国では劇場が社交の場として用いられることをみて、帰国後こうした内外上流人士の社交的演劇として能の復活を奨励し、英昭皇太后がこれを支援して、ようやく能・狂言は新たに近代社会のなかの上流人士、紳士淑女のものとして復興した。当時岩倉らの主唱にこたえたのが、十六世宝生《ほうしょう》九郎（一八三七—一九一七）と初世梅若実（一八二八—一九〇九）で、これに桜《さくら》間伴馬《まばんば》（左陣、一八三五―一九一七）を加えて明治の三名人という。

文楽は大阪の植村文楽軒の一座が専門劇団として存続しており、明治に入って彦六座などがこれに対抗したこともあるが永続せず、結局大阪文楽座一座を残すのみとなった。一九〇九（明治四十二）年には文楽座は松竹に譲り渡された。しかし、それも第二次世界大戦後、松竹側の因会《ちなみ》と組合側の三和会に分裂するなどの困難の末、経営に行きづまり、松竹もこれを手離すに及んで、国（現在は文化庁）、大阪府、大阪市などが文楽協会を組織し、その継承にあたっている。

能、狂言、文楽ではときどき新作も試みられるが、それはあくまで新作の演目を加えたにすぎず、伝統を変革するようなものではない。

しかし、歌舞伎の場合は事情が違う。明治初年はすでに大半が古典継承の状況とはいえ、主として二世河竹新七（後の黙阿弥）によってまだまだ新作は創作されており、時代とともに変化し得る部分はすくなくなかった。ただ、その変革は歌舞伎内部からは興らず、政府はじめ関係官庁からの干渉によっておこなわれた点に、明治維新のもつ非民衆的革命の本質が反映されている。

明治五（一八七二）年、政府からは相次いでつぎのような通達が出された。第一は、以後芝居は内外の上流貴紳淑女が見てさしつかえないよう、卑猥残酷を差し控える。第二は、俳優芸人を教部省監督下におき教導職に任ずる。これは必然的に皇道思想を根本とする、いわゆる三大教則の遵守をもたらしたが、これがやがて脚本検閲にもつながるのである。第三には、史実を歪曲してはならず、かつ忠孝、勇武、貞節をテーマとすべきことなど。

これらの大方針はすくなくとも第二次世界大戦終了までは、歌舞伎のみならず、芸能界全般の思想的、風紀的弾圧の根幹をなすこととなった。

一八八七（明治二十）年をピークとして展開される演劇改良運動は、政府のこの基本方針に沿ったものであった。まず率先してこれに同調した興行師十二世守田勘弥（一八四六―九七）は、興行制度、劇場建築、新作や演出の各方面で思い切った革新を断行した。明治五年には猿若町から新富町へ守田座を進出移転させ、しかも洋式を取り入れ、二〇脚の椅子、テーブルを外人客用に設置した。まもなく新富座と改称したが、一八七八（明治十一）年の改・新築で劇場はさらに拡大され、洋式化も進み、初めてガス燈を全館に点じ、陸・海軍軍楽隊の洋楽吹奏により、作者、俳優すべて洋服で立礼の開場式をおこなうなど、画期的な近代化が実現した。俳優中最も改良に積極的だったのは九世市川団十郎（一八三八―一九〇三）で、新作史劇の忠臣義士に扮して様式的誇張のすくない、いわゆる「腹芸《はらげい》」といわれる心理的な演技を試みた。その主作者は二世河竹新七で、これら史実第一主義の教訓的な作品は「活歴劇」（生きた歴史の劇の意）と呼ばれた。『重盛諫言《かんげん》』『伊勢の三郎』などがそれである。西南戦争後の七八年からは、政府官僚や学者らの介入が始まり、依田《よだ》学海、福地桜痴《おうち》らが歴史的素材を提供、考証などにも口をはさむようになった。

二世新七はほかに、明治の新風俗を活写した新世話物、いわゆる「散切《ざんぎり》狂言」を、五世尾上菊五郎（一八四四―一九〇三）のためにかなり多く書いた。『島鵆月白浪《しまちどりつきのしらなみ》』『筆売幸兵衛』『女書生繁《しげる》』などがそれである。しかし、本領はやはり江戸前の世話物、たとえば『髪結新三《かみゆいしんざ》』『河内山と直侍』などにみられ、ことに正史の知識の必要な活歴劇は不得意であった。加えて官憲学者らの非難や干渉に耐えられず、一八八一（明治十四）年引退を声明、古河黙阿弥となり、その後は客分としてなお多数の佳作を残したのち、一八九三（明治二十六）年に没した。その死は生粋の江戸狂言作者の終焉を意味するものであった。

守田勘弥の欧化熱は、一八七九（明治十二）年、外人俳優を混用した新作に失敗してから急に冷却したが、政府は条約改正を主目標とする欧化改良主義の一環として、演劇の欧化改良をいよいよ推進し、一八八六（明治十九）年には末松謙澄を主唱者とし、外山正一、矢田部良吉、穂積陳重、依田学海、福地桜痴そのほかを会員に、伊藤博文首相、井上馨外相ほかを賛助員とする「演劇改良会」が組織された。同会は、パリのオペラ座を模した完全洋風の劇場建設を第一目的とし、ほかに女方やチョボや中売りの廃止、夜間興行や文学者の戯曲採用、俳優の品位向上などを主張した。

しかし、それは伝統のよさを解さぬ無謀の案として、坪内逍遙、高田半峰（早苗）、森鷗外らの反論を浴び、やがて一八八八年の伊藤内閣崩壊とともに消滅した。その間具体的事業としては、一八八七年四月に井上外相私邸で催した天覧劇が、史上未曽有の出来事として記録されるくらいである。しかし、歌舞伎改良案としては無謀ではあったが、その理念は演劇の社会的重要性を認識させ、やがて帝国劇場の建設、新派・新劇における女優の登場、文学的戯曲の出現などに反映、実現されていった。これらをみてもわかるように、改良会の日本演劇の近代化における史的意義の大きさは、見落とすことができない。

その後、日本演芸矯風会、日本演芸協会などが相次いで設立されたが、すぐ消滅し、結局、歌舞伎改良は実を結ばずに終った。活歴劇はいたずらに高踏的でおもしろくなく、散切物は世相風俗の新しさにとどまり、前者はやがて興る逍遙以後の新史劇へ、後者は新派による新風俗劇への、それぞれ過渡的な役割を果すにとどまった。ほかに、明治五年の『西国《さいごく》立志編』に取材した二つの西洋種の芝居をはじめ、ロード・リットン原作の『人間万事金世中』やシェークスピアの『ベニスの商人』によった『何桜彼桜銭世中《さくらどきぜにのよのなか》』などの翻案歌舞伎の流れもあるが、これも題材、趣向への興味本位のきわもの的移植を出るものではなかった。

ただし、この受容の底に、シェークスピア的なものと歌舞伎との、ある体質的な類似性が直感的にとらえられていたことは重要である。それは逍遙の国劇創造における歌舞伎とシェークスピアの止揚の理念、さらには第二次世界大戦後の第三期における伝統演劇とシェークスピアの再評価の傾向にも、共通した本質を含んでいるからである。
ともあれこうして歌舞伎の改良は挫折したが、歌舞伎が現代劇への自己変化の可能性を断念したのは、主として新派が興ったことによると考えられる。

新派は一八八八（明治二十一）年、自由党の壮士角藤《すどう》定憲（一八六六―一九〇七）によって創始された。中江兆民をうしろだてとして大阪新町座で開いた「大日本壮士改良演劇会」がその第一着で、演目は自作自演の『豪胆の書生』であった。新派と呼称されるようになったのは後のことで、まず壮士芝居と呼ばれたが、目的は国会開設を間近に控えての野党攻勢の一翼たるにあった。こうしたプロパガンダ劇の発生は、日本芸能史上初めてというべく、そこに明治という新時代の象徴としての、新派の史的意義がある。

次いで一八九一（明治二十四）年、関西から東京に進出し、一挙にこの新演劇を広く世間に知らせたのは川上音二郎（一八六四―一九一一）であった。その演目は『板垣君遭難実記』で、活発な乱闘場面の迫力とニュース性が注目を浴びた。川上はやがて一八九四（明治二十七）年に日清戦争が起こると、早速『壮絶快絶日清戦争』を上演して大好評を得、さらに朝鮮戦線を視察後『川上音二郎戦地見聞日記』なるルポルタージュ劇を上演して、いよいよ爆発的人気を博し、ついに歌舞伎座へ進出、さらに『威海衛陥落』を演じた。九世団十郎が再び同座へ出演を要請されたおり「舞台を削り直せ」と憤慨したのは、このときのことである。新派はこの日清戦争劇により存在を確証し、歌舞伎はこれに対抗競演した『海陸連勝日章旗』が惨敗したのをみて、現代風俗による現代劇への道を放棄したといえる。

川上は一九〇三（明治三十六）年、海外見学のみやげに、「正劇《せいげき》」（科白劇の意）として三本のシェークスピア劇を相次いで演じた。明治時代の日本に翻案した『オセロー』と『ハムレット』、およびヘンリー・アービング写しと自讃する『ベニスの商人』の「法廷の場」である。芸術的には論外ではあったが、これが逍遥以降のシェークスピア翻訳上演の先駆であり、すくなくとも否定的媒材として作用した意義は評価されなければならない。なお、この年からは夫人の川上貞奴《さだやっこ》(一八七四―一九四六)が主演女優として舞台に立ち、日本女優史に大きな足跡を残したが、女優登用はもっと早かった。それは一八九一年、男女合同改良演劇済美館《せいび》における新派の旗上げ公演『政党美談淑女之操』においてである。主宰者は伊井蓉峰《ようほう》で、彼は初め川上一座に入ったが、政治色の強いのを嫌って独立、済美館を結成し芸術至上主義的新演劇を志した。これを助成したのが依田学海で、その斡旋により改良論者であった光明寺三郎の妾で芸妓の千歳米坡《ちとせべいは》が、最初の女優として登場した。実に阿国歌舞伎の禁止以来二六二年後のことである。伊井の系統からは水野好美、高田実、山口定雄、女方に喜多村緑郎、木下吉之助、児島文衛、河合武雄、さらに大正・昭和にかけて花柳章太郎が出た。なおこの期には一九〇二年元新派作家花房柳外のイプセン『人民の敵』翻案上演が特筆される。

新派にはほかに川上一座の藤沢浅二郎や、福井茂兵衛一座その他多くの俳優や劇団があった。なかでも伊井一派が芸術的に最も水準が高く、明治三十年代から四十年前後にかけての『不如帰《ほととぎす》』『金色夜叉《こんじきやしゃ》』『己《おの》が罪』などの新聞小説の劇化で、学生などの知識層の人気を集め、本郷座時代といわれる黄金時代を築いた。しかし、女優と女方を併用したことからもわかるように、しょせんその様式は歌舞伎の伝統の近代化というべきもので、大きくみれば歌舞伎改良の延長線上の演劇であるというべきであろう。大劇場性、商業性、外国劇受容の方法が翻訳劇でなく翻案であること、その作品がシェークスピアやデュマなどのような前近代のものであることなどの諸点においても、そのことはいえる。これらはまた、第一期全体の特質でもあった。

小劇場的近代劇主流時代

西洋近代劇が怒濤のように流入し、近代思想のめまぐるしい変遷とともに紆余曲折を経る時代である。総じてみれば思想的、文学的な近代戯曲の写実的上演を基本線とする、小劇場的な新劇が主流を占めた時代といえよう。

この期は一九〇六（明治三十九）年の文芸協会の創立によって開幕する。これより先、坪内逍遙（一八五九—一九三五）は新史劇や新楽劇を志し、『桐一葉《きりひとは》』ほかの創作や評論活動を進めるかたわら、シェークスピアの翻訳・研究をおこない、新時代の俳優術の基礎としての朗読術の教育にも着手していた。彼の若い弟子たちがたまたま島村抱月（一八七一—一九一八）の帰朝を迎え、実践活動への意欲を満たすべく懇請し、大隈重信を会頭として発足したのが文芸協会で、逍遙は演芸部の主任となった。協会自体は文学・演劇一般の革新を目指す大規模なもので、結局まもなく行きづまってしまうが、そのなかで演芸部は『ベニスの商人』の「法廷の場」ほかを試演した。ポーシャ役はなお土肥春曙による女方上演ではあったが、歌舞伎でも新派でもない大学出の教養ある俳優による、シェークスピアの最初の翻訳上演という点で画期的であった。

逍遙を会長に迎え、文芸協会の行きづまりを打開し、演劇一筋を目標として再出発するのが、一九〇九年で、それ以後を後期文芸協会という。私演舞台をもつ付属演劇研究所を設け、一般から男女俳優志望者をつのり、二年間の実技と講義を施すという、理想的な養成機関として最初のものであった。やがて一一年、第一回卒業公演として帝劇で『ハムレット』を上演したが、翌年の第二回公演でイプセンの『人形の家』を上演するに及び、ノラに扮した松井須磨子は新時代の女優として注目され、新劇が広く一般に知られるようになった。

一方、後期文芸協会創立と同じ一九〇九年に、小山内《おさない》薫《かおる》（一八八一—一九二八）と二世市川左団次（一八八〇—一九四〇）が提携し、ロンドンのステージ・ソサエティーを模範として、会員制の近代的小劇場組織の自由劇場を創立した。このほうは歌舞伎俳優一座なので、女方を用いるなどなお過渡的性格ではあったが、シェークスピア移植を目指した逍遙よりその意図はむしろ新しく、いきなり西洋の近代劇の移入に取組んだ。第一回公演はイプセンの『ジョン・ガブリエル・ボルクマン』で、舞台成果はともかく、その若々しい情熱がインテリ観客層の深い共感を呼んだ。

これら二劇団はまさに新劇運動の先駆にふさわしく競演を続けるが、その特徴は、文芸協会公演の『ハムレット』と『ジュリアス・シーザー』を除くと、上演作品はみな、イプセン、ズーダーマン、ゴーリキー、ハウプトマン、メーテルリンクなどの近代劇の作家のものであったことである。当時は知識階級内部における近代精神の覚醒期で、青《せい》鞜社《とうしゃ》による婦人運動をはじめ、さまざまな近代社会思想が発現する時代であったため、これらの作品も、ドラマツルギーや演出・演技などの形象化の問題よりも、まず近代思想の紹介という面から受け取られるほうが強かった。その後長く日本の新劇に、思想運動的色彩が濃く現れていくもとは、この当初の受容態度にすでに胚胎していたとみられよう。

文芸協会は数年後には内紛を生じ、これに抱月と須磨子の恋愛事件が重なって、ついに一九一三(大正二)年に解散した。そのあとに多くの劇団が派生したが、抱月と須磨子による芸術座が最も活発で、ことにトルストイの『復活』に挿入された劇中歌『カチューシャの歌』は全国に広まり、劇団は遠く朝鮮、ウラジオストックまでも巡業して新劇の普及・大衆化に寄与した。しかし一九一九(大正八)年、抱月の跡を追って須磨子が縊死したために同座は解散し、同年、自由劇場も左団次が歌舞伎に復帰するなどの事情で活動を停止して、第一期新劇運動は終った。

その後しばらくは、むしろ歌舞伎の若手俳優——六世尾上菊五郎、初世中村吉右衛門、十三世守田勘弥、二世市川猿之助らの新劇活動が注目された。明治後期からすでに、逍遙や岡本綺堂《きどう》らのいわゆる新歌舞伎はおこなわれていたが、大正後期のそれはやや趣を異にし、のちに小説家として名をなす文学者が歌舞伎のために戯曲を書いた点に特徴がある。『父帰る』『屋上の狂人』の菊池寛、『坂崎出羽守』『同志の人々』の山本有三、『お国と五平』『お艶殺し』の谷崎潤一郎、『出家とその弟子』の倉田百三をはじめ、久米正雄、里見弴《とん》、木下杢《もく》太郎、さらには久保田万太郎などが輩出、世にいう「大正戯曲時代」を築いた。そのほか、一九一三（大正二）年には宝塚少女歌劇が発足、二一（大正十）年頃を頂点とする浅草オペラ、オペレッタの盛行、一七（大正六）年創立の新国劇での沢田正二郎による剣劇の大衆的人気、映画の企業化に押された新派の苦肉の策としての連鎖劇など、大正期の芸能界は明治期に播かれた近代芸能の種子が、ようやく一般市民生活の近代化とともに、開花しはじめる時代であった。

狭義の新劇運動の系脈は、一九二四（大正十三）年の築地小劇場創立により、画期的な段階に達した。ドイツ、ソ連で演劇研究中の土方与志《ひじかたよし》（一八九八―一九五九）が、関東大震災を機に帰国し、自費で創設した築地小劇場は、従来のような劇団組織だけではなく、当時としては理想的な、新劇のための劇場をもった点で画期的であった。今日みるような文芸部、演出部、演技部のほか、美術、照明、宣伝等々の制作機構が整ったのも、これ以後である。運営は同人組織でおこなわれ、小山内薫も一同人として参加していた。第一回公演は、ラインハルト・ゲーリングの『海戦』、チェホフの『白鳥の歌』、エミール・マゾーの『休みの日』であった。

この開場公演は大きな反響を呼んだが、当時はプロレタリア運動が各方面でさかんになり、新旧両派、急進穏健両派が入り乱れた時代であったので、この第一回の演目も後代からみると、すでに発足当初に劇団内にあった思想的不統一、方法論上の多様性が、そのまま反映していたとみることもできよう。とにかく小劇場はまる二年間外国の翻訳劇のみを上演、三年目に初めて逍遙の『役《えん》の行者』により、日本作家の作品の上演の端緒を開いた。しかし一九二八（昭和三）年の暮、支柱の小山内を失い、翌年三月、追悼公演『夜の宿』（『どん底』）を最後に劇団は分裂した。

やがてここから新築地劇団、劇団築地小劇場が派生したが、以後の新劇運動は左翼系劇団と複雑に関係し、錯綜しながら進展する。プロレタリア演劇運動はこれより先、一九二一年頃から興り、二九～三〇年の大恐慌の時代を頂点として全国的にさかんにおこなわれていた。左翼劇場、日本労働劇団、先駆座、トランク劇場その他数多く、昭和初年に発足した、のちの前進座の前身である心座《こころざ》などもそのひとつであった。これらの左翼劇団と築地系新劇団は、イデオロギーとリアリズムの理念・方法をめぐって、離合集散を繰り返した。

しかし、一九三一（昭和六）年の満州事変勃発により、日本が軍国体制を明らかにするに及び、思想弾圧は激化し、歌舞伎、新派、軽演劇、娯楽映画などの隆盛をよそに、新劇は受難の時代に入った。すなわち脚本検閲、警官の臨検がきびしくなり、投獄される者も相次いだ。一九三四（昭和九）年、保釈出所した村山知義《ともよし》は、この弾圧のなかで新劇運動をなんとか続けるべく大同団結を提唱し、ここに新協劇団が結成された。しかし、一九四〇（昭和十五）年には、この新協劇団と新築地劇団という代表的な二劇団が解散を勧告され、秋田雨雀、村山知義、久保栄、薄田研二《すすきだけんじ》、久板栄二郎らが検挙されるという事態にいたり、事実上新劇史は息の根を止められる結果となった。第二次世界大戦後まで存続しえたのは、わずかに文学座、文化座、俳優座だけである。

解散勧告以後は、新劇のみならずあらゆる芸能が、戦意高揚と増産慰問のためのいわゆる「移動演劇」時代に入った。そして、いよいよ敗色が濃くなった一九四四（昭和十九）年三月、歌舞伎座、東京劇場、帝国劇場、東宝劇場、国際劇場、日本劇場はじめ全国一九の大劇場が閉鎖され、やがてそれらの大半が空襲によって焼失した。

なお第二次世界大戦前の新劇が表現主義その他、各種の超近代的演劇の試みをおこなったにせよ、その大目的はリアリズムの追求と確立にあったといっていい。その途上に、『火山灰地』の久保栄、『北東の風』の久板栄二郎、『浮標《ぶい》』の三好十郎、『鼬《いたち》』の真船豊らの作家が出た。社会主義を基調とするこれらの作家とは別に、フランス近代戯曲の情感と繊細な文学的タッチを生命とする、いわゆる劇作派（雑誌『劇作』に拠ったのでこう呼ばれる）という一派が生まれた。大正末年から、『チロルの秋』『牛山ホテル』などで知られる岸田国士と、その門下の『華々しき一族』『女の一生』の森本薫、『おふくろ』『マリアの首』の田中千禾夫、『秋水嶺』『雑木林』の内村直也などがその代表的な劇作家である。これらの劇作家の多くは戦後も書き続け、リアリズム演劇の移入・創作史上に功績をとどめている。

第二次世界大戦後の新劇界は、戦時中の移動慰問時代の空白を埋め、かつてのリアリズム追求の伝統を受継ぎ、発展させようという方針で再開された。作品や上演形態のうえでの顕著な点は、占領政策にも関連して、アメリカの現代劇がさかんに紹介、上演されたことと、プロジューサー・システムによる「実験劇場」が試みられたことである。また早稲田大学その他で、円形劇場運動が紹介されたことも、戦後の新しい試みであった。

ともあれ、一方で歌舞伎が占領軍により封建的な危険物とみなされ、仇討物、婦女子虐待劇が特に弾圧を受け、一時は滅亡に瀕したのに比して、新劇は思想解放、民主化の奨励により、初めて自由な活動が可能になった。そうして戦後一〇年経った一九五五（昭和三十）年頃に、新しい一つの傾向が生まれた。それは、伝統の再評価とシェークスピアの再検討という、二つの現象に共通してあらわれる、近代リアリズム超克への志向である。

現代演劇模索時代

それ以降は、海外演劇の来日公演や日本演劇の海外公演、演劇人の交流が急に活発化し、その一つの結果として、真の日本演劇とは何か、どうあるべきかといった問題が、伝統演劇界、現代演劇界の両方で真剣に問直されつつある時代といえる。第一は能・狂言がベネチアの芸術祭に出演し、世界的評価を受けたのをきっかけに、能・狂言の世界と新劇界の歩み寄りがみられる。第二は、武智鉄二の伝統演劇再検討の理論と実践が始まり、現代語による文楽や能の上演、狂言師と新劇人合同による『綾の鼓』『月につかれたピエロ』の円形形式上演など、一連の前衛的実験がおこなわれた。第三は近代劇のみが西洋演劇ではないという反省が起こり、その一つとして福田恆存訳・演出の『ハムレット』上演を契機に、シェークスピアの本格的上演が盛んになりだした。これらはやがて、歌舞伎再評価と新劇人の歌舞伎作品の現代的上演の試みを含めて、反近代主義、超近代的現代劇模索という大きな流れの起点であったといえるであろう。ブレヒトの盛行もその一つのあらわれとみられる。

この間、ブレヒトのみならず、サルトル、ウージェーヌ・イヨネスコ、サミュエル・ベケット、ペーター・ワイス、エドワード・オールビー、アーノルド・ウェスカー、アルチュール・アダモフらの不条理演劇や前衛演劇もまた大きな影響を及ぼし、一方ではアメリカ流ミュージカルの移入もおこなわれている。また、一九七〇年代初めに入ると、しばしばアングラ演劇と呼ばれる、若い世代の小劇場運動が顕著になった。唐十郎の状況劇場、寺山修司の天井桟敷、鈴木忠志の早稲田小劇場……など。これらはみな、思想上、芸術上の主義主張は異なるが、いずれも近代額縁舞台のリアリズム演劇を否定して、観客をも創造主体に引入れようという意図、および俳優の肉体的、生理的演技反応を重視していることなどにおいて、共通していると考えられる。

また他方においては、能、狂言、文楽、歌舞伎がしばしば海外に紹介され、多大の反響を得たが、これによりそれらが人間表現の普遍性という点での確証を得たと同時に、海外の演劇当時者たちからは、西洋の近代劇の行きづまりを打開するうえでの前衛性を内包するものとして、積極的に評価されていることは注目に値する。日本演劇は明治時代にフェノロサによってその独自性が注目されて以来、能の象徴性、文楽・歌舞伎のもつバロック性、花道や回り舞台のもつ超近代リアリズム性などにより、外国の作家や演出家にすくなからぬ影響をもたらしてきた。

これらの各現象を通観するとき、現代は、日本近代演劇史における第三の時期、すなわち超近代化への志向のなかに、伝統的演劇と西洋の前近代および現代演劇が検討され、新しい日本演劇成立の基調が模索されている時代として、とらえることができるように思われる。これはまた世界全体の共通した演劇的現況でもあるといっていい。伝統演劇の側からいえば、日本の伝統演劇はようやく、世界全体の古典としての地位を確認しえたといえるであろう。東洋諸国とのさらに広い交流、そしてこれらを吸収、消化して新しい国劇をつくることは、今後の課題といわなくてはならない。

第六章　世界演劇史要

1　演劇の分布と史的特質

演劇をもっとも広義に解して、祭祀芸能や単純な音楽舞踊まで含めたいわゆる上演芸術とすれば、それは人類のあるところ地球上のすべてに、しかも有史前の太古から存在していたと考えられる。

しかし第一章いらい対象としてきたような、通常の定義による演劇となると、必ずしもすべての国すべての民族がもっているわけではない。原始的な無意識劇や、素朴な民俗芸能にとどまっている地域が、むしろ多いだろう。

なかでもっとも密度の高い、しかも一本の大河のような歴史を刻んで、高度の演劇を生んだのは、ヨーロッパである。そこでは中世においてキリスト教文化という、共通の汎ヨーロッパ的基盤をもったことが、あらゆる面で決定的であった。演劇もそこを要《かなめ》として互いに密接に影響を及ぼし合い、戯曲のうえでも表現様式の点でも、発達ないし展開の歴史を示している。

これに対して東洋の演劇は、各国各民族間に相似点はあるし、部分的には影響関係もむろん見出されるが、特に密接な相関関係の発達史的裏付けはむずかしく、総体的にいえば各個並存的といわざるを得ない。そのうえ原始芸能あるいは民俗芸能の段階にとどまるものが多く、西洋に比して戯曲ないし劇文学の発達が不十分で、楽舞が主体となっており、その歴史が芸能様式史としてしか捉えられない場合が多いのである。

たとえばインドネシアのワヤンという影絵人形劇や宮廷舞踊、バリ島の踊り、スリランカ（セイロン島）の悪魔仮面舞踊、朝鮮や満州（中国東北部）やモンゴルの跳鬼舞踊やシャーマンの祈禱芸能……など、それぞれ風土や生活様式を反映した独得の魅力的な芸能ではあるが、劇的内容として発達しているとはいえない。

東洋において、西洋に比肩すべきドラマと演技演出の歴史をもつのは、結局日本のほかにはインドと中国で、朝鮮がこれに次ぐくらいであろう。

事実世界の演劇は、ヨーロッパとアメリカ、インドおよびその影響下にある東南アジア、中国とその影響を受けた極東すなわち朝鮮と日本――という、ユーラシア大陸と附属諸島を縦に分けた三つのブロックから成っているといっていい。本章はそうした視野に立ってみた、世界演劇史の概観である。

なお、それぞれの演劇が独自の成立をみる以前のごく古い時代に、古代オリエントを中心に東西に伸びる一大文化帯があったことは、周知のとおりである。演劇ないし芸能においても、詳細は不明だが、根元的な共通性と、ギリシャから極東にまでおよぶ広汎な伝播交流がおこなわれた事実は、うたがいない。

日本演劇史で述べた伎楽の渡来経路にみる、極東と西域ないしギリシャとの関係は、実証の射程内の一例だが、さらにさかのぼって、その根元は中央アジアからインド北西部にかけてのどこかにあったとする説もある。たぶんそれは農耕黒人部族――ドラビダ族だろうという――が神に捧げる原始芸能で、その神が西北進してディオニュソスとなってギリシャ劇を生み、東漸してはシバー神と化してインドの楽舞の祖となり、ついには能・狂言の『三番叟』や『道成寺』、歌舞伎の『鳴神』のはるかなる源流ともなったというのである。

これはまことに雄大ではあるが、まだひとつの仮説推論の域を出るものではない。しかし、有史以来長いあいだ東西に分かれ、各国各様の歴史をたどってきた世界の演劇が、近代以降さかんな交流をみるようになり、ふたたび世界演劇のなかでの地位、特質が問われつつある現在、演劇史をあらためて世界的巨視的に見直すことは、十分意義のあることではないだろうか。

そうした視点に立てば、従来西洋演劇の原点におかれてきたギリシャやローマの古典劇も、むしろその数千年前から育まれてきていた古代オリエント芸能の、最高度に芸術化された終着点であったとみるべきだろう。近代につながる連綿たるヨーロッパの文化文明は、もともと古代ギリシャ・ローマと絶縁したところから、形無き神を奉ずる一神教的キリスト教思想にもとづいて、まったく新しく出発したものである。したがって、擬人的で巨像建立を特徴とする、多神教的な古代オリエント文化とはまったく異質で、そうしてギリシャ・ローマ文化はそのオリエント文化の集大成にほかならないのである。

時代区分はもとより一元的にきめられないが、本章では一応、もっとも典型的な発達史をもつ西洋の演劇史を基準にして、世界の演劇の区分をこころみることにしたい。

2　原始および古代芸能の盛衰（九世紀ごろまで）

神話伝説を含めて、文献・記録・資料でさかのぼり得る最古の演劇ないし芸能は、紀元前三千年ぐらいまでである。

原始芸能時代

その一はインドの「吉祥・慈悲」の神シバー Siva の踊りである。もとは土着のドラビダ族の神だといわれ、四本の手と二本の足と三つの眼を持ち、破壊と死をもたらす狂暴な風の神だが、しかもその破壊と死の中から万物を生み出す宇宙最高の「生成」の神でもある。それは南アジア特有の台風の威力の象徴で、農耕を司る神と考えられるが、転じて狂喜乱舞する音楽・舞踊・演劇の神でもあった。あらゆる点でディオニュソスと酷似している。古代インドでは、この最高神シバーに捧げる畏怖と感謝と鎮魂祈禱の芸能が、おこなわれたのであろう。紀元前三千年のモヘンジョダロ遺跡から、その像が発見されている。

エジプトでは、太古から死者を祭る楽舞や模倣舞踊があったことが知られるが、その典型例はオシリス神の受難劇で、紀元前二千年ごろよく行なわれた。オシリスは妹イシスと結婚後、兄弟により惨殺されるが、復活して冥界の王となる――その神話の劇化である。ここにもディオニュソス受難譚と共通の性格が感じられる。またルクソールの王墓の壁画などには、被征服民族が王の前に楽を奏し踊りを捧げる図柄があり、いわゆる貢献芸能があったことがわかる。しかしエジプトでは、演劇としてそれ以上の発達はなかった。

中国では遠く三皇五帝の一なる黄帝のころ、すでに楽が奏されたというが、これは全くの神話伝説の域を出ない。しかし殷代には『商書』にみえる巫覡《ふげき》（巫は女の、覡は男の呪術祈禱師）の職として、神を慰め楽しませるための歌舞が実在した。紀元前一五〇〇年ごろのことである。

ギリシャ劇の祖神ディオニュソスは、古代芸能の神々のなかではむしろもっとも新しい存在である。それはギリシャの土着の神ではなく、征服民族ドーリア人の神でもなかった。紀元前二千年ごろから南下侵入をはじめたドーリア人が、都市国家を形成しだすのが前千年ごろからで、植民戦争で死んだ英雄を守護神としてまつり、その霊を慰めるべく英雄叙事詩が捧げられるようになる。その最大のものが前八世紀のホメロスの『イリアド』と『オデュセィア』だが、ディオニュソスはようやくこのころ、南東の小アジア――トラキア地方から海を渡ってきた異邦の神であった。

元来万物生成を司る神だったが、やがて草木、農耕の神となり、ギリシャに入って主産物の葡萄に限定され、葡萄と酒の神となる。そしてその豊作を祈り感謝する素朴な土着祭祀と結びつき、民衆は山羊のいけにえのまわりに輪になって、ディオニュソスをたたえる歌（ディチュランボス）をうたい狂喜乱舞した。このディオニュソスへの畏怖讃仰を心とし、雄渾悲壮な叙事詩を血肉として、ギリシャ劇は誕生するのである。

ギリシャ古典劇

都市国家の発展につれてディオニュソスの祭りもさかんになり、とくにアテナイでは春と冬に大祭が催されるようになった。春は新酒の樽を開く祝いで支配者主催の国家の祭典、冬は葡萄の収穫と樽詰をすませた農民の祝祭で、やがて前者から悲劇、後者から喜劇が成立する。

まずディオニュソスをたたえる円舞合唱に劇的性格を与えたのは、アリオン（前六二八―五八五）であった。彼は指揮者として中央に立ち、ディオニュソスの受難の一代記を、従者の半獣（山羊）神サチュロスたちに見立てた周囲の合唱団《コロス》の問いかけにこたえながら、自分が神ディオニュソスであるかのように語りうたった。他の人格への変身、対話、劇的プロットという演劇的要素の萌芽がみられる。

これをさらに「演劇」として完成したのはテスピス（前六世紀後半・生没年未詳）である。アリオンのときは神の受難記に限るとされていたが、その禁制がとけたので、テスピスは神話伝説とくに英雄叙事詩から多くの悲劇を作り、人間のドラマを樹立、みずから俳優となって一人でいくつかの主役を演じた。そのため仮面が用いられ、それと衣裳を着けかえる便宜からか、テスピスは円形踊り場《オルケストラ》の中心点から一方に移動して、方陣形の合唱団と向い合って舞台に立ち、その全体を摺鉢型の客席が囲むという、ギリシャ劇場の原型と上演様式が確立された。

この過程は、もともとひとつの共同体的集団芸能から、やがて演ずるものと観るものが分れ、劇場が生まれるという、演劇成立のパターンの典型例といえる。また悲劇はかくして山羊の姿をした従神の合唱から起こったので、「山《トラ》羊《ゴス》の歌《オーディア》」すなわちトラゴーディアといわれた。

つぎの前五世紀に至りギリシャ劇は全盛期を迎える。ペルシャを撃破して国運の絶頂にあったいわゆるペリクレス時代（前四八〇―四三〇）で、アテナイのパルテノン神殿の建設はその象徴だが、おなじアクロポリスの丘の斜面には一万七千を収容する大野外劇場が作られ、演劇は国家の祭りの重要行事として三日間おこなわれた。（ただし現存の石造劇場は、アレクサンダー治下のヘレニズム時代、前三三〇年の再建である。）予選を通った三人の作家が各一日を与えられ、それぞれ三本の悲劇と一本のサチュロス劇を上演、市民から選ばれた十人の審査員の投票によりその年の賞が決められた。サチュロス劇とはサチュロス、シレノスなどディオニュソスの従神たちを主人公とし、滑稽諷刺を含んだ牧歌的ムードのうちに、神への讃仰帰依におわるという祭祀劇的な芝居で、本来の奉納芸能としての精神をとどめたものと考えられる。

この全盛期を代表するのは三人の悲劇作家である。第一のアイスキュロス（前五二五―四五六）は神官の子で対ペルシャ戦争の勇士でもあり、その作は熱烈な愛国心と神への讃仰に貫かれた、格調高い詩性を特徴とする。俳優を二人にして劇的葛藤を強化したこともその功績で、みずから第一俳優（主演者）を兼ねた。ハムレットを思わせる復讐劇三部作『オレステイア』（アガメムノン・コエポロイ・エウメニデス）、敗れたペルシャを舞台にした生々しい戦争劇『ペルシャ人』、巨人神を主人公とする『縛られたプロメテウス』ほか、現存作七篇。生存中十三回、死後十五回受賞している。

第二のソポクレス（前四九六―四〇六）は俳優をさらに三人にし、均整のとれた劇的展開とすぐれた人間性の描写により、ギリシャ悲劇を大成させた。とくに『オイディプス王』は運命悲劇の代表作で、ドラマツルギーにおいてもアリストテレスの『詩学』に典範として取り上げられ、現代に至るまで西洋演劇最大の古典とされる。ほかに『エレクトラ』『アンチゴーネ』『ピロクテーテス』など現存七篇。裕福円満の社交家、観照の詩人として敬愛され、生涯に二十四回の受賞を記録した。

第三のエウリピデス（前四八〇？—四〇六）は沈思黙想の学究肌で「舞台の哲人」といわれ、ソフィスト的批判精神をもち、その作も神や運命と人間のかかわりより、人間内部の情念、愛憎、苦悩などを深く鋭くとらえ、合理的作劇術でそれらを描く。『メディア』『ヒポリュトス』『アンドロマケ』『エレクトラ』『トロイアの女たち』『アウリスのイピゲニア』『タウリスのイピゲニア』『バッコスの信女たち』など、とくに女性描写にすぐれている。十八篇の悲劇と一篇のサチュロス劇『キュクロープス（一つ目入道）』が現存する。当時はあまり好まれず生前四回死後一回の入賞におわったが、懐疑と不安を宿した彼の作品はむしろ近世近代に入って高く評価され、ラシーヌ、ゲーテの模倣創作をはじめとして、大きな影響をおよぼすことになる。

しかしその後は、ペロポネソス戦争介入による国家の衰運にともない、ギリシャ悲劇は凋落の一途をたどり、イオン、アカイオス、アガトンらの名はみえるが秀作は生まれず、前四世紀末には俳優の芸が優先して旧名作の再演が多くなる。そのため法令をもって三大作家の定本の保存、改悪禁止が布告され、三人の銅像が建てられさえした。前三世紀以降は、職業化した劇団が他国へ流出しはじめる。中でさかんだったのはアレクサンドリアで、上演作中にはユダヤ人作家による『出エジプト記』（前二世紀）もあり、後に生まれる聖書劇の最古の記録として重要である。が、本格ギリシャ劇の時代はすでに終っていた。

喜劇は農奴——労働階級——の祭りから生まれたが、その原型は、先頭に生産豊作のシンボルである大きな男根《パロス》を立て、行列を作って練り歩きながら、酔って踊りうたう解放の歌であった。（喜劇《コモーディア》の語源は「行列《コモス》の歌《オーディア》」である。）したがってそれは支配階級や権威と称されるものへの痛烈な批判諷刺を生命とする。これを喜劇として大成したのが古喜劇時代を代表するアリストパネス（ほぼ前四五〇―三八〇）で、『蛙』『蜂』『雲』『鳥』『リュシストラテ（女の平和）』ほか十一篇が現存する。愛国心にもとづく批判精神に貫かれ、機智、諧謔、空想に富むその作品は、ジャーナリズムというもののない当時の唯一の社会評論でもあり、後のモリエールとともに喜劇史上の二大ピークをなす。

しかしその在世中から政府の弾圧が加わり、五世紀末には本来の喜劇性は後退した。すなわち中期喜劇時代だが、前三三〇年以後の新喜劇時代になるとアレクサンダー大王の圧政により一層弱まり、たわいのない世話喜劇に堕した。その代表者はメナンドロス（前三四二―二九一）で、最近エジプトで発見された『怒りんぼの意地悪男』以外は断片しか残っていないが、彼を模倣したローマ喜劇を通じて近代におよぼした影響は大きい。

ギリシャにはほかに常設劇場をもたない、ミモスと称する即興的な物真似茶番喜劇があった。卑俗だが庶民的なその芸態は、次のローマのミモスを経て中世を生きつづけ、やがて近世ヨーロッパ演劇の樹立に重要な役割を果すのである。

なお悲劇の退潮期には、プラトンとアリストテレスの対照的な演劇論があらわれた。プラトン（前四二七―三四七）は理想国家論の立場から、演劇その他芸術は、真存在《イデア》を模倣した現実現象をさらに模倣したものだから、真より二段階低く、国家人心に害ありとして否定した。アリストテレス（前三八四―三二二）はその『詩学』において、逆に模倣の意味を芸術的創造としてとらえて肯定に導き、悲劇の本質特質を論じた。その内容および西洋演劇史上の地位については、他章に詳述したとおりである。

ローマの演劇　古代ローマでも演劇は詩で書かれた古典劇と、身振りを主とする即興的な物真似大衆劇の二種に分けられる。

古典劇はファビュラ・パルリアータと総称されるが、題材筋立ともギリシャ劇の模倣が多いとあって、従来の評価は低かった。しかし近年とくに喜劇における生活描写や、軽妙な対話などにローマの独自性が指摘され、見直されつつある。喜劇作家にはプラウトゥス（前二五四―一八四）とテレンチウス（前一九〇―一五九）があり、いずれもメナンドロスに拠っているが、前者の『アンフィトルオ』『黄金の壺』『ほら吹き兵士』や後者の『兄弟』などは傑作で、モリエールはじめ後代の作家の原拠となり、その影響は現代にまでおよぶ。

しかし現世的実利的直感的気質のローマ人は、古典劇でも外形はギリシャに学びながら、国家的な祭祀性や厳粛な運命観などの精神は受けつがず、もっぱら上流階級の慰楽ないし社交の具とされた。共和政後期にはギリシャ様式を基とした石造の大劇場も作られたが、彫像装飾に贅をつくし、客席には葡萄酒とサフランの香料をとかした水で冷房をほどこしたという。

時代が下るにつれて高尚な詩劇はいよいよ敬遠され、貴族のための朗誦ないし黙読の対象となり、劇場は見世物の場と化していった。帝政時代（紀元後二七年以後）になると、もはや合唱団のいないオルケストラは拡大されて大円形闘技場となり、水をたたえ軍船を浮かべて模擬海戦をさせ、奴隷剣士の果たし合いに興じ、はてはシェンケビッチの『クオ・バディス』に描かれたような、獅子によるキリスト教徒の虐殺などがおこなわれるようになる。後の中世初期における演劇・芸能の禁令のかげには、暴君ネロをはじめとする帝政ローマの乱脈への反動もあったのである。

このころ哲学者で詩人のセネカ（前三―後六五）は、ギリシャ劇に拠り九篇の悲劇を書いた。これらはシェークスピアほか後代の悲劇に少なからぬ影響を与えるが、いずれもレーゼドラマとして書かれたのであった。

古典劇に比してローマ独自の繁栄をみたのは、単純で身振り沢山で好色的な大衆芸能である。ファビュラ・アテルラーナというイタリア中部固有の笑劇もその一種だが、ことに特徴的なのはミムスと総称される即興的な通俗雑芸であった。仮面劇、写実的な物真似喜劇、アクロバット、無言劇すなわちパントミムス（後のパントマイム）など種々雑多で、日本中世の散楽系の雑芸《ぞうげい》を思わせる大道演芸だが、注目すべきはいずれも職業劇団で、類型的な役柄を持っていたことである。それはしばしば衣裳の色にも表示され、たとえば白は老人、灰色は食客、紫は青年、黄は娼婦を意味した。またここでは女優の存在も許されていた。

このミムスは、ローマ土着の雑芸にギリシャのミモスが混じたものと思われるが、これらは中世に入り古代の悲劇喜劇が追放されてからも、庶民のあいだに根強く生きのびた。そうしてやがてルネサンスとともにコメディア・デラルテとなって復活し、近世演劇の職業劇団化や役柄・人物類型とくに道化《どうけ》の分化成立、女優の発生普及などに、本質的役割を果たすことになる。

なお前一世紀には、ホラチウス（前六五―八）の『詩論』とビトルビウス（生没年未詳）の『建築』が出た。前者は詩の目的・技法・修辞などの具体的教本、後者はギリシャの和声理論と音響学にもとづく劇場構造論をふくむ建築理論書で、それぞれルネサンスの演劇論発展と劇場建築に直接寄与するところが大きい。

このようにローマ演劇は、それ自体の価値よりも、ルネサンス期のヨーロッパに古代をつなぐ直接の媒体となった点に、最大の史的意義があるといえよう。

紀元四七六年、西ローマ帝国の滅亡により古代は終り、中世キリスト教時代がはじまるが、演劇はきびしい禁制によりなお四百年のあいだ、不毛の時代をつづける。祭祀典礼の一環としての新しい演劇の芽ばえは、九世紀を待たねばならなかった。

インドの古代劇　ローマ帝政末期で西洋の演劇が不振の底にあった四～五世紀の交に、インドでは大詩人カーリダーサの出現により、古典劇の黄金時代を迎えていた。

これより先、紀元前二千年ごろ西北部からインドに侵入しはじめたアーリア人はバラモン教を開き、前一五〇〇年から約一千年にわたり独自の宗教文学・芸能を樹立した。文学の中核は四編の聖典『ベーダ』(吠陀) Vēda で、したがってベーダ文学時代とよばれるが、『ナーチャ・サーストラ』(六世紀ごろ作られた音楽・舞踊・演劇の教典)によると、神バラモンはその四ベーダにもとづいて演劇を創造したという。すなわち『リグ・ベーダ』から朗誦、『サマ・ベーダ』から歌謡、『ヤジュル・ベーダ』から模倣動作、『アタルバ・ベーダ』から情緒をとって劇を構成し、建築の神ビシュバ・カルマンに劇場を作らせ、聖仙バーラタ Bhārata (人間)が演出製作を受け持った。かくて神と人との調和協力によって演劇は生まれた。ディオニュソスが、ギリシャ神話では大神ゼウスと人間界の王の娘セメーレとの子とされるのと、一脈通じている。

しかしインド演劇の充実に決定的な寄与をなすのは、ベーダ時代のつぎに成立する二大長編叙事詩『マハーバーラタ』Mahābhārata と『ラーマーヤナ』Rāmāyana であった。ともに起原は紀元前数世紀とされるが、前者はバラタ族の大戦争を主題として紀元後四世紀ごろに現形をととのえ、後者は英雄ラーマ王の武勇譚を主題として二世紀ごろに完成された。が、二編とも単なる軍記武譚ではなく、インド劇文学の一般としてハッピーエンドではあるが、その間にロマンスあり悲恋あり、女性の貞節、実践倫理、幽遠の哲理などを含む波瀾万丈の数多の物語から成っている。それらはインドばかりでなく、中国はじめビルマ、タイ、マライ、ベトナム、インドネシアにまで流布され、インド・東南アジア圏の芸能の劇的世界の中核をなし、その影響は極東にまでおよぶ。たとえば『今昔物語』や謡曲にあらわれ、歌舞伎に入って『鳴神』となる一角仙人は『マハーバーラタ』に、舞楽の「度羅楽《とらがく》」や鎌倉時代の仏教説話『宝物集《ほうぶつ》』中の説話のいくつかは、『ラーマーヤナ』に、その源流がある。

これらは前四世紀ごろに基礎の成ったサンスクリット語によって詩として洗練され、さらに紀元一世紀になるとシャカの本性譚《ほんじょう》(生れ替りの仏教説話)『ジャータカ』が成立、劇的題材は豊富になる。一～二世紀にはカニシカ王に仕えた宮廷詩人アスバゴーシャが仏教詩劇に活躍、仏陀の生涯を描いた『ブッダ・チャリタ』が一九二二年中央アジアのトルファンで発掘された。二〜三世紀のバーサも叙事詩劇で知られ、一九一〇年南インドでその作十三編が発見されている。ただしこれについてはもっと後代の作とする説もある。

カーリダーサ（四—五世紀）を頂点とするサンスクリット古典劇の黄金時代は、これらの伝統をふまえて現出した。とくに『マハーバーラタ』に取材し、天女の娘シャクンタラーとドフシャンタ王との悲恋とその成就を描く七幕の音楽詩劇『シャクンタラー』Sakuntalā は、構想の妙と詞藻の優美により、インド劇文学の最高傑作とされる。十八世紀以降西洋にも翻訳紹介され、ゲーテは感動の詩を作ってさえいる。『オイディプス王』と王実甫《おうじつぼ》の『西廂記《せいそう》』（中国戯曲・後述）とならぶ世界の三大古典劇とする人もある。

その後八世紀にかけて、ハルシャ王、バーバブッティ（七世紀）、バッタナラーヤナ、ビサカーダッタ（八世紀）などの劇作家がつづいた。いずれも前記二大叙事詩や仏教説話を題材とする音楽舞踊劇で、日本の舞楽のように宮殿の庭、街角そのほか、野外の正方形の壇上で上演され、観客は三方または四方から囲んで見物した。幕はなく、役柄は仮面や身分階級人種を象徴する着色扮装によってあらわされた。十世紀ごろに書かれた『ダシャルーパ』（十種の演劇綱要）によると、インド演劇はナータカ（古代の説話に拠り、王・神・仙人を主人公とし、戦争と恋愛を主題とする本格的劇構成のもので、五幕から十幕まで。『シャクンタラー』がその典型）からビーテイ（登場人物二、三人の短い恋愛喜劇）まで、十種類あったという。

しかし十世紀になるとイスラム・トルコの侵入圧迫が強まり、演劇は急速に衰滅にかたむき、わずかに民俗芸能の興亡があるだけとなり、本格演劇はその後もついに復興しなかった。

中国の古代劇

紀元前一五〇〇年の殷代から前七世紀ごろまで、中国では、歌舞によって神を慰楽せしめる巫覡《ふげき》の芸能がひろくおこなわれていた。『詩経』（前四〇〇年成立）や『楚辞』（前二二〇年）には、神と巫のかけ合いの歌や霊と巫の舞踏、戦闘の模倣舞踊などの芸態が記されている。

現在の俳優に相当する「優」の存在が確立するのは春秋戦国時代（前七二二―前二二一）で、『史記』の「滑稽列伝」に楚（前二二三年滅亡）の優の孟《もう》が孫叔敖《そんしゅくごう》に扮し、秦の優旃《せん》がユーモラスな物真似芸をみせたことがみえる。かくて、昔からあった楽とあわせて「歌・舞・楽・優」の四つの演劇要素は成ったが、まだそれぞれ単独の芸で、これらが劇として融合されるのは後の漢代においてであった。

なおこの間孔子（前五五二―四七九）は『礼記《らいき》』の中で、「楽」（ひろく楽舞芸能をさす）は「礼」の倫理に沿うべきこと、すなわち天地・陰陽・静動等の調和一体化、真善美の理想実現に奉仕すべしとする、いわゆる「礼楽思想」を説いた。十四、五世紀の世阿弥の「陰陽の和するところをば成就」となす思想（『花伝書』）は、その末流である。

前漢（前二世紀―後八年）の武帝（前一四一年即位）は宮廷に「楽府《がふ》」を設けて内外の歌謡を採集、舞と楽の配合をすすめ、楽舞は大いに発展、中国独自の影絵劇もこのころに発生した。つぎの後漢（西漢・紀元二五―二二〇）になると西域との交流が一層さかんになり、前述四要素の一体化したさまざまの芸能・演劇が、宮廷を中心にさかえた。角觝《かくてい》戯（相撲）や跳丸・吐火・呑刀・燕躍などの曲芸奇術、『東海黄公』その他の物語上演などが『西京賦』にみえる。これらは「平楽観」とよばれる野外円形劇場でよく上演され、「百戯」また「散楽」と総称された。

三国六朝時代（二二〇―五八〇）には歌舞のなかの物語内容が比重を増して演劇化が進み、末期には傀儡戯《かいらいぎ》すなわち人形劇も発達したほか、西域や南方からの芸能輸入もますますさかんで、百戯は大幅に増修された。

つづく隋・唐（五八一―九〇一）の時代は西洋のギリシャ・ローマにも比すべき古代中国の結実期で、芸能もようやく「戯劇」として成立する。百戯の『代面《だいめん》（大面・蘭陵王）』、『撥《はつ》頭（鉢頭）』、『蘇中郎（踏揺娘《とうようじょう》）』はその代表例で、これらは他の伎楽や散楽芸とともに日本に渡り、それぞれ『陵王』『抜頭《ばとう》』『胡飲酒《こんじゅ》』となって今日まで伝承されるのである。

唐の玄宗帝（六八五―七六二）は大いに戯劇を奨励し、七一四年には宮中に優伶（楽人・俳優）の養成所を設けたが、周囲に梨が植えられたのでこれは「梨園」とよばれた。日本で芝居界のことを梨園というのは、ここに由来する。

唐代末には、漢代の項羽と劉邦の物語を劇化した『樊噲排君難戯《はんかいはいくんなんぎ》』が上演された。これは後の京劇にも取り入れられるが、ほかに日本の狂言に似た「参軍戯」という滑稽問答劇が生まれ、つぎの宋代における演劇発展の基をつくった。

朝鮮の古代劇　ここでも太古からあったのは、天すなわち神をまつるシャーマニズム的祈禱祭祀芸能であった。現在も民俗芸能として伝わる農楽は、その遺風とされる。漢の武帝の侵略征服により、一般文物とともに芸能も中国の大きな影響を受けたが、一世紀以後王国を回復した高句麗《こうくり》の古墳壁画には、多くの楽舞や雑芸が描かれている。四世紀に百済とともに興った新羅では前代からの芸能のほか、やがて新羅統一の原動力をなす青少年組織「花郎《ファラン》集団」において文武の教養として歌舞や戦闘舞踊としての剣舞などが奨励されたという。

七世紀にはふたたび隋・唐の侵入により中国の百戯が流入し、日本への伝播をも媒介するが、やがて六七六年新羅は全土に統一国家を建設、仏教芸術の興隆にともない布教のための楽舞「無㝵《むげ》」や弄丸、獅子舞その他の「五伎」、「処容舞」という仮面戯などが生まれた。処容舞は後に李朝で集大成され、現在まで伝えられている。この仏教政策は十世紀に新羅に代って建った高麗にも受けつがれ、宮廷では儺礼《なれ》すなわち追儺行事をはじめ多くの儀典の式楽として、伝統的歌舞と中国系の芸能の編成により、多彩な歌舞を生んだ。

3　中世からルネサンスへ（十六世紀中葉まで）

中世前期の長い暗黒時代の後ようやく九世紀にいたって、近代につながる西洋演劇の第一歩が印された。六世紀ごろ教会のミサにおこなわれていたグレゴリオ聖歌を源流とする、交誦《トロープス》による典礼劇の成立である。その現存最古の台本はスイスのザンクト・ガレンの僧ツティロ（?—九五一）によるものの断片で、復活祭のために、その奇蹟譚が三人のマリア、天使および昇天したキリストの対話の形で書かれている。

西洋宗教劇の発生と展開　つづいて作られたのは降誕祭用の劇的対話台本で、これらはもっぱら僧侶により、教会の祭壇の前、いわゆる内陣において演じられた。所作もすこしはあったが、用語はもっぱらラテン語だった。十三世紀ごろになると、人口増加につれて宗教儀式も対話朗誦も教会の内部から玄関、街頭、広場へと進出し、降誕と復活以外の奇蹟譚や物語もしだいに脚色され、旧約聖書中の降誕の予言の一件を含めて、キリスト一代記の形をとるようになる。演出にも写実味が増して世俗化し、僧侶以外の一般信者も劇製作にたずさわるようになって、各地方固有の色彩を加え、用語もラテン語一辺倒でなく各民族の言葉がつかわれはじめる。

こうした地方分立化世俗化は、十四世紀から十五世紀にかけていよいよ進み、香料商人の挿話なども劇化され、世話物的場面がますます多くなり、必然的に一般市民の参加が比重を増した。折から発達しつつあった同業者組合単位《ギルド》で上演を受け持つようにもなり、復活祭劇、降誕祭劇のほか聖史劇、受難劇、聖母奇蹟劇、道徳劇など多種多彩の、いわゆる宗教劇を生んだ。演出形式もいろいろだが、主にイギリスではやった「ページェント」式と、フランスでさかえた「マンション」式が双極をなす。前者はいくつもの場面をその数だけの車（テスピスの車という）に装置して、順次に移動して見せる方式、後者は複数の場面——たとえば天国から地獄までの十余りの舞台面——を並列しておいて、見物のほうが移動しながら見る方式である。

しかしいずれにしても主題は神、キリストへの絶対的帰依信仰の教訓、内容は超現実的幻想的で時間空間を超越した、荒唐無稽ともいえるもので、演劇論などの起こるはずもなかった。唯一の知識階級だった僧侶も、ローマの戯曲を読むことはあってもレーゼドラマとしか思わず、ギリシャに関してはまったく知識を持たなかった。

今日では、十年めごとにおこなわれる南ドイツのオーバーアンマガウ Oberammergau の受難劇や、パリのノートルダム寺院前の聖史劇などに、宗教劇はわずかにその面影をしのばせている。

しかし大航海時代の後半、十六世紀末から十七世紀初頭にかけて、鎖国直前の日本に来たポルトガルの宣教師は、相当数の宗教劇を紹介上演し、初期の歌舞伎に何らかの影響をおよぼした。逆に彼らが持ち帰った日本の殉教者の物語が、一六〇七年オーストリアのグラーツ上演を嚆矢として脚色されはじめ、十七世紀から十八世紀へかけてのバロック時代に、主としてスイスでしばしば上演されている。宗教劇を通じてのこの時代の東西交流は、今後の比較研究の重要な課題のひとつである。

西洋における市民演劇の台頭

中世ヨーロッパには、教会が製作演出する宗教劇のほかに、ミモス、ミムス系の大道芸や雑芸が、非公認ながら一般民衆のあいだに根強く息づいていた。道化を主役とする滑稽卑俗な寸劇が多かったが、それらは各地の異教的民間祭礼や行列芸能と交配され、宗教劇とも接触しつつ、近世初頭のルネサンス期にいたって、各地各様の生活・風土を反映した市民演劇の花を咲かせる。

中でもいちじるしいのは、十五世紀におこったフランスの笑劇《ファルス》と南ドイツの謝肉祭劇である。前者では『パトラン先生』、後者では『百姓の肉部屋の謝肉祭劇』『婿えらび』『夫婦のおもしろい謝肉祭劇』などが知られ、いずれも日常生活に取材し食と性との欲望を中心とした、卑猥だが健康な笑いに満ちていた。

ことに後者はもと仮装行列芸能からおこったが、十五世紀から十六世紀にかけて、商工業と学芸の中心地だったニュルンベルクで、同業者組合《ギルド》の自立演劇として繁栄する。鋳かけ屋組合のハンス・ローゼンブリュート、床屋組合のハンス・フォルツらについで出た靴屋組合のハンス・ザックス（一四九四—一五七六）は、『馬鹿を切取る開腹手術』『天国へ行った遍歴学生』『ハムを買いに来た男』その他二〇〇篇もの劇を書き、職匠詩人の第一人者として謝肉祭劇の全盛時代を築いた。ワーグナーの『ニュルンベルクの名歌手』は彼を主人公としたオペラである。ただし題名中のマイスタージンガー Meistersinger は、名歌手ではなく「職匠詩人」を意味する。

この潑剌とした庶民演劇の芽は、しかし成長しきらぬうちに枯れてしまう。ルネサンスの学問的風潮が成育をはばんだのも一因だが、とくにドイツにおいては宗教改革（一五一七）に端を発した三十年戦争とそれにつづく長い内乱が、大きな原因といえよう。そのためドイツでは、市民劇がいち早く開花したにもかかわらず、国民演劇の樹立は他国より二〇〇年近くおくれることになる。

ルネサンス演劇の新風　一四五三年の百年戦争終結、東ローマ帝国滅亡をもって中世の終焉、近世ヨーロッパの開幕とされるが、一三一三年のダンテの『神曲』いらいルネサンスは徐々に進みつつあった。その本質は中世神学的世界から、万物を人間自身の眼で見直そうという素朴な自然観・人間観への転回——略していえば宗教的呪縛からの人間解放である。その拠りどころがギリシャ・ローマの哲学であり芸術であった。演劇のルネサンスもまずイタリアで古代研究からはじまり、戯曲とその演出法、舞台と劇場、演劇論などあらゆる面で急速な進展をとげ、地上的人間的演劇へと転回して行く。

その一はローマのプラウトゥス、テレンチウスの喜劇の研究と実験上演で、人文主義者《フマニスト》のポンポニウス・ラエツス（一四二七―九七）が先駆とされる。それらの実験は貴族の庭園、大学の校庭、豪邸内の広間などで、古代語のわかる学者学生により進められた。当時の台本の挿絵にみえる「テレンチウス舞台」では、背景が四分されて各々にプロセニアム・アーチがあり、幕が下っていて、複数の場面をひとつの舞台で処理する工夫がうかがわれる。中世宗教劇では観客と舞台とは「一対多」の対応であったが、古代劇では客席と舞台はともに固定されて「一対一」に対応していたことを知り、「多」の場面を「一」の舞台に集約する方法がもとめられたのである。

しかし舞台と劇場の発展にとって決定的だったのは、一四八六年にローマのビトルビウスの『建築』*Architectura*（前述）が訳されたことと、おなじころルネサンス的写実精神のあらわれとして遠近法が発明されたことであった。後者はまず一五〇八年アリオストの喜劇『カッサリア』に応用され、教会・家並・塔・庭のあるリアルな背景が舞台をかざった。が、『建築』の研究と遠近法とからまったく新しい舞台・劇場を構想したのは、セバスチャーノ・セルリオ（一四五七―一五五三）である。彼がその著『建築』*Architettura*（一五四五）に書き残した劇場の理念は、屋内劇場で半円形摺鉢型の客席を有し、舞台の演技空間の奥のやや高く傾斜したスペースには、遠近法で描かれた三層の左右書割と正面奥の鏡板が立てられ、適宜さしかえられるようになっている。

ここにおいてヨーロッパ劇場様式の基礎が作られたといっていい。一五八〇年から八四年にかけてビチェンツアに建てられたオリンピコ座は現存最古の劇場だが、その構造は原理的にはセルリオの発想の実現にすぎない。この劇場ではプロセニアム・アーチは中央と左右の小アーチの三つで背景も固定されているが、一六一八―一九年に成ったファルネーゼ座では大きな一個のアーチとなり、背景・書割も転換可能となって、近代額縁舞台に一層近づいた。なお一五八六年にはフィレンツェのベルナルド・ブオンタレンティ（一五三六―一六〇八）が、いくつかの三角柱の各面に別々に描いた立体書割の回転により、瞬間的に装置を変える方法を発明している。これはテラリ（Terali）舞台とよばれたが、明らかにバロック的発想で、ヨーゼフ・フルテンバッハ（一五九一―一六六七）がウルム市に建てた改良劇場に取り入れられ、ドイツ・バロック劇場の発展に寄与した。フルテンバッハはまた、中心に回転式観客席のある四つの舞台をもつ劇場も考えたが、実現はしなかった。

大陸の劇場はかように着々と近代への歩みをはじめたが、イギリスでは独自の中庭式劇場が生まれていた。旅役者時代に「コ」の字型の旅館の中庭で上演した形の踏襲で、オリンピコ座よりやや早く一五七六年に、エリザベス女王の直許を得てジェームス・バーベージ（シェークスピア劇の主演俳優リチャード・バーベージの父）が建てたシアター座 The Theatre が最初で、つづいてカーテン場《ザ・カーテン》、バラ座《ザ・ローズ》、白鳥座《ザ・スワン》、地球座《ザ・グローブ》、幸運座《ザ・フォーチュン》、赤牛座《ザ・レッドブル》、希望座《ザ・ホープ》などが、十七世紀初頭にかけて続々とテムズ河畔に建てられた。これらは一六四二年清教徒革命で閉鎖されるまで、さかえるのである。

古代劇の研究復活、劇場の発展とともに重要なのは、劇詩論ないし演劇論の興隆である。アリストテレスの『詩学』がイタリア語に訳されたのは一五四九年だが、当時直接の土台となったのは既述のようにむしろローマのホラチウスの理論だった。まずベルナルディノ・ダニエロ（?―一五六五）は彼に従って喜劇の効用を説き、さらに「五幕より多くても少なくてもいけない」と述べた。セバスチャーノ・ミントルノ（?―一五七四）はこれに、劇的行為は「一日か二日」の出来事で上演時間は「三、四時間」という時間規定を加えた。

こうした数的規定への強い関心は、やはり中世的散漫、超自然、非合理にたいする統一性、自然性、合理性への希求のあらわれといえよう。この傾向のイタリアにおける到達点を示すのは、ユリウス・カエサル・スカリジェル（一四八四―一五五八）とロドビーコ・カステルベトロ（一五〇五―七一）で、彼らは『詩学』を独断的に曲解し、「三単一」

をギリシャ劇の「法則」としてとらえた。十七世紀フランスで完成される古典主義理念の骨子は、かくてすでにイタリアで出来あがっていたのである。ただ実際の作劇はまだ熟さず、ローマ古典劇の模倣にとどまり、戯曲史に残る作家は生まれていない。戯曲の確立は、次代の他の国々を待たねばならなかった。

職業劇団の発生と女優の確立も、ルネサンスの新風のひとつである。これをうながしたのは、イタリアに生まれ、十六世紀中葉から十七世紀にかけて全ヨーロッパに巡演波及した、大衆的な即興仮面劇のコメディア・デラルテであった。源流はローマ劇を模した高踏派の古典喜劇コメディア・エルディータ（コメディア・ソステヌータともいう）にたいして、ベネチアの職人が作り出した大道茶番劇とされるが、その底にはミモス、ミムスの流れを汲む中世の世俗道化芝居の血脈が感じられる。劇としての形をととのえたのはアンジェロ・ベオルコ・ルッツァンテ（一五〇二―四二）で、一五二〇年代に『小蝿』『小さな花』ほかの上演がある。

コメディア・デラルテの筋は、若い男の恋を邪魔するほら吹き軍人や好色爺などが、下男の知恵によって翻弄され、二人がめでたく結ばれるといったものが多い。が、台本はなく筋書《セナリオ》だけで、細部やせりふは俳優にまかされた。初期の歌舞伎の「口立て」式にひとしい。演技様式はミムスの伝統を受けた誇張的な物真似芸《マイム》が主体で、ことに所々にツナギに挿入される「ラッツィ」では、本筋と関係のうすい軽業や歌などの得意芸を見せるという、見世物本位の大衆劇であった。

しかし即興劇だけにみな完全な職業劇団で、若い男女とそれに付く女中のほかは、役の類型に応じた半仮面と衣裳を着けて演じた。「コメディア・デラルテ」とは元来職業的技術《アルテ》をもった俳優のやる喜劇《コメディー》の意味である。役柄にはほら吹き軍人のカピターノ、だまされやすい老父パンタローネ、ボローニア大学の学者ドットーレなど数多いが、主役はザンニと総称される従僕の道化役である。これには間抜けのピエロ型と利口者のアルレキーノ型があり、コンビで登場するが、後者はとくに発達してスカピーノ、ペドロリーノ、ブラッチーノ、ブリゲッラ、プルチネッラなど多くのバリエーションを派生した。役柄の類型専業制は芸本位の大衆劇の特質で、ほぼ同時代に生まれた歌舞伎にも同質の展開がみられることは、第三章にも述べた。

これらの役柄はモリエールはじめ後の各国の職業演劇成立に本質的影響をおよぼすが、女優の発生もまたこの演劇からだった。非公認にのみ存在を許されてきた大衆劇の女優が、ルネサンスの自然主義、合理精神に合うものとして評価され、一般化していくのである。

こうして先駆的役割をつとめたコメディア・デラルテもやがてマンネリズムに陥り、カルロ・ゴルドーニ（一七〇七―九三）が戯曲を重視し性格劇確立に活躍するにおよんで、衰微していった。

かくして西洋演劇は、ルネサンス・イタリアに起こった数々の新機軸により、神への奉仕から人間のための人間の芸術へ、汎ヨーロッパ的存在から各国各様の国民演劇へと進むことになる。

東洋の演劇　四～五世紀にサンスクリット古典劇の絢爛たる開花を誇ったインド演劇も、この時代にはすでに昔日の面影なく、ベンガルのジャトラとかアッサムのオジャパリそのほか各地各様の民俗芸能が、素朴な花を競うのみとなった。

なかでもっとも多彩で芸術性高く、世界的に知られるのは、インド南端の海岸地方のケララ州に十七世紀ごろから伝わるカタカリである。もとはアーリア人に追われて南下したドラビダ族の楽舞ともいわれるが、題材はやはり『マハーバーラタ』と『ラーマーヤナ』で、仮面のように極彩色で精緻に描かれたメークアップと、華麗な冠と衣裳をつけて、幻妖怪奇なロマンの世界を現出する。

朝鮮では高麗が一時元に征服されたあと、一三九二年に李朝が成立し、一九一〇年までつづくが、儒教政策により前代までの仏教芸術や民間芸能は抑圧されるようになり、宮廷では貴族趣味の「李朝雅楽」が保護育成されたのにたいして、一般演劇はこの期には十分の発展をみなかった。

インドや朝鮮のこのような演劇不振にひきかえ、日本ではこの期のはじめ——九世紀ごろ舞楽が貴族芸能として定型化し、下って延年・田楽・猿楽から十四、五世紀の能・狂言の大成へと独自の発展をとげたが、これに比べられるのはわずかに中国における宋（九六〇—一一一五）の雑劇（雑戯）と元（一二七〇—一三六八）の元曲の盛行である。「雑劇」という名称は九九八年から一〇二二年の間に生まれた。唐代末にあらわれた参軍戯から発達したものだから、歌舞も含まれるが主体は滑稽諷刺のせりふで、それを「詞」といった。「漢文唐詩宋詞元曲」といわれるように、唐代はなお詩文の時代で、梨園は作られてもまだ歌と舞が主体だったのが、宋代にいたって「詞」すなわち劇文学がおこり、本格的演劇が成立したのであった。

その劇文学の充実に寄与したのは、前代までの劇内容のほか唐代の伝奇（長編小説）や仏教説話などである。雑劇は、宮廷では臨時の仮設舞台で、民間では寄席のなかの「勾欄《こうらん》」とよぶ台の上で演じられた。役柄は、末泥《まつでい》（戯頭《ぎとう》）、引戯《いんぎ》、副浄《ふくじょう》（次浄）、副末《ふくまつ》、装旦《そうたん》の五つ。末泥は主役だが指揮者ないし演出家の立場で、引戯はその命令を他の役につたえたり口上を述べたりする役、副浄と副末がふつうの男性主役、装旦が女方である。これらがやがて後の京劇の役柄「生、浄、末、丑、旦」となる。

一一一五年から一二七一年の間は、北方から金が侵入したため宋は南北に分かれる。金治下の「北戯」がすなわち在来の雑劇で北曲とも称し、「南戯」は南部温州で起こった演劇で戯文ともいい、明代に流行する南曲の源流をなす。金では雑劇を「院本《いんぽん》」または「官本《かんぽん》」といい、男女優を「行院《ぎょういん》」と称した。また民間には戯曲を専門に書く「書会《しょかい》」という作者の組織があった。

蒙古族が宋を倒して元となるにおよび、中国演劇は「元曲」として、十三世紀末から十四世紀初頭にかけて全盛期を現出する。それは北戯すなわち宋の雑劇の伝統をふまえて、劇文学として充実大成したことによって、もたらされた。蔵晋叔編の『元曲選』は、作家として関・馬・白・鄭の四大家をあげている。

第一の関漢卿《かんかんけい》（生没年未詳）は元曲の形式で戯曲を書いた最初とされる。元曲には、一本四折（幕）、男または女の主役が全折を独唱し他はせりふのみ、各折は各別々の調子で統一することそのほか、きびしい形式が定められていた。彼の代表作には民族的英雄関羽を主人公とする『単刀会』、軽侮される妓女をかばい悪徳者をいためつける『救風塵』などがある。いずれも正義と人間性にもとづくスケールの大きいドラマで、一九五八年世界平和評議会で「世界文化名人」にも選ばれ、中国最高の劇作家とされる。

馬は馬致遠《ばちえん》（生没年未詳）、白は白樸《はくぼく》（一二二六―？）、鄭は鄭光祖《ていこうそ》（生没年未詳）だが、この四大家におとらないのは『西廂記』を残した王実甫《おうじつぽ》（生没年未詳）である。『西廂記』は科挙《かきよ》（高級官吏の採用試験）にのぞむ書生張珙《ちようきよう》と清純の娘崔鶯々《さいおうおう》との波瀾に富んだ恋物語だが、庶民的作風と詞章の雄渾流麗により、現存古典劇中、読み物としてももっとも人気が高い。

元曲はこの黄金時代のあと、十四世紀中葉の元末期ごろには南下して杭州にさかえ、南戯を圧倒した。が、その作劇や演出の形式が厳格でむずかしいため、しだいに敬遠されはじめ、明代に移るころには逆に台頭してきた南戯にとって代られた。元代最末期の一三六七年ごろに完成して『西廂記』とならぶ二大古典とされる高明《こうめい》の『琵琶記』は、すでに元曲ではなく南戯（南曲）のための戯曲だったのである。

なお日本の能が元曲に大きな影響を受けたという説もある。たしかに能は作品芸態ともに、大陸の影響なしには考えられない。しかし元曲と直接どういう関係があったかは、現段階では明らかでない。比較研究の大きな課題のひとつとしておく。

4 近世演劇の諸潮流（十九世紀中葉まで）

十六世紀末からの約三百年間は、日本では徳川時代の民衆が文楽と歌舞伎という二大演劇を生み育て、中国では明・清両代で南曲につづき京劇が成立する時代だが、西洋ではバロック、古典主義、啓蒙期の市民劇台頭、そうしてロマン主義——と、大きな史的うねりをたどりながらも、各国がたがいに複雑微妙にからみあって、とりどりの花を競う時代であった。

バロック演劇の開花

芸術史ないし文化史上ルネサンスのつぎにくるのがバロック時代である。「バロック」の語源は、小石または歪んだ真珠を意味するバロッコ barroco というポルトガル語だった。古典的均整美を誇りとするルネサンス様式を正型すなわち完全球体の真珠とみて、その次の時代の様式をその堕落頽廃した姿ととらえ、「歪んだ真珠」にたとえたのである。それは本質的には、独立国家形成期の巨大なエネルギーをはらみながら、宗教改革（一五一七）と反宗教改革とのあいだに揺れ動き、さらにコペルニクスの地動説（一五四三）により終末感的にさえ深刻化された、不安動揺の心的状態に根ざすものであったといえよう。

十九世紀末には、従属的な頽廃様式としてではなく、ルネサンスないし古典主義美学と対立する独自の美的発想として定位されるのだが、演劇では、単一を守らない多時間多場面の自由奔放なドラマツルギー、舞台機構を駆使した多彩な視覚性とその変化、不連続性、力動性、主情性、生成流転の世界観、人生は芝居なりという思想、などを特徴として発現する——これらについてはすでに第二章その他で詳述した。

バロック期の演劇には、ドイツ・オーストリアのバロック劇、黄金時代のスペイン劇、エリザベス朝のイギリス劇、初期フランス劇などが含まれるが、その萌芽はルネサンス期のイタリアやドイツにみられる。反古典として起こったコメディア・デラルテはじめ、遠近法舞台とその転換、テラリ舞台、フルテンバッハの回り舞台の発想、十六世紀末フィレンツェにおける歌劇《オペラ》の発生等々である。

ドイツとオーストリアでは舞台美術と劇場建築が発達し、とくにウィーンでは程近いイタリアから多くの芸術家や技術家を招いて、絢爛たる宮廷劇、歌劇を展開、ヨーロッパにおけるバロック演劇の中心となった。一六五二年創建の四階建桟敷式歌劇場、六七年の五〇〇〇人大劇場はその拠点で、後のドイツはじめヨーロッパの劇場の典範ともなった。

十八世紀ハプスブルク王朝の全盛を迎えたオーストリアは、一七四一年女王マリア・テレジアによるブルク劇場建設により黄金時代を現出、やがて最初のオーストリア劇作家とされるフランツ・グリルパルツァー（一七九一—一八七二）以下十九世紀の多くの劇作家・演出家輩出の基盤が築かれた。コメディア・デラルテの流れを汲んでドイツ語圏独得の道化役「ハンスブルスト」Hanswurst を生んだ、喜劇俳優兼作者のフェルディナント・ライムント（一七九〇—一八三六）、ヨハン・N・ネストロイ（一八〇一—六二）の活躍も、バロック系脈に加えられよう。

しかしドイツでは舞台機構においてバロック的発想が生まれたほかは、劇作家に『カルデニオとツェリンデ』などで知られるアンドレアス・グリフィウス（一六一六—六四）があるくらいで、国民演劇とよべるものはまだ樹立されなかった。ほとんどは十六世紀末からさかんになったイギリス俳優の巡回上演による、残虐誇大であざとい筋の起伏を売り物にするいわゆる「ハウプト・ウント・シュターツアクチオン」Haupt-und Staatsaktion と、コメディア・デラルテの亜流の道化茶番劇（ハンスブルスト劇）で占められていた。

大陸においてもっともはやく、もっとも典型的なバロック演劇をうち立てたのはスペインである。ここにもルネサンスの波はおよんだが、ピレネー山脈で隔てられた地理的条件、南国的な独得の風土、国民性のために、古代文化や他の諸国の影響が比較的うすかった。演劇もその例外ではなく、中世宗教劇から出発しながら、スペインそのものの農村生活や歴史を題材とした独自の作品を生むようになる。

その先駆は農民のことばを用いて牧歌劇を書いたファン・デル・エンシーナ（一四六九?—一五二九?）で、ついでロ—ペ・デ・ルエダ（一五一〇?—六五）が、実生活に題材をとり、自然で庶民的なことばによる散文喜劇を創始、民間巡業をおこなって教会と貴族から演劇を解放した。ついでファン・デ・ラ・クエバ（一五五〇?—一六一〇?）は『詩作法』をあらわし、自国の民族史に題材をもとめるべきことと、ルネサンス流の三単一などは無視すべきことを主張した。一五四〇年から一六八〇年ごろまでをスペイン黄金世紀とよぶが、その時代の演劇を貫く基本精神は、ここで確立された。

ロ—ペ・デ・ベ—ガ（一五六二—一六三五）にいたってスペイン劇は頂点に達する。彼は一八〇〇の喜劇と四〇〇の聖史劇を書いたが、そのうち『オルメドの紳士』『セビリアの星』『相手のわからない恋』『奇跡の騎士』『国王こそ無二の判官』ほか四〇〇余篇が現存する。自由奔放な作劇術はバロックの典型というべく、騎士の名誉・体面と女性の貞節を主題とする恋愛と武勇のドラマは、「合羽と太刀もの」なる一ジャンルをひらいた。従来脇役だった女性の役を男役と同等に高めたことも、その功のひとつとされる。なお当時劇場は中庭式だったが、女優は十六世紀末から登場している。

またその著『現代喜劇新作法』では、筋さえ矛盾がなければ単一の法則などは不要で、ドラマに必要なのは自由奔放な変化だ、何故なら演劇の目的は観客の好みに合わせて楽しませることで、その観客は「変化」を好むからだ——

と主張した。歌舞伎における黙阿弥の「三親切」の教えと相通ずものが認められる。さらに、変化のためには当然悲劇と喜劇が混在してよく、用語は各人物らしい自然さが大切で、幕数は三幕がいいとも、附記している。しかし性格描写は不得意であった。

つづくティルソ・デ・モリナ（一五七一?—一六四八）は性格創造にすぐれ、『セビリアの色事師と石の招客』でドン・ファンの原型を作った。また・ファン・デ・アラルコン（一五八〇?—一六三九）も性格劇にすぐれ、普遍性の高い喜劇のなかに道徳性が貫かれている。代表作に木下順二の『赤い陣羽織』の粉本となった『三角帽子』がある。

カルデロン・デ・ラ・バルカ（一六〇〇—一六八一）は、奔放性は劣るが卓抜な作劇術による舞台効果と、荘重な抒情的韻文にすぐれ、忠誠とカトリシズムへの帰依と名誉と貞操を主題として、『大世界演劇』『人生は夢』その他名作が多く、ベーガとならび双璧とされる。とくに王侯軍人と農民の対立のなかに、国権や軍法よりも一女性の貞操、人間の尊厳の重いことを描いた三幕六十二場の『サラメアの村長』はスペイン劇中での傑作。十八、九世紀のドイツロマン派にも影響を与えたが、日本でも森鷗外と弟の三木竹二により明治二十二年（一八八九）『調高矣《しらべはたかし》洋絃一曲《ギタルラのひとふし》』の題で訳され、原題による新劇上演もある。

ベーガ、モリナ、アラルコン、カルデロンを黄金期スペインの四巨星とするが、ギレン・デ・カストロ（一五六九—一六三一）の二部作『若き日のエル・シッド』『エル・シッドの武勲』も、後に古典主義確立の契機をなすコルネーユの『ル・シッド』の直接原拠となった点で、史的意義が大きい。

イギリスでは十六世紀後半から、スペインの無敵艦隊撃破（一五八八）による国運隆盛、社会民心の上昇機運を背景に、女王エリザベス一世の文教・芸能振興政策に力を得て、テムズ河畔に林立するエプロン・ステージつきの中庭式劇場で、バロック劇の花を咲かせた。いわゆるエリザベス朝演劇である。

劇場様式のみならず、女役には声変り前の美少年俳優が演ずるなど、まだ中世の遺風は残っていたが、何よりもめざましいのは劇文学の発展であった。そのもとはやはり、古典劇を学んだルネサンス期の人文主義作家たちで、プラウトゥスを範としたニコラス・ユーダル（一五〇五―五六）の『ラルフ・ロイスター・ドイスター』（一五五〇）と、セネカの風をつぐトーマス・ノートン（一五三二―八四）の『ゴーボダック』（一五六二）は、それぞれイギリスの喜劇と悲劇の先駆をなした。ついでジョン・ベイル（一四九五―一五六三）は『ジョン王』（一五三八）などにより編年史劇《クロニクル・プレイ》を創始、やがて十六世紀末近く世にいう大学才子たちの台頭をみるにおよんで、最盛期を迎える。

クリストファー・マーロー（一五六四―九三）の悲劇『マルタ島のユダヤ人』『フォースタス博士の悲劇』『エドワード二世』、トーマス・キッド（一五五八―九四）の亡霊・狂気・復讐にいろどられた流血の惨劇『スペイン悲劇』、ロバート・グリーン（一五六〇―九二）のローマを舞台とした上下交錯の喜劇『ベイコン牧師とバンゲイ牧師』、そのほか妖精の活躍するジョン・リリー（一五五四―一六〇六）の機智幻想に富んだ牧歌調喜劇などが、続々とあらわれた。

これらの作品は即座に一人の天才作家により、天衣無縫の作劇術と、生き生きとした性格・心理描写と、二万語にのぼる豊富多彩な語彙を駆使した詩性と、深い洞察と宏大な宇宙観・人生観照とによって面目新たに改作され、世界演劇史、文学史上最高とされるドラマ群を生んだ。その作者が、ストラットフォード・オン・エイボンに生まれ、はじめ俳優兼業で、カーテン座から地球座の座附作者となったウィリアム・シェークスピア（一五六四―一六一六）である。大シェークスピアは突然生まれたのではなく、多くの先輩同輩の作をふまえて集大成したのであった。そのジャンル、題材、作風があまりにも多様なため、単一作家としてのシェークスピアの存在を疑う説もあるが、右の成立過程を考えれば容易に実在を肯定し得るであろう。

その作は四期に分けられる。第一期（一五九〇―九五）は『まちがい続き』『ベローナの二紳士』『じゃじゃ馬馴らし』『恋の骨折損』などの軽く明るい喜劇と『ヘンリー六世』『リチャード三世』『タイタス・アンドロニカス』などの歴史劇、それに若々しいロマンチックな悲劇『ロミオとジュリエット』の時代。第二期（一五九六―一六〇〇）は『真夏の夜の夢』『ウィンザーの陽気な女房たち』『から騒ぎ』『お気に召すまま』『ベニスの商人』『十二夜』などの深みを増した喜劇と『ジョン王』『ヘンリー四世』『ジュリアス・シーザー』などの歴史劇の時代。第三期（一六〇一―一〇九）はいわゆる四大悲劇『ハムレット』『オセロー』『リヤ王』『マクベス』と、『アントニーとクレオパトラ』『アセンズのタイモン』『コリオレーナス』などのはげしい悲劇を主とし、『トロイラスとクレシダ』『終りよければすべてよし』『以尺報尺』のような苦い喜劇または問題劇を書いた時代。第四期（一六一〇―一一）は『冬の夜話』『テンペスト』の明澄温和なロマン劇の時代。

作風の変遷のかげには私生活上の哀歓やパトロンの王侯貴族との関連、一六〇三年の女王の死そのほか複雑な原因が考えられるが、伝記には不明の部分が多く、作品以外の内面告白や演劇論などが残っていないので、正確に跡づけるのはむずかしい。たとえば第三期から第四期への推移も、激情の果てに得た静安調和の心境だけではなく、この期に彼の属する一座が、上流観客を対象とするブラック・フライヤーズ座に移ったことも、有力な理由であったろう。

ブラック・フライヤーズ black friars（一五七六年創立）はホワイト・フライヤーズ（一六〇五）とともに代表的な私設劇場 private theatre であった。これらは貴族の私有による高踏的、小劇場的な劇場で、テムズ河畔の劇場群が一般大衆市民のための公衆劇場 public theatre なのにたいして「私設」とよばれ、主として貴族の館や修道院などに設けられた。このほうは屋内劇場で上流人士を観客とし、もと宴会の余興であるため夜間興行がおこなわれ、遠近法装置、移動する背景幕など、大陸のルネサンス方式が取り入れられていた。その点むしろ進んでいたわけで、王政復古（一六六〇）以後イギリスでも、フランス宮廷劇を範とする大陸式演劇に転回するその素地は、むしろこの私設劇場にあったといっていい。

なお、従来シェークスピアをルネサンスの作家とする見方が多いが、単なる時代的区分からでなく作の諸特質からみても、当然バロック演劇のなかに位置づけられるべきであろう(第二章参照)。

しかし、当時彼に対抗し得た唯一の劇作家ベン・ジョンソン(一五七三—一六三七)はルネサンスないし古典主義者で、古典喜劇に倣って『十人十色』『ボルポーン』『物いわぬ女』『錬金術師』などを書き、気質喜劇《コメディ・オブ・ヒューマーズ》なる分野を開いた。古典学者としても一級で犀利な論客でもあり、悲劇、仮面劇、一般詩も書いて宮廷の信任が厚かった。

あとには合作喜劇作者のフランシス・ボーモント(一五八四?—一六一六)とジョン・フレッチャー(一五七九—一六二五)やトーマス・デッカー(一五七二?—一六三二)、トーマス・ミドルトン(一五七〇—一六二七)などが出た。中でもっとも特徴的なのはジョン・ウェブスター(一五八〇?—一六二五?)の『白魔』『モルフィー公爵夫人』、シリル・ターナー(一五八〇?—一六二六)の『復讐者の悲劇』、ジョン・フォード(一五八六?—一六四〇?)の『あわれ彼女は娼婦』など陰惨をきわめた流血悲劇 blood tragedy である。しかしいずれも人間描写や劇的世界の大きさなどで、シェークスピアに及ぶべくもなく、やがて衰退して行く。

一六四二年におこった清教徒革命は、きびしい禁制を敷いて公衆劇場を閉鎖し、エリザベス朝演劇にとどめを刺した。一六六〇年チャールズ二世の復位により王政復古となり、演劇は再開されるが、それは既述のようにまったく伝統を異にする、モリエール風の古典主義的演劇であった。

ともあれスペイン劇といいエリザベス朝演劇といい、日本の文楽・歌舞伎といい、東西ほぼ同時代におなじくバロック的特質をもつ市民の演劇が興ったことは、きわめて注目すべき歴史的事象といえるであろう。

古典主義演劇の確立

三単一を守った緊密な構成と、スペクタクルを排して格調高い言葉による伝達を主とし、悲劇と喜劇を峻別する古典主義――時代はバロックだが、まったく特徴を異にするこの古典主義（擬古典主義ともいわれる）演劇は、ルイ十四世治下のフランス宮廷文化の一環として成立する。

その先駆は、ルネサンス期にエチエンヌ・ジョデル（一五三二―七三）が、古典劇を範として書いた最初のフランス語悲劇『クレオパトラ』（一五五二）とされる。しかし当時はむしろ演劇論移入時代で、一六〇〇年前後はむしろイタリア、スペイン風の牧歌劇《パストラル》や悲喜劇が多く、約百年後一六三四年ジャン・メレー（一六〇四―八六）の、三単一による悲劇『ソフォニスブ』の成功により、ようやく三単一論争が燃えあがった。これに決着をつける契機をなしたのが、ピエール・コルネーユの名作『ル・シッド』である。

この作はしかし、スペインのカストロの原作による、まぎれもないバロック戯曲であった。青年貴族ロドリーグが、父の恥をそそぐために決闘して殺した男の娘シュメーヌとの恋を、大敵を破って国民的英雄となることによってめでたく成就するまでの、波瀾万丈のドラマで、一六三六年（三七年?）マレー座に上演され大成功を博した。これが秩序と格調と合理を好む宮廷人宰相リシュリューの反感と嫉視を買い、はげしい非難を受け、大論争となった。世にいう「ル・シッド論争」である。非難の理由は、盗作であること、女主人公が親不孝で不道徳だということ、三単一の法則を守っていないこと――の三点であった。裁定に立ったアカデミー会員の評論家・詩人ジャン・シャプラン（一五九五―一六七四）は、「ル・シッドに関するアカデミー・フランセーズの意見」により、コルネーユの敗北を示した。三単一を金科玉条とする古典主義は、こうしてフランス宮廷秩序の権威を背景として確立された。

コルネーユは三年間の沈黙の後、古典法則を守った傑作『オラース』『シンナ』『ポリュークト』そのほかを書いたが、晩年は不遇に終った。しかし『ル・シッド』は形はスペインゆずりのバロックではあったが、別の意味でフランス国民劇の祖となった。かくあるべきものとしての理想主義、神とか宿命とかでなく一人の人間の、内面の意志と情念の葛藤、そして理性と意志の勝利――が、はっきりうたわれていたからである。

『ル・シッド』上演の三年後に生まれたジャン・ラシーヌ（一六三九―一六九九）は、いわばフランス古典主義の申し子であった。その作劇活動は『アンドロマック』の成功した一六六七年から、『ブリタニキュス』『ベレニス』『バジャゼ』『ミトリダート』『イフィジェニー』を経て一六七七年の『フェードル』まで、十年間にすぎない。が、それらの作は、危機感にあふれた一分の隙もない作劇術、人間の本性、弱点の仮借なき剔抉、理性とのたたかいにおいて常に優先する情念と苦悩、とくに女性のそれの迫真の描写、古典の教養と上流社交界で磨きあげられた高い詩性などにより、最も完全な作として古典主義演劇の頂点に立つ。

ことに若き後妻の王妃フェードルの、義理ある息子イポリットへの宿命的な恋をテーマとする『フェードル』は、エウリピデスの『ヒポリュトス』とセネカの『ファエドラ』に拠った名作である。なお継母と継子の不倫の恋という局面は、遠くインドから中国へ流れるインド説話にもあり、それがやがて日本の能の『弱法師《よろぼし》』から『摂州合邦辻』にいたる俊徳丸説話にもなるので、『フェードル』はまた比較研究上にも興味ある課題を含んでいる。

喜劇においてはモリエール（本名ジャン・バチスト・ポクラン、一六二二―七三）が、作者・座長・俳優を兼ねながら、ルイ十四世の庇護のもとに、貴族社会の腐敗を痛烈に批判し、人間の弱さ愚かさ哀しさを、涙と苦渋に満ちた筆で描いた。貴族僧侶の弾圧ははげしく、『タルチュフ』など五年間も上演を禁じられるほどであった。『女房学校』『ドン・ジュアン』『守銭奴』『町人貴族』『スカパンの悪だくみ』『女学者』から最後の『気で病む男』まで、その作品はアリストパネスの喜劇精神と、コメディア・デラルテの庶民性と、役柄の類型をはるかに越えた性格描写によって、世界喜劇史の最高峰に位し、現代にいたるまでシェークスピアとならぶ人気と影響力をもつ。

古典主義を理論的に大成したのはニコラ・ボワロー（一六三六―一七一一）である。その著『詩の技法』*L'Art poétique*（一六七四）で、フランス人は理性を重んずることをまず強調し、ゆえに「ピレネーの向う」すなわちスペインで第一幕で子供だった主人公が最終幕では老人になっているような、不合理不自然なドラマは許容できぬと述べ、三単一の法則を守れと説く。また題材出典は高貴な人物を主人公とする気高い「古典」でありたいともいう。世阿弥が「本説《ほんぜつ》正しき」能をよしとしたのと比照されよう。

かくして確定された古典主義理念は、一八三〇年にビクトル・ユーゴーのロマン主義戯曲『エルナニ』によって打破されるまでの約二世紀のあいだ、ヨーロッパ戯曲界の主流を占めることになる。

モリエールに倣ったイギリスの王政復古劇 Restoration Comedy は、古典主義演劇のバリエーションのひとつである。劇場様式もヨーロッパ風屋内額縁式となり、女方もなくなって女優となった。作者には『田舎妻』を書いたウィリアム・ウィッチャリー（一六四〇―一七一六）、『世間道』のウィリアム・コングリーブ（一六七〇―一七二九）らがあり、その作群は上流社交界の生態ことに情事を、機智に富む対話で描いたもので、風習喜劇 Comedy of manners とよばれる。次代のシェリダン（一七五一―一八一六）の『悪口学校』などを経て、近代のオスカー・ワイルド（一八五四―一九〇〇）の『アーネストが肝腎』やノエル・カワード（一八九九―一九七三）の『花粉熱』『陽気な幽霊』、テレンス・ラティガン（一九一一―）の『フランス語入門』『陽の当る間に』『シルビアは誰れ』などに受けつがれ、イギリス演劇の一伝統を形づくっている。

以上みたように、ルネサンスとかバロックとかの時代区分はしても、実体はいわゆるバロック的発想の演劇と、ルネサンスないし古典主義理念のそれとの二大系脈が複雑に綾なされている。この二系脈が相剋し、興亡盛衰の歴史を刻む――それが西洋の演劇史である。

しかし十七世紀に咲いたバロックと古典主義の名花も、十八世紀の初・中期にはマンネリズムに陥り、劇術は進歩し劇場は賑わったものの、劇作家は乏しかった。たとえばフランスでは、啓蒙思想家ボルテール（本名フランソワ・マリ・アルーエ、一六九四―一七七八）が古典悲劇の継承再建をこころみたが失敗におわり、その他もみな古典主義の亜流を出ず、むしろ小劇場の軽い歌入り喜劇のほうが人気を得た。これが後のオペラ・コミック（喜歌劇）やブールバール劇（大衆娯楽劇）の源流となるのだが、こうしたドラマの不振、ことに形式にとらわれた古典主義の堕落にたいして、革新が提唱されるのが、十八世紀中葉以降の啓蒙主義時代であった。

啓蒙期の革新からロマン主義演劇へ

まず革新を叫んだのが『百科全書』で知られるフランスのドゥニ・ディドロ（一七一三―八四）である。彼は友人ルソーの自然へ還れという主張に呼応し、演劇は人間の真実をリアルに描くものとの立場から、古典主義における「悲劇と喜劇の峻別」を批判、市民の劇として両面を含む中間的なまじめなジャンル genre sérieux の樹立を提唱し、それらをドラーム drame と呼んだ。ドラマという語が一般化するのはそれ以来である。実践としてみずから数作を書いたが、「家長」が王権の衰微と市民階《ブルジョワジ》級の台頭の機運に迎えられて成功しただけで、保守勢力のなかで竜頭蛇尾に終った。

ほかにド・ラ・ショッセ（一六九二―一七五四）の催涙喜劇 Comédie larmoyante も中間的ジャンルの試みであったが大成せず、ディドロによる市民劇の理想はピエール・ボーマルシェ（一七三二―九九）の『セビリアの理髪師』と『フィガロの結婚』（一七八四）の成功を待たねばならなかった。フランス革命が起こるや、フィガロの歌はフランス全土に波及し、市民階級の勝利を謳歌したのである。

市民劇の芽は、十八世紀後半に生まれたブールバール（パリの拡張で不用化した旧城壁あとの大通り）の大衆的演劇、いわゆるブールバール劇のなかで成長し、やがて十九世紀のウェルメイド・プレイ作家ユジェーヌ・スクリーブ

（一七九一—一八六一）、ビクトリアン・サルドゥー（一八三一—一九〇八）、エドモン・ロスタン（一八六八—一九一八）らの温床となり、ビクトル・ユーゴー（一八〇二—八五）、アレクサンドル・デュマ・フィス（一八二四—九五）などのロマン派作家にも深い影響をおよぼすことになる。

ディドロとともに啓蒙期演劇革新の先駆的指導者となるのは、ドイツのゴットホルト・エフライム・レッシンク（一七二九—八一）である。これより先、師に当るクリストフ・ゴットシェット（一七〇〇—六六）はドイツ演劇の長い不毛をみて、女優ノイバー夫人の一座と結び演劇運動を起こした。しかし彼の方法はフランス古典派の移植だったので、レッシンクはその亜流に堕すことを憂え、まったく新しい国民演劇の樹立を力説した。その方途は、古典主義者により長いこと否定されてきたシェークスピアの詩魂とリアルな人間把握の再発見、およびアリストテレスの『詩学』の正しい解釈による、悲劇精神の根元への回帰であった。

これらを論じた『ハンブルク演劇論』（一七六七—六九）のほか、彼はみずから市民悲劇『サラ・サンプソン嬢』『エミリア・ガロッティ』やドイツ最初の喜劇とされる『ミンナ・フォン・バルンヘルム』、西洋ヒューマニズム戯曲の先駆とされる『賢者ナータン』を書き、近代市民劇への礎石を築いた。

つづくヨハン・ウォルフガンク・フォン・ゲーテ（一七四九—一八三二）は、啓蒙期の新個人主義の自由思想、直接にはレッシンクに啓示されてまずシェークスピアに傾倒、三単一を破った処女戯曲『ゲッツ・フォン・ベルリヒンゲン』（一七七三）によりシュツルム・ウント・ドランク Sturm und Drang 時代を画した。が、やがて古典主義に惹かれて『タウリスのイフィゲーニエ』『エグモント』『トルクァート・タッソー』などを書く。新古典主義時代である。その振幅起伏の大きさは、ゲーテが一代でルネサンス以来のドイツ劇文学のおくれを、取り戻したことを示すともいえる。少年の日にみた人形劇に発想を得たという最後の大作『ファウスト』は、そのすべてをロマンチックな詩性で包んだ、壮麗なる集大成であった。

ゲーテとならび称されるフリードリヒ・シラー（一七五九―一八〇五）は、自由の魂と美学者の洞察をもち、ロマン主義的流動美ゆたかでしかも古典主義的な格調と、緊密な劇構成を特徴とし、名作『群盗』『たくみと恋』『ウィルヘルム・テル』『マリア・スチュアルト』などを残した。レッシンクからゲーテ、シラーへのこの時代が、相剋する古典主義とバロックないしロマン主義との二潮流が、史上もっとも相寄り相調和した時代だといえよう。

十八世紀末から十九世紀へのロマン主義は、啓蒙期とシュツルム・ウント・ドランクの自由思想の発現展開で、シェークスピアがその師表となった。理論的指導者のウィルヘルム・シュレーゲル（一七六七―一八二九）と弟のフリードリヒ（一七七二―一八四五）、ルドウィヒ・ティーク（一七七三―一八五三）らの理論およびシェークスピア研究と独訳は、全ヨーロッパに影響をおよぼした。なおティークには名作『青髭騎士』『長靴をはいた牡猫《おすねこ》』がある。

ロマン主義の決定的勝利は、ユーゴーの『エルナニ』（一八三〇）の成功によってもたらされた。笑殺しようと陣取った老古典主義者たちも、劇の進行につれて感動に巻き込まれ、ついに赤チョッキの若きロマンチストらに和して拍手をおくったという。「ル・シッド論争」の勝利によって樹立された古典主義の権威は、世にいうこの「エルナニ事件」により終止符を打った。

この時代はオーストリアに前記グリルパルツァーとその後継者が出たほか、イギリスにもサミュエル・コールリッジ（一七七二―一八三四）、ジョージ・バイロン（一七八八―一八二四）、パーシー・シェリー（一七九二―一八二二）などがあった。しかしもはや彼らの目的はドラマ形式による詩、いわゆるレーゼドラマであって、上演戯曲ではなかった。なかではバイロンの『マンフレッド』が北村透谷の戯曲『蓬莱曲』に直接影響を与えた点で、史的意義が大きい。

ロマン主義演劇も時代が下るにつれて、一方ではこのようにレーゼドラマとなって純文学のなかに溶解し、一方では大衆娯楽劇ないし商業主義的スターシステムの方向をとることになる。大劇場ではシェークスピアや、前記スクリーブ、サルドゥー、デュマそのほかの巧妙に作られた芝居 well-made play がさかえ、華麗な舞台に大スターが花を競った。イギリスのエレン・テリー（一八四七―一九二八）、フランスのサラ・ベルナール（一八四四―一九二三）、イタリアのエレオノラ・ドゥーゼ（一八五九―一九二四）は、この時代を代表する女優である。日本の川上貞奴が明治三三年（一九〇〇）にパリの万国博覧会に初登場したとき、与えられた讃辞は「日本のドゥーゼ」であった。

この間にリヒャルト・ワーグナー（一八一三―八三）は既述のような総合芸術論を提唱、現代の全体演劇の理念の源流をもなした。またこの期の末にグスタフ・フライターク（一八二九―九五）は、ソポクレスを主とするギリシャ悲劇、シェークスピア、ゲーテ、シラーなどの傑作戯曲の分析研究により、いいドラマは何故にいいのかを内容と形態構造両面から追究して、「劇的とは何か」にはじめてひとつの解答を示し、「五部三点説」を導いて劇的展開にピラミッド型のモデルを与えた。ここで戯曲論は学問として成立したといえるが、彼はまた戯曲論史上、前近代と近代の分水嶺でもあったといえよう。

このころ一方には、弛緩拡散に傾いた十九世紀演劇へのアンチテーゼとしての、新しい運動が台頭しつつあった。自然主義リアリズムを基調とする、いわゆる近代劇運動である。

東洋の演劇　南から起こった漢民族が元を降して明の代（一三六八―一六三六）になると、南戯を発祥とする南曲がはやった。元曲に比して規則がゆるやかで、物語内容が豊富なのが特徴である。前記高明作『琵琶記』――趙五娘《ちょうごじょう》という美女の忍苦と貞淑のドラマ――はじめ「荊・劉・拝・殺」と並称される四大作品、『水滸伝』に取材した『宝剣記』、明代最大の作家とされる湯顕祖（一五五〇―一六一七）の『牡丹亭還魂記』そのほか多くの戯曲が生まれた。

明代中期以降には、南部には各地方ごとに独自の言語と歌による声腔《せいこう》（歌劇）が発達しつつあったが、崑山県の魏良輔・梁辰魚（白竜）合作による「崑山腔」は画期的成功をおさめた。絃中心だった伴奏に笛（明笛《みんてき》）を加え、なめらかな声調と明瞭なことばにより、「崑曲」という一分野が開かれたが、これは南曲の楽劇形態の完成点でもあった。

崑曲は清代の初期に朱素臣の『双熊夢《そうゆうむ》』、孔尚任が明滅亡を背景に侯方域と李香君の愛をえがく『桃花扇』、唐明皇（玄宗）と楊貴妃を主人公とする洪昇（？—一七〇四）の『長生殿』などの名作を生んだ。これらはその後も各種の劇形態に脚色され、現代にまで生きている。

しかし清代（一六四四—一九一二）中期以後は、新興北京宮廷劇の興隆に押され、また内容形式とも時代の好尚から離れたため衰え、明笛の伴奏によるサワリの独唱を残すのみとなった。

北方民族による清朝では、康熙《こうき》・雍正《ようせい》・乾隆《けんりゅう》三帝によるいわゆる康熙乾隆時代（一六六二—一七九五）が全盛期で、崑曲を先頭に芸能もこの時代にさかえた。ことに乾隆帝は北京郊外の離宮に大舞台を設け、安徽省で四大徽班《きはん》とよばれた春台、三慶、四喜、和春の四劇団を集め、一九七七年に四川の名優魏長生《ぎちょうせい》が伝えた女方の演技そのほかの様式を加え、揚州に学者を集めて古今の楽舞の収集整理に当らせた。多彩な楽器編成と美しい女方俳優の哀艶な歌舞を特色とする京劇は、こうして乾隆五五年（一七九〇）に成立した。『西遊記』『水滸伝』はじめ歴史劇が多い。『京劇劇目初探』には千余の演目があるが、以前は三八〇〇あったという。今日に伝わるもっとも代表的な中国伝統演劇である。

朝鮮ではこの期（李朝）に申在考《しんざいこう》（一八一二—八四）が出て、民間の語り物パンソリを唱劇——今日の国劇——に集大成した。『春香伝』はその代表作である。

5　近代から超近代へ（十九世紀末から現代まで）

近代写実主義演劇の成立と展開

日本ないし東洋の演劇が人間を「示現」する様式の新生によって、増殖進展したのにたいして、西洋演劇は人生を「再現」するリアリズムの螺旋的回復をバネとして、発達展開する。ヨーロッパにおこり、やがて世界に波及する近代劇運動も、その例外ではなかった。その火蓋を切ったのは、一八七三年、エミール・ゾラ（一八四〇—一九〇三）の自作戯曲『テレーズ・ラカン』の序文である。そこで彼は、演劇の問題はもはや古典主義とかロマン主義とかいう主義主張ではなく、「人間の探究」にあり、演劇は「人生の実験室」でなければならぬと説いた。科学者が動植物の截片《セクション》を顕微鏡で観察するように、作者は俳優に「人生の截片」を舞台にありのままに再現させ、観客は瞳をこらし耳をすましてそれを観察し、人生の「真」について「考える」——これが近代劇をつらぬく基本理念となった。

それは直接には、前代の大向う受けをねらうスター本位の商業的娯楽劇や、非現実的空想的で甘い情緒本位のロマン主義演劇への、アンチテーゼであった。が、その本質的な成立基盤は、進化論や遺伝学を含む自然科学の進歩にともなう科学的実証主義・合理主義の一般思潮、写実主義ないし自然主義の文芸観、自我のめざめによる個人対社会の対立意識などの、いわゆる西欧近代思潮であったのは、いうまでもない。

主人公は王侯英雄でなく、近代市民社会の平凡な市民となり、人生の「真」をとの要求は、三単一を守り写実的な装置や照明による現実再現、いわゆる「第四の壁」理論の自然主義的演劇となる。舞台を現実として幻想錯覚させるという意味で「幻影」演劇《イリュージョン・シアター》ともいうが、第一義とされるのは作者の人生観、問題意識で、したがってドラマないし文学性が優先する。演技もむろんリアリズムだが、テーマを鮮明にするために全要素の統一が必要となり、音楽の指揮者に相当する演出家が独立の機能をもつようになる……これらが近代劇の基本的特質となった。

人生探究の場という意味を重視するため、必然的に非商業的な、知識階級を主対象とする小劇場運動の形をとることになる。自然それはまた市民社会、市民文化の地方波及にともなって、演劇の地方分散化《デイセントラリゼーション》の傾向をうながす。ひろく世界をひとつとみれば、現代のアメリカ演劇の基盤である地方都市の自立演劇《コミュニティシアター》や、明治末に日本で興った新劇運動、その影響を受けた中国の話劇なども、西欧を原点とする近代劇運動の地方化のひとつだといえよう。

近代劇の萌芽は、市民社会を描くという意味では、遠く十六世紀の喜劇『ラルフ・ロイスター・ドイスター』や悲劇『ゴーボダック』にみられ、つづくシェークスピアやスペイン劇にもあった。さらに十八世紀の市民劇提唱実践によりその芽は成長し、十九世紀に入ってスクリーブのウェルメイド・プレイやエミール・オージェ（一八二〇—八九）、デュマ・フィスらの写実的な風俗世相劇、ドイツのクリスチャン・ヘッベル（一八一三—六三）の『マリア・マグダレーナ』やハインリヒ・クライスト（一七七七—一八一一）の『こわれ甕』などの社会問題劇が生まれて、近代劇誕生の機はいよいよ熟してくる。ゾラの自然主義宣言はそうした成熟を土壌とし、直接には一八五八年フローベルの小説『ボバリー夫人』による実証主義的リアリズムの樹立の影響を受けて、発せられたのである。しかし内容をともなう近代劇の真の確立は、ノルウェーの作家ヘンリック・イプセン（一八二八—一九〇六）を待たなければならなかった。

イプセンはすでに『カテリーナ』（一八五〇）いらい劇作活動をしていたが、初期はなお技巧上スクリーブのウェルメイド・プレイの影響が強く、『ブラン』（一八六六）では後のイプセンを予想させる「一切か無か《オール・オア・ナッシング》」という強烈な自我を描きながら、その手法は翌年書いた『ペール・ギュント』とおなじく幻想的なロマン主義詩劇であった。が、ちょうどゾラの宣言の出た一八七三年の『皇帝とガリラヤ人』から社会劇、問題劇へと向かい、七七年の『社会の柱』をはじめ『人形の家』(一八七九)、『幽霊』(一八八一)、『人民の敵』(一八八二)などを続々と発表、近代劇の父とよばれるに至る。

因習社会と既成道徳を真っ向から批判し、個人の尊厳、自己に忠実な生きかたの正しさを主張するこれらのドラマは、作劇手法としては傍白や独白や、斬った張ったの芝居臭さを捨てた徹底的なリアリズムで、したがってギリシャ悲劇いらいの三単一的古典主義的な劇理念の、近代における復活であったといえる。

イプセンのこれらの戯曲は、前にあげた近代劇の一般特徴のすべてを含む典型的作品で、理念、手法、内容、形式あらゆる面でたちまち各国に大きな影響をおよぼしはじめる。『幽霊』と『人民の敵』が祖国ノルウェーで初演された一八八三年には、おなじ国のビョルンステルン・ビョルンソン(一八三二—一九一〇)が、貞節をめぐる男女の平等をテーマとする問題劇『手ぶくろ』を書き、スウェーデンではオーギュスト・ストリンドベリ(一八四九—一九一二)が『父』(一八八七)、『令嬢ジュリー』(一八八八)を発表した。フランスではゾラの流れを汲むアンリ・ベック(一八三七—九九)が、人間の強欲を描いた自然主義戯曲『鴉《からす》の群』(一八八二)を書き、折からオーストリアのブルク劇場の劇場長となったマックス・ブルクハルト(一八五四—一九一二)が、これを取り上げてリアリズム手法で上演したことにより、近代劇は名実ともに自然主義演劇時代に入った。

しかし小劇場運動としての近代劇の起点となったのは、こうした近代戯曲上演のために一八八七年パリのガス会社員アンドレ・アントワーヌ(一八五八—一九四三)がおこした自由劇場 Théâtre Libre である。彼は九〇年に自ら主演して『幽霊』をフランスで初演したのをはじめ、レフ・トルストイ(一八二八—一九一〇)の『闇の力』やストリンドベリの『令嬢ジュリー』から、ベック、ハウプトマンらの作品まで上演、さらにジョルジュ・クルトリーヌ(一八六〇—一九二九)、ジャン・ジュリアン(一八五四—一九一九)、フランソワ・ド・キュレル(一八五四—一九二八)、ポルト・リッシュ（一八四九―一九三〇）などの劇作家を生んだ。

自由劇場は一八九二年には経済的行詰りから閉場したが、この新鮮な運動はたちまち各国に波及する。まず、ドイツで、一八八九年オットー・ブラーム（一八五六―一九一二）による自由舞台 Freie Bühne の創立を招来した。自然主義戯曲『日の出前』『寂しき人々』や新ロマン主義的な『ハンネレの昇天』『哀れなハインリヒ』などを書いたゲルハルト・ハウプトマン（一八六二―一九四六）は、ここから巣立った。

イギリスでは一八九一年、ヤコブ・トーマス・グライン（一八六二―一九三五）が独立劇場 Independent Theatre を設立、『やもめの家』（一八九二）によってバーナード・ショー（一八五六―一九五〇）を世に出した。イギリスにはイプセンの模倣作家としてアーサー・ウィング・ピネロ（一八五五―一九三四）やヘンリー・アーサー・ジョーンズ（一八五一―一九二九）があるが、真にイプセンの精神をついだのはショーで、『武器と人』『人と超人』『聖ジョン』『ウォレン夫人の職業』など、辛らつで機智に富む傑作を残した。

独立劇場は一八九八年に解消したが、この運動は舞台協会 Stage Society に引きつがれ、会員組織による小劇場運動の模範となった。二代目市川左団次が親しく見て帰り、明治四十二年（一九〇九）日本の「自由劇場」の範としたのはこれである。なお、自由舞台も独立劇場も、第一回公演に『幽霊』を取り上げているのは象徴的といえよう。

イギリスにおけるこれらの近代劇運動は、アイルランドにも大きな刺戟を与え、折からの独立愛国の機運に投じていわゆる国民演劇運動の導火線となった。すなわち一八九九年のアイルランド文芸座の創立、ウィリアム・バトラー・イェーツ（一八六五―一九三九）の『キャスリーン伯爵夫人』発表を前駆として、一九〇三年には国民劇場協会が創立、翌年にはその牙城としてアベイ座が成り、すぐれた作家を輩出した。『海への騎者』『西の国の人気者』のミリントン・シング（一八七一―一九〇九）、『ハイアシンス・ハルベイ』『月の出』のグレゴリー夫人（一八五二―一九三二）、『ジュノーと孔雀』『鋤《すき》と星』のショーン・オケイシー（一八一三—七七）、『光の門』『イフ』のロード・ダンセニー（一八七八—一九五七）などである。これらの人々はとくに一幕物により、菊池寛はじめ大正中後期の日本近代戯曲にふかい影響を与える。

アイルランドの劇団は一九一一年アメリカへ巡業、アメリカにおける近代劇、小劇場運動の勃興をうながした。アメリカではすでに一八九六年からデイビッド・ベラスコ（一八五九—一九三一）を中心に自然主義演劇が流行していたが、それはなお表面的な模写的写実にとどまっていた。真の近代劇の創始はアイルランド劇に刺戟されて一九一五年に創立した小劇場プロビンスタウン・プレイヤーズが、翌年上演したユージン・オニール（一八八八—一九五三）の『カーディフさして東へ』である。

オニールはやがて二〇年ブロードウェイの『地平線の彼方へ』で成功、以後リアリズムから象徴主義、表現主義、精神分析風へと作風を遍歴、一代にしてアメリカ演劇をヨーロッパのレベルに高めた。代表作に『楡の木蔭の欲望』『偉大な神ブラウン』『喪服の似合うエレクトラ』『氷人来る』『夜への長い旅路』などがある。

なおアメリカ近代劇ではこのオニールと、『ウィンター・セット』を代表作とするマックスウェル・アンダースン（一八八八—一九五九）、『計算機』のエルマー・ライス（一八九二—一九六七）、『アブラハムの胸に』のポール・グリーン（一八九四—　）を四大作家とする。

ロシアでは、アレクサンドル・グリボエドフ（一七九五—一八二九）の喜劇『智恵の悲しみ』（一八二四）によって写実主義的社会劇の道が開かれ、ニコライ・ゴーゴリ（一八〇九—五二）が当時の帝政ロシアを鋭く諷刺した名作『検察官』を経て、アレクサンドル・オストロフスキー（一八二三—八六）に至って、一層進んだ写実と社会批判により近代劇の基盤が作られた。その代表作に『破産』『雷雨』『森林』があり、帝室劇場の重鎮としても活躍したが、筆禍のため不遇に終った。

しかしここでも、真の近代劇は、初期小劇場運動の総決算ともいうべきモスクワ芸術座の創立によって確立された。一八九八年、ネミロビッチ・ダンチェンコ（一八五八—一九四三）とコンスタンチン・スタニスラフスキー（一八六三—一九三八）という二人の演出家が、その創立者であった。彼らの功績の一半は、そのリアリズムの演出によりアントン・チェホフ（一八六〇—一九〇四）の真価を立証、マクシム・ゴーリキー（一八六八—一九三六）を世に送ったことである。

チェホフは『かもめ』『桜の園』『伯父ワーニヤ』『三人姉妹』などにより、筋や性格よりも全人物によってかもし出されるムードそのものが劇であるような、情調劇 play of mood ともいうべき新しいジャンルをうち立て、ゴーリキーは代表作『どん底（夜の宿）』はじめ『小市民』『敵』などでプロレタリア演劇の先駆をなした。

スタニスラフスキーの演技演出論は、演じてみせるのではなく舞台で生きるのだというリアリズムの基本理念を、理論的実践的に体系づけたもので、近代写実主義の方法の集大成ともいうべく、日本を含む諸外国のリアリズム演劇発展に大きな影響をもたらした。

演出という機能は近代劇運動のなかで確立するのだが、その先駆はドイツのマイニンゲン公ヘルツォーク・ゲオルク二世（一八二六—一九一四）とされる。彼はみずから宮廷劇場を建ててその長となり、女優エレン・フランツ（一八三九—一九二三）を妻として一座を組織、舞台美術に歴史的写実主義を導入、スターシステムを廃して多人数の登場者を有機的に動かすアンサンブル方式の創始そのほか、新しい演出をこころみた。しかも一八七四—九〇年の間にヨーロッパ三十六都市で、シラー、シェークスピアその他古典の名作を巡演し、近代的演出により清新な刺戟を与えた。スタニスラフスキー・システムは、若き日のスタニスラフスキーがこのマイニンゲン劇団のみごとに統一された舞台に接して得た感動から、生まれたといわれる。しかし、じつは彼の前にチャールズ・キーン（一八一一—一八六八）があった。キーンは時代考証とアンサンブルを重視して、シェークスピアの写実的演出に新風を送った。いわゆる「歴史的写実主義」で、近代演出の真の先駆はそこに見るべきであろう。

さて、近代劇運動は、科学技術面の発達にともなうアドルフ・アッピア（一八六二—一九二八）の近代照明術、そのほかを駆使したリアリズム舞台を基調として、諸国各地に波及定着していく。が、その一方では、世紀のかわりめごろから反写実主義的な傾向——その意味では現代劇につながる反近代劇的な演劇への動き——があらわれていた。

反近代あるいは超近代への模索

十九世紀末に芽ばえ、第一次世界大戦前後に世界的潮流となる現代演劇は、表現主義をはじめ象徴派、構成派、未来派、立体派、詩劇派、叙事演劇、第二次大戦後のアンチ・テアトル、全体演劇など千差万別である。が、包括的にみれば、自然主義的近代リアリズム演劇を打破し、乗りこえようとする反近代、超近代への模索、実験であるといえる。その過程のなかで、東洋とくに日本の伝統演劇が果たしてきた役割も、見おとすことはできない。

その先駆は一八九〇年のモーリス・メーテルリンク（一八六二—一九四九）の象徴劇『闖入者《ちんにゅうしゃ》』であった。が、自然主義から象徴主義への移行は、イプセンその他の近代劇作家の内部にも胚胎していた。イプセンは『野鴨』（一八八四）以来その傾向を強め、ストリンドベリにも『ダマスクスへ』（一八九八）ほかがある。ストリンドベリと『地霊』『春のめざめ』のフランク・ウェデキント（一八六四—一九一八）は後の表現主義の源流とされるが、ほかにも『シラノ・ド・ベルジュラック』のエドモン・ロスタン（一八六八—一九一八）、『痴人と死』のオーストリア作家フーゴー・フォン・ホフマンスタール（一八七四—一九二九）らの新《ネオ》ロマン主義、彼と並称されるアルトゥール・シュニッツラー（一八六二—一九三一）の『アナトール』『恋愛三昧』『緑の鸚鵡』などを代表とする印象主義、『赤い笑い』のレオニード・アンドレーエフ（一八七一—一九一九）の神秘主義、『ジョコンダ』を書いたガブリエル・ダヌンチオ（一八六三—一九三八）の耽美主義、『作者をさがす六人の登場人物』のルイジ・ピランデッロ（一八六七—一九三七）の心理分析的手法などが、続々とあらわれた。日本の能に傾倒し『鷹の井戸』ほか能様式の仮面詩劇を書いたイェーツ（前出）も、その一人である。

反自然主義的傾向は舞台表現にもあらわれる。一八九六年ミュンヘンでカール・ラウテンシュレーガー（一八四三—一九〇六）はオペラ『ドン・ジョバンニ』演出にはじめて歌舞伎の回り舞台を応用、一九〇二年ごろから反リアリズム演出を試みていたマックス・ラインハルト（一八七三—一九四三）も〇五年『真夏の夜の夢』に回り舞台を用いて成功し、西洋における回り舞台定着の礎をつくった。彼はさらに一九年ベルリンに、ギリシャの半円形劇場に模した五〇〇〇人入りの大劇場を建て、幕のない突出舞台のメカニズムと照明により斬新な演出をみせた。

またこの期にエレン・テリーの息ゴードン・クレイグ（一八七二—一九六六）は「俳優機械論（超人形説 Übermarionettentheorie）」をとなえて演出万能を主張、理論実践両面で演出の機能を確立、その直接影響はラインハルトから小山内薫にまでおよんだ。

またやがて第一次大戦後の約一〇年間、構成舞台によるアジプロ劇をもって、革命後のソ連劇界に君臨するフセボロド・メイエルホリド（一八七四—一九四二）は、一九一〇年代の初めからやはり歌舞伎に想いを寄せ、一九二四年オストロフスキーの『森林』上演にあたり、花道を取入れた新演出をこころみている。岸田国士はじめ劇作派とよばれる日本の作家・演出家に大きな影響をおよぼすジャック・コポー（一八七九—一九四九）のビュー・コロンビエ座（一九一三年創立）も、日常的リアリズムでなく詩とファンタジーをもとめた点で、反写実主義の一環であった。その門下に、『繻子の靴』ほかを書いたポール・クローデル（一八六八—一九五五）、『アンフィトリオン三十八番』『オンディーヌ』『シャイヨの狂女』のジャン・ジロドゥ(一八八二―一九四四)、『商船テナシティー』のシャルル・ビルドラック(一八八二―一九七一)、『クノック』のジュール・ロマン(一八八五―一九七二)らの劇作家がある。

これら反写実的近代劇の目標は、「第四の壁」の幻影舞台による人生の再現 representation ではもはや表現できない、人生の奥深くひそむ意識の陰影や、意識下の矛盾懊悩、現実的実在の底にある魂の交感などを「表現」し、観客のそれらの感覚に直接訴えかけることであった。それは第一次大戦の深刻な状況の下にあえぐドイツにおける、懊悩し分裂した人間内部の分裂した表現ともいうべき、表現主義 Expressionismus の演劇において、ひとつの大きな到達点に至ったといえる。一九一七年のラインハルト・ゲーリンク(一八八九―一九三六)の『海戦』と同年ゲオルク・カイザー(一八七八―一九四五)の『カレーの市民』がその起点で、日本にも直ちに紹介上演された。

近代劇はこの表現主義演劇をいわば扇の要《かなめ》として、第一次大戦後から第二次大戦を経て、さらに今日につながる現代演劇として、複雑な展開をみる。

表現主義はイタリアの未来派や、アントナン・アルトー(一八九六―一九四八)そのほかのフランスのシュールレアリスム、ダダイズムにも、底流において深くかかわっているが、ビオ・メハニカといわれた革命後の構成主義的ソ連演劇も、その潮流に属する。前記メイエルホリドの新演出や、カメルヌイ劇場の創立者アレクサンドル・タイロフ(一八八五―一九五〇)の、仮面や人形やサーカス的方法まで用いた新しいシアトリカリズムの運動などがそれである。タイロフは「演劇の再演劇化」をとなえたが、それは写実主義的近代劇の、ドラマないし文学偏重、観客と舞台の冷たい断絶を否定し、演劇独自のダイナミックな時空的表現と、舞台と観客の共感共鳴の回復を主張するものであった。これは今日に至るまで反近代、超近代の現代演劇を貫ぬく大方針でもある。

表現主義はアメリカにも波及して、オニールやライスの表現主義戯曲群はじめ、ソーントン・ワイルダー(一八九七―）の『わが町』『危機一髪』、クリフォード・オデッツ（一九〇六―六三）の『レフティを待ちつつ』ほかの反写実的作品を生んだ。イギリスはフランス同様、ドイツやソ連ほどのはげしい革新は起こらなかったかわり、T・S・エリオット（一八八八―一九六五）、クリストファー・フライ（一九〇七―　）らの詩劇が新風を樹立した。代表作は前者に『寺院の殺人』『カクテル・パーティー』、後者に『長子』『観測されたビーナス』など。

しかし一九二〇年代後半からは一般情勢の安定化にともない、極端な革命的演劇運動は世界的に下火になり、一種のリアリズムが復活する。ソ連ではメイエルホリドらが失脚、革命直後逆境にあったモスクワ芸術座が、一九二七年イワーノフ（一八九五―一九六三）の『装甲列車』の成功により社会主義リアリズムを確立、ドイツでも観念から現実へ、自我の表象から客観的洞察へと転回、新即物主義《ノイエ・ザッハリヒカイト》の時代を現出した。カール・ツックマイヤー（一八九六―　）の『ケーペニック太尉』、フリートリヒ・ウォルフ（一八八八―一九五三）の『青酸加里』、ホルバート（一九〇一―三八）の『ウィーンの森の物語』『戦争から帰ったドン・ファン』その他が知られる。

これらはプロレタリア演劇運動とも深くかかわっているが、この陣営ではラインハルト門下の演出家エルビン・ピスカトール（一八九三―一九六六）の、シュプレヒコールや映画やスピーカーなどを駆使した政治劇（アジプロ劇）が一世を風靡した。やがてハウプトマン以後のドイツ最大の劇作家として戦後まで活躍するブレヒト（後出）も、この時代に作風を確立する。しかし一九三三年ごろから、ドイツではナチス政権独裁の下で、既成の作家、演出家、俳優に亡命、追放が相次ぎ、全体主義鼓吹と戦意昂揚の野外劇、移動演劇時代へと推移、第二次大戦勃発とともに世界中の芸術的演劇活動は、休止状態に入るのである。

第二次大戦という未曽有の深刻凄惨な体験を反映して、戦後まず生まれたのは実存主義戯曲であった。ドイツ軍の占領下にあえぐパリにおける、レジスタンス運動から起こったもので、ジャン・ポール・サルトル（一九〇五―　）の

『蠅』『出口なき部屋』『汚れた手』、ジャン・アヌイ（一九一〇―　）の『アンチゴーヌ』『城への招待』、アルベール・カミュ（一九一三―六〇）の『誤解』『カリギュラ』そのほか。

しかし、戦前からの反近代・超近代の動きを一層押しすすめ、戦後の現代演劇をもっとも特徴づけたのは、フランスを中心とするアンチ・テアトルあるいは「不条理《アプシュルド》」演劇と、ドイツを中心とするブレヒトの「叙事的」演劇である。

前者は登場人物の役柄、性格から劇的行為さえも否定し、ことばと身振りの不協和な対置、交錯によって人間界の宿命的な不条理 absurdity をえがくもので、典型的作品にサミュエル・ベケット（一九〇六―　）の『ゴドーを待ちながら』（一九五三）、ユジェーヌ・イヨネスコ（一九一二―　）の『禿の女歌手』（一九四九）『授業』（五一）『椅子』（五二）などがある。

後者は「非アリストテレス理論」とも称されるように、幻影《イリュージョン》による同化、カタルシスを否定し、俳優も観客も劇内容への観察者、さめたる批判者たるべしとする「異化効果《フェアフレムドゥンクスエフェクト》」Verfremdungseffekt をねらうもので、ベルトルト・ブレヒト（一八九八―一九五六）により提唱確立された。その活動は『男は男だ』（一九二六）にはじまり、戦前戦中の『三文オペラ』『セチュアンの善人』『肝っ玉おっ母とその子供たち』を経て戦後の『パリ・コミューンの日々』（一九四八）などの戯曲と、理論、さらにベルリナー・アンサンブルによる実践――と広範にわたった。劇的発想については、シェークスピア、能はじめ日本演劇、中国演劇などひろく取入れられており、バロック的発想系脈の近代におけるひとつの頂点をなす作家といえよう。

ヨーロッパではその後に、フランスのアルチュール・アダモフ（一九〇八―七〇）、スイスのフリードリヒ・デュレンマット（一九二一―　）、ドイツ生まれのペーター・ワイス（一九一六―　）、「怒れる若者」としてのイギリスのジョン・オズボーン（一九二九―　）、アーノルド・ウェスカー（一九三二―　）、ハロルド・ピンター（一九三〇―　）、ソビエトのアルブーゾフ（一九〇八―　）、ポーランドのムロジェック（一九三〇―　）などがつづいている。アメリカでは『ガラスの動物園』『欲望という名の電車』のテネシー・ウィリアムズ（一九一四―　）、『みんな我が子』『セールズマンの死』のアーサー・ミラー（一九一五―　）の二大作家とエドワード・オルビー（一九二八―　）のドラマのほか、ミュージカルの隆盛が注目される。

アメリカのミュージカルは、一七二八年のイギリスのジョン・ゲイ（一六八五―一七三二）作『乞食オペラ』を源流とし、十九世紀末ごろから、アメリカの風土と生活のなかで独自の発展をはじめた。一九二七年の『ショー・ボート』と『ファニー・フェイス』の成功によってそれは確立され、『オクラホマ！』（一九四三）、『南太平洋』（四九）、『王様と私』（五一）、『マイ・フェア・レディ』（五六）、『ウェスト・サイド物語』（五七）、『ハロー、ドリー！』（九四）、『ラ・マンチャの男』（六五）から初のロック・ミュージカル『ヘアー』（六八）へと、傑作を生んでいる。

ヨーロッパでは、クローデルの影響のもとに祝祭性の回復をこころみるジャン・ルイ・バロー（一九一〇―　）を先駆とする「全体演劇《トータル・シアター》」の提唱も見落せない。が、一九六〇年代後半からはさらに、ビート劇、街頭劇、ヌード劇、ハプニング劇、残酷劇、肉体演劇……など、多種多様のジャンル、方法、主張が乱立し、即時的に交流波及しながら、新しい方向を模索しつつ、超近代から超現代へと動いている。

東洋演劇と近代　西洋近代の波は東洋へも押し寄せたが、いちばん早くその影響を受けたのはインドであった。十八世紀中葉、カルカッタの駐留イギリス人が自分たちのために劇場を建てたが、インド人に西洋劇を紹介した最初は、同市にロシヤ人が建てた劇場で一七九五年におこなわれた英語劇『ディスガイズ』のベンガル語訳上演で、これが女優の東洋における初登場でもあった。いらいイギリス人による西洋演劇の紹介も活発化し、一八三〇年以降シェークスピア上演がさかんとなり、その影響のもとに十九世紀後半からカルカッタ、ボンベイなどで近代的創作劇が生まれるようになる。一八七三年カルカッタに創立された大国民劇場その他の劇場が中心となり、インド古典に取材した、歌や踊りのない西洋式の科白劇が、上演されはじめたのである。

やがてベンガルのノーベル賞詩人・小説家ラビンドラナート・タゴール（一八六一―一九四一）が、私塾を開いて自作の戯曲を演出するに及んで、近代劇運動は一層さかんになり、一九四七年のインド独立後は各地に浸透した。今日ではカルカッタを中心に諸都市で、シェークスピア、モリエールからブレヒトまでひろく上演され、近代劇作家も育ちつつある。まだ総体的には、各種の民族語による、伝統的な形態の民族ミュージカルのほうが、大勢を占めているが、多くの大学は演劇科をもち、東西古典劇の研究、実験上演や民俗芸能の収集保存につとめている。

中国と朝鮮の近代劇は、西洋演劇の直輸入でなく日本の近代的演劇、とくに新派を媒介として基が開かれたところに特色がある。

中国には十九世紀末から二十世紀初めにかけて、京劇のほか南部には越劇などの伝統的民俗劇があり、一八九〇年代には時事問題を扱った現代服による京劇が試演され、改良京劇が提唱されたりした。が、日本の新劇に相当するいわゆる「話劇」の最初は、それより先一八八九年のクリスマスに、上海のキリスト教会附属学校の学生が英語とフランス語で演じた西洋の物語で、その後何回か同様の学生劇がおこなわれた。が、これは学生間の試演にすぎず、話劇の成立とまでは認められない。

話劇の起点は一九〇六年（明治三九）東京で、中国人留学生の李岸と曽延年が結成した春柳社の『巴黎茶花女遺事』上演であった。小デュマの『椿姫』の訳を新派の手法で演出したもので、この成功をみて、後に京劇の名女方梅蘭芳（一八九四―一九六一）とともに近代中国劇の双璧となる欧陽予倩《おうようよせい》（一八八九―一九六二）も春柳社に加わる。同社は翌年には新派の藤沢浅二郎の指導と援助を得て、本郷座で『アンクル・トムの小屋』の翻訳劇『黒奴籲天録《けん》』を上演、日本の専門家にも高く評価された。

このころ春柳社に参加した東大哲学科学生陸鏡若（一八八五—一九一五）は、一九〇八年から九年にかけて錦輝館や東京座などで『熱泪《ねつるい》』その他を上演した。『熱泪』は田口菊汀が『トスカ』を五幕の新派劇に作って、明治四十年（一九〇七）に上演した翻案劇『熱血』の中国語訳である。しかしこの公演の直後、革命との接近をおそれて弾圧をつづけていた清国公使館は演劇禁止を発令したため、陸鏡若は演劇の勉強に向かい、藤沢の東京俳優学校を経て明治四十四（一九一一）年、折から発足した坪内逍遙の文芸協会に、第二期生として入った。同年第一回公演『ハムレット』に陸輔の本名で兵士の役で出演している。彼は読書家でもあり、当時劇作、演出、演技ができて、理論も語れる唯一の中国人だったという。

鏡若は辛亥革命の起こった同年末ごろに中国へ帰り、欧陽予倩らと「新劇同志会」を結成、諸地方を巡演、上海に春柳劇場を興した。その主要演目は『不如婦』『熱血』そのほかの新派悲劇であった。

中国本土では、先に日本にいて『黒奴籲天録』の成功に刺戟されて帰った俳優任天知が、王鐘声とともにはじめたもうひとつの話劇があった。一九〇七年の春陽社がそれで、一九一〇年には上海で「進化団」と名乗って再出発した。これが中国話劇最初の職業劇団である。中国革命同盟会との関係が密接で、劇中でさかんに政治演説をおこなったが、これはやはり新派草創期の壮士芝居、書生芝居の影響であった。彼らの話劇は「新劇」とよばれ、後には「文明戯」と称されて、多くの劇団を生んだが、実態は日本でいう「ロ立て」式で芸術性は低く、辛亥革命の失敗による政治熱の退潮にともない、衰運に向かった。

確定した戯曲をもち芸術的良心に支えられた話劇は、当時では陸鏡若の劇団だけであった。彼はシェークスピアやロシヤの古典劇から、ヨーロッパの近代劇までを逐次紹介上演する意図を抱いていたが、近代化のおくれていた中国社会では日本の新派劇すら歓迎されず、やがて観客に迎合して文明戯ふうの粗雑な芝居に堕し、貧窮のなかで昼はイプセンを訳し夜は舞台に立つという生活をつづけ、一九一五年三十歳で病没した。しかしきびしい態度と良心をもって、話劇の基礎をつくった史的地位は大きい。

鏡若の死により春柳劇場は解散、文明戯もこのころが頂点で漸衰し、第一期の話劇運動は終った。第二期は一九二〇年、上海の新舞台におけるショーの『ウォレン夫人の職業』翻訳上演からはじまる。これが西洋近代劇の移入による中国近代劇の嚆矢であった。いらい、民衆戯劇社、上海戯劇協社、新月社その他の新劇団が輩出する。日本留学中春柳社に関係し、「話劇」という語の創案者でもある田漢（一八九八―）の南国芸術学院（一九二八）も、そのひとつである。一九二四年には男女合同劇も実現した。日本におくれること三十三年である。一九二九年には世界的な左翼風潮のなかで中国共産党の直接指導による芸術劇社が、またその翌年にはそれを中心として中国左翼劇団連盟が結成されるなど、活発な動きを展開、三七年には日中戦争勃発にともない国防演劇がさかんになった。

こうした歩みのなかで『ベニスの商人』（一九三〇）上演によりシェークスピア移入がはじまり、イプセンの『人形の家』（一九三五初演）がさかんに上演され、曹禺（一九〇九―）の『雷雨』、郭沫若（一八九三―一九七八）の『屈原』、田漢の『蘇州夜話』『関漢卿』などの作家作品を生んだ。

第二次大戦後の一九四九年、中華人民共和国となってからは、演劇も毛沢東の『文芸講話』を指針とする文化活動の一環として、京劇における女方から女優への転換や演目の取捨・改作などの改革と、話劇における社会主義リアリズム採用から、革命的リアリズムと革命的ロマンチシズムの結合の主張、さらにスタニスラフスキー・システム批判、現代京劇の創作……と、曲折しながら革新が進められた。その間に文化大革命（一九六六前後）があるが、一九七六年の江青ほか四人の要人の逮捕後は、彼らの指導した極端な伝統破壊が批判され、京劇にも古典名作が復活に向うなど、新しい歩みがはじめられている。

朝鮮においても新劇運動は、在日留学生の吸収摂取した新派の作品や劇術が、その基礎となっている。その嚆矢は一九〇八年（明治四十一）、円覚社による李人稙作『銀世界』と『雪中梅』の上演であった。後者は末広鉄腸作の同名政治小説の翻案脚色である。これから一九二〇年代前半まではもっぱら新派を模した時代で、一九二二年（大正十一）東京の留学生朴勝喜らが土月会を結成、チェホフの『熊』やトルストイの『復活』など西洋近代劇を上演して、新機運を作った。これは日本の芸術座などの模倣の域を出なかったというが、二〇年代には一方に左翼演劇運動「カップ」が起こったことは注目されよう。

一九三〇年（昭和五）には、築地小劇場やソビエト演劇の影響を受けて劇術研究会が設立され、ゴーゴリの『検察官』、チェホフの『桜の園』、イプセンの『人形の家』や、日本の新劇作品が上演された。後には新協劇団の影響も受け、左翼演劇と海外文学派の芸術至上的演劇との対立を生じ、それぞれ北と南に根をおろした。その間に創作活動もはじまり、前者には俳優兼演出家の金承一、劇作家の宋影、後者には柳致真、洪海星らが出た。宋影の社会諷刺劇『山上民』『黄金山』『一切面接拒絶せよ』や、柳致真の自然主義戯曲『牛』『ポプラのある風景』『豊年記』などは傑作とされる。

第二次大戦後は、北朝鮮は社会主義リアリズム、韓国は自然主義リアリズムを基調として、どちらも国立劇場を中心に新劇運動が進められている。

世界演劇史年表

国名略号

欧　ヨーロッパ
印　インド
埃　エジプト
中　中国
朝　朝鮮
ギ　ギリシャ
ロ　ローマ

伊　イタリア
英　イギリス
ス　スペイン
仏　フランス
墺　オーストリア
独　ドイツ
露　ロシア

ノ　ノルウェー
典　スエーデン
愛　アイルランド
ベ　ベルギー
瑞　スイス
ソ　ソビエト連邦
米　アメリカ

外国

紀元前 3000 ～ 1

三〇〇〇頃(印) モヘンジョダロに芸能神シバーの像
二〇〇〇頃(埃) オシリス受難劇
一五〇〇頃(中) 殷に巫覡の歌舞
(印) ベーダ時代はじまる(～五〇〇)
バラモンの演劇創造説話
八世紀(ギ) ホメロスの叙事詩『イリアッド』『オデュセイア』成る
ディオニュソス神ギリシャに入る
六世紀(中)初 楚に「優」孟あり
六世紀(ギ)前半 アリオン指揮によるディオニュソス受難記の円舞合唱――演劇の萌芽
六世紀(ギ)後半 テスピス演劇を確立。悲劇の競演制度発足
五世紀(中) 孔子の礼楽思想
四五八 (ギ) アイスキュロス『オレステス』三部作
四三〇頃(ギ) ソポクレス『オイディプス王』
このころギリシャ古典劇全盛
四一五 (ギ) エウリピデス『トロイアの女達』
四一一 (ギ) アリストパネス『女の平和』
四世紀(ギ) アリストテレス『詩学』
メナンドロスの新喜劇

日本

紀元前

三世紀 呪術祭式用らしい土面、土偶
呪術的芸能の時代

縄文土器時代

一般

四〇〇〇 シュメール文明おこる
三〇〇〇 エジプト、ピラミッド時代
エーゲ文明おこる
黄河流域新石器文明
二五〇〇 インダス文明おこる
二〇〇〇 アーリア人のインド侵入開始
一五〇〇 殷おこる
エジプト新王国時代
一〇〇〇頃 ドーリア人ギリシャに南下都市国家を作りはじめる
七七六 ギリシャで第一回オリンピア
七七一 中国春秋時代(～四〇三)
五二五 ペルシャ、オリエント統一
五〇九 ローマ共和政はじまる
五〇〇 ペルシャ戦争(～四八〇)
四八六頃 シャカ没
四七九 孔子没
四八〇 ペリクレス時代

1 ～ 1000

三世紀(ロ) プラウトゥス喜劇『アンフィトルオ』他
(中) 秦始皇帝に優旃仕える
(印) 二大叙事詩『マハーバーラタ』『ラーマーヤナ』ほぼ成る
二世紀(ロ) テレンチウスの喜劇
(中) 漢の武帝楽府を置く
影絵劇おこる
一世紀(ロ) ホラチウスの『詩論』
ミムス、パントミムス栄える
(中) 西域から楽器琵琶など流入

一世紀(ロ) セネカの悲劇詩
(印) 釈迦本性譚『ジャータカ』成る。仏教詩劇さかん(～三世紀)
(朝) シャーマニズム芸能
二～三世紀(中) 西域と交流、百戯(散楽)渡来しはじめる
人形戯おこる
四〇〇頃(印) カーリダーサ『シャクンタラー』
サンスクリット古典劇全盛
(朝) 雑劇・剣舞・仮面劇
六世紀(欧) グレゴリオ聖歌
(中) 隋唐に百戯栄える(～九世紀)。朝鮮・日本へも伝播
六七六 (朝) 新羅統一後仏教楽舞さかん
七一四 (中) 唐の玄宗帝俳優養成のため「梨園」を

紀元前

祭祀芸能
巫女によるシャーマニズム的鎮魂祈禱
舞踊
土俗歌舞の貢献芸能
男女混交群舞の歌垣
など

紀元後

四五三 (允恭四二) 天皇葬儀に新羅王より楽人貢献
五五四 (欽明一五) 百済より楽人渡来
六一二 (推古二〇) 百済の味摩之伎楽を伝える
六九〇 (持統四) 舞楽・散楽の流入さかん(～七〇〇)
七〇一 (大宝一) 大宝律令により雅楽寮設置。外来楽舞盛行
七三六 (天平八) 林邑の僧仏哲林邑の舞楽を伝える

弥生式土器時代→古墳時代

大和時代

(～四三〇)
四三一 ペロポネソス戦争(～四〇四)
三三〇頃 アレクサンダー大王東征
二七三 アショカ王(～二三二)
二二一 秦始皇帝中国統一
一〇八 漢の武帝朝鮮を討つ
四四 シーザー暗殺
三〇 クレオパトラ死
二七 ローマ帝政となる

BC
AD

三〇頃 キリスト処刑
五七 倭の奴国後漢に使者を出す
六八 中国に仏教伝来
二二〇 中国、三国時代に入る
二三九 耶馬台国女王卑弥呼魏に使者を出す
二五〇 キリスト教徒迫害
三九一 倭国朝鮮出兵、百済新羅を従える
五三二頃 日本に仏教伝来
五九三 聖徳太子摂政
六〇七 法隆寺着工
六二二 聖徳太子没
六四五 大化の改新
六七六 新羅統一

置く

九世紀(中)　参軍戯（滑稽問答劇）おこる

(欧)　キリスト教典礼劇の萌芽

一〇世紀(朝)　仮面劇・処容舞おこる

(中)　宋に雑劇さかん

1001 〜 1500

一一世紀(欧)　復活祭劇・降誕祭劇確立

一二世紀(中)　金に「院本」の語あり

北戯と南戯の分立

一三世紀末(中)　元曲全盛。関漢卿ら輩出。王実甫『西廂記』(〜一四世紀)

(欧)　宗教劇発達、大規模・多様化

一四世紀(中)　南曲さかん

一五世紀(欧)　人文主義者の古代劇研究おこる

宗教劇最盛期

(仏)　『パトラン先生』ほか笑劇

(独)　謝肉祭劇、市民劇の萌芽

(朝)　李朝雅楽成立・大成

1501 〜 1600

一六世紀(伊)　コメディア・デラルテ(〜一八世紀)

(独)　職匠詩人ハンス・ザックスら活躍、市民劇台頭

一五四五　(伊)　セルリオ『建築』にて近代の劇場・舞台・装置の祖型を作る

一五四九　(伊)　『詩学』イタリー語訳。古典理論の研究すすむ

一五七六　(英)　最初の公衆劇場シアター座創立

エリザベス朝演劇はじまる

七五二　(天平勝宝四)　東大寺大仏開眼式に舞楽・散楽あり

平安時代

八一〇　(弘仁一)　このころ舞楽大編整され朝廷貴族の楽として定着

八四七　(承和一四)　慈覚大師天台声明を伝える

九八五　(寛和一)　藤原実資琵琶法師を招く

一〇一八　(寛仁二)　貴族間に延年行われる

一〇二三　(治安三)　藤原道長田楽を見る

一〇九六　(永長一)　このころより田楽大流行

一一四六　(久安二)　田楽専業の法師あらわれる

一一五三　(仁平三)　猿楽座・田楽座が発生

このころより濫僧、あるき巫女らの庶民芸能さかん

鎌倉・室町・安土桃山時代

一二八〇　(弘安三)　このころ一遍上人念仏踊りを創始

一三七四　(文中三)　足利義満今熊野で観世父子の猿楽を見る

一四〇二　(応永九)　『花伝書』成る

一四四三　(嘉吉三)　世阿弥没

このころ能・狂言ほぼ完成

一四七三　(文明五)　念仏風流（歌舞伎の源流）さかん

一四八〇　(文明一二)　琵琶・扇拍子による浄瑠璃このころからはじまる

一五三一　(享禄四)　連歌師宗長浄瑠璃をきく

一五五二　(天文二一)　奈良京都で風流踊りはやる

一五六〇　(永禄三)　このころ蛇皮線輸入。国産化した三味線流行しはじめる

一五八一　(天正九)　京都御所にてややこ踊りあり

七一〇　奈良遷都

七一二　『古事記』

七九四　平安遷都

九〇五　『古今集』

一〇〇五頃　『源氏物語』(〜一〇一〇)

一〇九七　十字軍おこる

一一七五　法然浄土宗を開く

一一八五　平家滅亡

一一九二　頼朝鎌倉に開幕

一二〇〇　『平家物語』

一二〇六　ジンギスカン統一

一三〇〇頃　ダンテ『神曲』

一三三三　建武中興

一三三八　足利尊氏室町に開幕

一四五三　東ローマ帝国滅亡

一四九二　アメリカ発見

一五一七　宗教改革

一五四三　コペルニクス地動説

ポルトガル人日本に鉄砲を伝える

一五四九　ザビエル来日キリスト教を伝える

一五八五　羽柴秀吉関白となる

一五八八　イギリス、スペインを撃破

一五八四 (伊) 現存最古のオリンピコ座成る
一五九八 (中) 湯顕祖の『牡丹亭還魂記』成る。南曲さかん
一六〇〇頃 (伊) オペラおこる

1601 〜 1700

一六〇一(二?) (英) シェークスピア『ハムレット』 エリザベス朝演劇全盛
一六〇五 (英) ジョンソン『ボルポーン』。気質喜劇確立
一六一四 (英) ウェブスター『モルフィー公爵夫人』。流血悲劇さかん
一六一六 (英) シェークスピア没
一六二〇 (ス) ベーガ『国王こそ無二の判官』 スペイン・バロック劇黄金時代
一六三四 (仏) メレーの三単一戯曲『ソフォニスブ』上演、成功
一六三六(七?) (仏) コルネーユ『ル・シッド』初演。ル・シッド論争おこる
一六三八 (仏) シャプラン裁定により古典主義確立
一六四二 (英) ロンドンの公衆劇場閉鎖、エリザベス朝演劇おわる
一六五〇頃 (ス) カルデロン『ザラメアの村長』
一六五二 (墺) ウィーン歌劇場創立
(独) フルテンバッハのテラリ舞台および回り舞台の発想 独墺中心にバロック劇さかん
一六六〇 (英) 王政復古劇おこる。ウィッチャリー、コングリーブ出で、風習喜劇さかん ロンドンに女優初登場

一五九三 (文禄 二) 秀吉・家康ら能狂言に興じる
一五九五頃 (文禄 四) 浄瑠璃・三味線・人形戯が合体して人形浄瑠璃（後の文楽）成立
一六〇三 (慶長 八) 出雲のお国かぶき踊り創演
一六〇七 (慶長一二) お国江戸で歌舞伎踊りを行う
一六一五 (元和 一) 杉山丹後掾江戸で人形芝居を行う
一六二四 (寛永 一) 猿若勘三郎江戸に猿若座を開く
一六二九 (寛永 六) 女歌舞伎禁止、若衆歌舞伎さかえる このころ説経節はやる
一六四六 (正保 三) 江戸中村座に桟敷席設置
一六五一 (慶安 四) 若衆歌舞伎禁止
一六五三 (承応 二) 物まね狂言づくしとして野良歌舞伎許可。歌舞伎新発足
一六五七 (明暦 三) 振袖火事により江戸の劇場焼失、人形浄瑠璃の中心は大坂にうつる。江戸で復興したのは中村・市村・森田・山村の四座

江戸時代

一五九二 秀吉朝鮮出兵
一六〇〇 関ガ原合戦
一六〇三 徳川家康江戸に開幕 エリザベス一世没
一六一五 大阪夏の陣
一六一八 ドイツに三十年戦争おこる
一六三九 日本鎖国令
一六四二 イギリス清教徒革命
一六五七 江戸大火、幡随院長兵衛暗殺
一六六〇 イギリス王政復古
一六六一 フランス、ルイ十四世立つ(〜一七一五) 清、康熙帝(〜一七二二)

1601 〜 1700

一六六七 (仏) ラシーヌ『アンドロマク』
フランス(擬)古典主義演劇全盛
一六六九 (仏) モリエール『タルチュフ』初演
一六七三 (仏) モリエール没
一六七四 (仏) ボワロー『詩の技法』。古典主義理論完成
一六七七 (仏) ラシーヌ『フェードル』
一六八八 (中) 洪昇『長生殿』成る(康熙二七)。崑曲最盛期に入る
一六九九 (仏) ラシーヌ没
(中) 孔尚任『桃花扇』(康熙三八)

1701 〜 1800

一七一四 (仏) オペラ・コミック座創立
ヨーロッパにオペラ流行の兆
一七二八 (英) ゲイの『乞食オペラ』。ミュージカルの源泉
一七四一 (英) ギャリック『リチャード三世』で名優となる。俳優の地位向上
一七五五 (独) レッシンク『サラ・サンプソン嬢』
(欧) 啓蒙主義はじまる
一七五八 (仏) ルソー『演劇に関するダランベルへの手紙』で自然回帰を説く
ディドロ『劇詩論』で古典主義を批判、中間的ジャンルとしてドラームを提唱
一七六七 (独) レッシンク『ハンブルク演劇論』(〜六九)
(欧) シュツルム・ウント・ドランク時代に入る
一七七三 (独) ゲーテ『ゲッツ・フォン・ベルリヒン

一六六四 (寛文 四) 歌舞伎に多幕物発生、引幕や大道具発明
一六六六 (寛文 六) 歌舞伎に中央歩み板発生。花道の萌芽
一六七〇頃 (寛文一〇) 近松門左衛門専門作者として立つ。作者道の先駆
一六七三 (延宝 一) 初世市川団十郎江戸で荒事を創始
一六七八 (延宝 六) 坂田藤十郎京都で和事を確立
一六八四 (貞享 一) 大坂に竹本座創立。義太夫節確立
一六九八 (元禄 一一) 芳沢あやめ京都・大坂で女方芸を完成
一七〇三 (元禄一六) 『曾根崎心中』。世話悲劇確立
一七一七 (享保 二) 歌舞伎劇場全蓋式となる
一七二四 (享保 九) 近松門左衛門没
一七三四 (享保一九) 人形の三人遣い式はじまる
一七三六 (元文 一) 花道確立
この年宮古路豊後掾の豊後節が江戸で大流行して禁止され、後常磐津・富本が派生
一七四六 (延享 三) 『菅原伝授手習鑑』
一七四七 (延享 四) 『義経千本桜』
一七四八 (寛延 一) 『仮名手本忠臣蔵』
このころ人形浄瑠璃全盛期。人形遣い吉田文三郎活躍
一七五八 (宝暦 八) 並木正三回り舞台を大成、人形劇の演出技法を歌舞伎に移植
一七六五 (明和 二) 鈴木春信錦絵版画を創始
一七七一 (明和 八) 『妹背山婦女庭訓』
一七七二 (安永 一) 竹本座閉じ人形浄瑠璃衰運に向う
歌舞伎に両花道成る

江戸時代

一六八二 西鶴『一代男』
一六八三 八百屋お七処刑
一六八六 ニュートン万有引力の法則発見
一六九〇 イギリス、カルカッタ市建設
一七〇二 赤穂浪士討入り
一七一七 大岡越前守奉行となる
一七二二 心中脚色禁止
一七三五 清、乾隆帝(〜一七九六)
一七四〇 オーストリア継承戦争(〜一七四八)
一七四七 盗賊日本左衛門捕わる
一七五三 大英博物館創立
一七六二 ルソー『民約論』
このころより産業革命おこる
一七七二 田沼意次老中となる

1701 ～ 1800

		ゲン』、シュツルム・ウント・ドランクの頂点をなす
一七七六	（墺）	宮廷国民劇場（後のブルク劇場）創立
一七七七	（英）	シェリダン『悪口学校』、風習喜劇の一頂点
一七七九	（中）	女方俳優魏長生北京で活躍（乾隆四四）
一七八二	（独）	シラー『群盗』
一七八六	（仏）	ボーマルシェ『フィガロの結婚』。市民劇確立。このころよりブールバール劇おこる
	（欧）	ロマン主義さかん（～一九世紀初）
一七九〇	（中）	京劇成立（乾隆五五）
一七九五	（印）	最初の英語劇。女優の初登場

1801～1900

一八〇〇頃	（朝）	申在考『春香伝』にて唱劇の基をひらく
一八〇八	（独）	クライストの問題劇『こわれ甕』。近代劇の萌芽
一八一七	（英）	バイロン『マンフレッド』 レーゼドラマとしてのロマン派劇詩流行
一八二三	（露）	グリボエドフ『智恵の悲しみ』。ロシヤ写実主義演劇の祖
一八二七	（仏）	ユーゴー『クロンウエル』序文でロマン主義宣言
一八二八	（独）	ゲーテ『ファウスト』初演
一八三〇	（仏）	ユーゴー『エルナニ』。ロマン派制覇
一八三二	（露）	ゴーゴリ『検察官』
一八五〇	（独）	ワグナーの綜合芸術論
一八五二	（仏）	デュマ『椿姫』

一七八〇	（安永九）	『新版歌祭文』
一七八四	（天明四）	『関扉』初演
一七九〇頃	（寛政二）	大坂で植村文楽軒が人形浄瑠璃座を創立。現在の文楽の直祖
一七九四	（寛政六）	『五大力恋緘』
一八一四	（文化一一）	江戸で清元節創始 このころ変化舞踊さかんになる
一八二五	（文政八）	『東海道四谷怪談』。生世話狂言確立
一八四〇	（天保一一）	七世市川団十郎が歌舞伎十八番として『勧進帳』を創演。能に拠った新分野
一八四二	（天保一三）	天保改革で江戸三座猿若町へ強制移転、七世団十郎江戸を追放される。
一八五四	（安政一）	二世河竹新七（黙阿弥）『都鳥廓白浪』を書き、四世市川小団次と提携。以後白浪狂言を多作

江　戸　時　代

一七七六	アメリカ独立
一七八一	カント『純粋理性批判』
一七八七	寛政の改革
一七八九	フランス革命おこる
一七九一	朝鮮で洋学禁止
一八〇四	ナポレオン即位
一八一五	杉田玄白『蘭学事始』
一八一九	イギリス、シンガポール占領
一八二七	ベートーベン没
一八三四	水野忠邦老中となる
一八四〇	清にアヘン戦争おこる（～一八四二）
一八四一	天保の改革はじまる
一八四八	マルクス・エンゲルスの共産党宣言
一八五三	ペリー浦賀来航
一八五七	インドで反英の反乱
一八五九	ダーウィン『種の起原』
一八六〇	桜田門外の変
一八六一	アメリカ南北戦争

1801 〜 1900

ウェルメイド・プレイ流行
一八六三（独）フライターク『戯曲の技巧』
一八六七（ノ）イプセン『ペール・ギュント』
一八六八（独）ワグナー『ニュルンベルクの名歌手』
一八七三（仏）ゾラ『テレーズ・ラカン』序文で自然主義宣言
（印）カルカッタに大国民劇場創立。西洋近代劇上演はじまる
一八七四頃（独）ゲオルク二世実証的方法でヨーロッパ巡演、近代演出の基をひらく
一八七九（ノ）イプセン『人形の家』。近代戯曲確立
一八八二（独）ブルクハルト、ブルク劇場の長となり、ベックの『鴉の群』で自然主義演出を確立
一八八七（仏）アントワーヌ自由劇場を創立。小劇場的近代劇運動おこる
一八八八（典）ストリンドベリ『令嬢ジュリー』
一八八九（独）ブラーム自由舞台創立
ハウプトマン『日の出前』
一八九一（英）グライン独立劇場創立
一八九四（英）ワイルド『サロメ』
一八九六（独）ラウテンシュレーガー回り舞台使用
一八九七（仏）ロスタン『シラノ・ド・ベルジュラック』
一八九八（露）モスクワ芸術座創立
（英）ロンドン舞台協会創立
（欧）このころより三大女優（テリー、ベルナール、ドゥーゼ）活躍

一八六六（慶応二）濡れ場その他写実的演技への自粛勧告。四世小団次没
一八七二（明治五）守田座新富町へ進出
芸人俳優教部省監督下におかれ、社会教化の役割強まる
生世話物弾圧、史実尊重のすすめ。演劇改良の起点
京都で西洋種の新作狂言二種上演
一八七三（明治六）岩倉具視能楽復興を促す
一八七六（明治九）このころより散切狂言・活歴劇さかん（〜明治二十年代）
一八七八（明治一一）新富座洋風落成式、ガス灯のはじめ
一八八一（明治一四）二世新七番付面より引退、黙阿弥となる
一八八六（明治一九）演劇改良会設立
一八八七（明治二〇）史上初の天覧劇
一八八八（明治二一）壮士芝居おこる。新派の発生
一八八九（明治二二）歌舞伎座創建
一八九一（明治二四）新派にて『男女合同改良演劇』。近代の女優の祖
川上音二郎上京、書生芝居さかん
北村透谷『蓬萊曲』
一八九三（明治二六）黙阿弥没。江戸作者の終焉
一八九四（明治二七）坪内逍遙『桐一葉』を書く
一八九六（明治二九）活動写真輸入
一八九八（明治三一）『金色夜叉』初演。新聞小説新派化はじまる
一八九九（明治三二）初世市川左団次、松居松葉『悪源太』

明治時代

一八六七 マルクス『資本論』
一八六八 明治維新
一八六九 スエズ運河開く
一八七一 廃藩置県、断髪廃刀許可
一八七七 西南戦争
英領インド帝国成立
一八七八 東京大学開設
自由民権運動おこる
大久保利通暗殺
一八八三 鹿鳴館建つ
一八八五 坪内逍遙『小説神髄』
一八八九 日本憲法発布
一八九〇 日本国会開設
ゴッホ没
一八九二「没理想」論争
一八九四 日清戦争（〜九五）
一八九七 足尾鉱毒事件おこる
紅葉『金色夜叉』
一八九八 蘆花『不如帰』

1901 ～

一八九九 (愛) アイルランド国民演劇協会設立。シングその他輩出

一九〇二 (独) ラインハルト反写実的演出を試みはじめる
一九〇四 (露) チエホフ『桜の園』初演
一九〇五 (独) ラインハルト回り舞台使用。全ヨーロッパに波及の基
(英) クレーグ『劇場芸術論』。演出の機能を確定
一九〇六 (独) ウェデキント『春の目ざめ』
(中) 東京に春柳社創立。話劇の祖
(ノ) イプセン没
一九〇七 (中) 上海に春陽社創立（後の進化団）
一九〇八 (ベ) メーテルリンク『青い鳥』
反近代主義いよいよさかん
(朝) 円覚社創立、新劇運動はじまる
一九一〇 (露) メイエルホリド花道を演出に応用
一九一一頃 (中) 陸鏡若・欧陽予倩ら新劇同志会結成。上海に春柳劇場建設
一九一三 (仏) コポー、ビューコロンビエ座創立
(印) このころタゴールの近代的演出すすむ
一九一五 (英) メイスフィールド『忠臣蔵』を英訳
一九一六 (愛) イエーツの能様式詩劇『鷹の井戸』
(米) オニール海洋劇プロビンスタウン劇団で上演。アメリカ近代劇確立
一九一七 (独) ゲーリンク『海戦』、カイザー『カレーの市民』。表現主義演劇流行
一九一九 (独) ベルリン大劇場成り、ラインハルト反

明治時代

一九〇〇 (明治三三) を上演。局外作家作品の初演
川上貞奴パリ万博に出演
一九〇二 (明治三五) 花房柳外イプセン『人民の敵』を翻案上演。イプセン移入劇の先駆
松竹合名社創立
一九〇三 (明治三六) 川上一座『オセロ』『ハムレット』翻案上演
一九〇五 (明治三八) 新派『不如帰』『金色夜叉』『己が罪』ほか上演、本郷座時代なる黄金時代を現出(～明治四三)
一九〇六 (明治三九) 前期文芸協会創立
一九〇九 (明治四二) 後期文芸協会・自由劇場創立、新劇運動はじまる
イプセン『ボルクマン』初演
一九一一 (明治四四) 帝国劇場開場
イプセン『人形の家』初演、松井須磨子近代女優として名を成す

大正時代

一九一二 (大正一) 帝劇洋楽洋舞伝習にローシーを招く
一九一三 (大正二) 島村抱月・松井須磨子芸術座創立
一九一四 (大正三) 宝塚少女歌劇生まれる
一九一五 (大正四) 本郷座で連鎖劇行われる
一九一七 (大正六) 沢田正二郎新国劇をおこす
一九一九 (大正八) 松井須磨子自殺、芸術座解散。自由劇場活動停止。第一期新劇運動おわる
梅蘭芳一行初来日
一九二〇 (大正九) 菊池寛『父帰る』初演。大正戯曲時代全盛
一九二一(大正一〇頃) 浅草オペラ全盛(大正～一三)

一九〇〇 ニーチェ没
一九〇二 日英同盟
一九〇四 日露戦争(～〇五)
一九〇五 アインシュタインの相対性理論
一九〇六 漱石『坊ちゃん』
藤村『破戒』
一九〇七 花袋『蒲団』、自然主義思潮おこる
一九一〇 『白樺』創刊
白瀬中尉南極探険
一九一一 辛亥革命
一九一二 中華民国成立
一九一三 『カチューシャの唄』大流行
一九一四 パナマ運河開く
第一次世界大戦(～一八)
一九一七 ロシア革命
一九一九 ベルサイユ条約
魯迅『阿Q正伝』
一九二一 日本に「船頭小唄」流行

1901 ～

写実演出に活躍
一九二〇（中）上海新舞台でショーの『ウォレン夫人の職業』上演、西洋近代劇的話劇おこる
一九二一（イ）ピランデッロ『作者を探す六人の登場人物』
一九二三（朝）東京に土月会創立、西洋近代劇を上演
一九二三（英）ショー『聖ジョーン』
一九二五（朝）プロレタリア芸術同盟結成
一九二六（瑞）近代照明家アッピア没
一九二七（ソ）イワーノフ『装甲列車』にて社会主義リアリズム確立
（独）ピスカトール政治的アジプロ劇演出。左翼演劇さかん
一九二八（中）田漢南国芸術学院創立
（独）ブレヒト『三文オペラ』
一九三〇（独）ブレヒト叙事劇論ほぼ成る
バープ『演劇社会学』
（朝）劇芸術研究会創立
一九三三（米）円形劇場様式の発想
一九三四（中）曹禺『雷雨』
一九三七（ソ）スタニスラフスキー『俳優修業』決定版成る
一九四一（独）ブレヒト『肝っ玉おっ母とその子供たち』
一九四二（中）郭末若『屈原』
一九四三（米）ミュージカル『オクラホマ！』
（仏）サルトル『蝿』。実存主義戯曲の出現

大正時代

一九二三（大正一二）プロレタリア演劇運動おこる
大震災で東京の劇場ほとんど焼失
一九二四（大正一三）築地小劇場創立。新劇運動第二期に入る。岸田国士『チロルの秋』
一九二五（大正一四）ラジオ放送開始
トランク劇場結成

昭　和　時　代

一九二七（昭和二）藤森成吉『何が彼女をそうさせたか』
一九二八（昭和三）坪内逍遙シェークスピア完訳、早大に記念演劇博物館建つ
二世市川左団次訪ソ歌舞伎
小山内薫没
一九三一（昭和六）前進座・人形劇団プーク・ムーランルージュ・テアトルコメディなど創立
このころエノケン、ロッパほかの軽演劇さかんになる
一九三七（昭和一二）トーキー『マダムと女房』
文学座結成
久保栄『火山灰地』第一部成る
一九四〇（昭和一五）新協・新築地両劇団強制解散。新劇運動衰退
一九四一（昭和一六）日本移動演劇連盟結成
一九四四（昭和一九）決戦非常措置令で十九劇場閉鎖
俳優座結成
一九四五（昭和二〇）空襲で劇場多数焼失

一九二三　関東大震災
一九二五　日本治安維持法
一九二六　映画『戦艦ポチョムキン』
一九二九　世界的経済恐慌（～三三）
一九三〇　ロンドン軍縮条約
一九三一　映画『会議は踊る』
満州事変おこる
一九三二　満州国建国宣言
上海事変
一九三四　ヒトラー総統となる
一九三六　二・二六事件
一九三七　日中戦争おこる（～四五）
一九三九　第二次世界大戦おこる（～四五）
一九四一　太平洋戦争おこる（～四五）
一九四五　ドイツ・日本降伏

1901 ～

一九四七	（米）	ウィリアムズ『欲望という名の電車』
一九四九	（仏）	イヨネスコ『禿の女歌手』。不条理演劇、アンチ・テアトルはじまる
	（米）	ミラー『セールズマンの死』
一九五三	（仏）	ベケット『ゴドーを待ちながら』
一九五五	（英）	オズボーン『怒りをこめて振返れ』。怒れる若者の劇はじまる
一九五六	（米）	ミュージカル『マイ・フェア・レディ』
一九五七	（米）	ミュージカル『ウェストサイド物語』 ミュージカル世界に波及
一九六一	（中）	梅蘭芳没
	（英）	ウェスカー『調理場』
一九六二	（米）	オルビー『バージニアウルフなんかこわくない』
一九六三	（全）	ユネスコ史上初の国際演劇シンポジウムを東京で開催
一九六六	（中）	文化大革命で京劇改革、現代京劇おこる
一九六八	（米）	ロックミュージカル『ヘアー』
	（欧）	このころ全体演劇の主張ひろまる
一九七四	（墺）	キンダーマン『ヨーロッパ演劇史』全一〇巻を完成
一九七六	（中）	江青ら批判され京劇の伝統復活に向う

一九四六	（昭和二一）	都民劇場設立 文部省主催芸術祭発足
一九四七	（昭和二二）	占領軍による文楽・歌舞伎の禁止演目が『忠臣蔵』解禁を最後に解除される
一九四九	（昭和二四）	六世菊五郎・七世幸四郎没 日本演劇学会創立
一九五〇	（昭和二五）	劇団民芸結成
一九五三	（昭和二八）	テレビ放送開始 俳優座劇場成る
一九五四	（昭和二九）	能狂言初のヨーロッパ公演 初世中村吉右衛門没
一九五八	（昭和三三）	モスクワ芸術座来演。交流さかんになる
一九六〇	（昭和三五）	新劇団訪中公演 初の歌舞伎アメリカ公演
一九六一	（昭和三六）	戦後初の歌舞伎ソビエト公演
一九六三	（昭和三八）	史上初のユネスコ主催国際演劇シンポジウム東京で開催
一九六五	（昭和四〇）	初の歌舞伎ヨーロッパ公演
一九六六	（昭和四一）	国立劇場開場 早稲田小劇場結成
一九六七	（昭和四二）	天井桟敷・状況劇場結成。小劇場、アングラ演劇さかんになる
一九六八	（昭和四三）	能狂言アメリカ・メキシコ公演
一九六九	（昭和四四）	大谷竹次郎没
一九七八	（昭和五三）	歌舞伎初のオーストラリア公演
一九八一	（昭和五六）	第一回ヨーロッパ歌舞伎会議
一九八三	（昭和五八）	国立能楽堂開場

昭　和　時　代

一九四六	フィリピン独立
一九四七	インド独立
一九四八	ビルマ独立、朝鮮南北に分立
一九四九	中華人民共和国成立
一九五〇	朝鮮戦争おこる
一九五一	日米講和条約・安保条約
一九五六	日ソ国交回復
一九六一	ソ連ガガーリン宇宙飛行
一九六四	東京オリンピック 新幹線開通
一九六七	宇宙平和条約
一九六九	アメリカ宇宙船月に着陸
一九七三	石油ショック
一九七五	ベトナム戦争おわる
一九七七	チャップリン死

あとがき

序文にもふれたが、早大文学部の共通専門科目として〝演劇概論〟なる講義を持たされたのは昭和二九年、まだ三十に満たず、講師になったばかりのころだった。やがて比較研究に入り、四二〜四九年に『比較演劇学』正続をまとめることになったが、その正篇のあとがきの一節は、本書の成立ちにもそのままつながるので摘記すると――

「……ひろい意味での比較研究が必要だという気持は、もっと前からあった。最初は昭和二六年に卒業論文を要約して『演劇における場の理論序説』（綜合世界文芸）を発表したときである。力学や心理学における、エネルギー場と力動性《ディナミーク》の理念に発想を得た試論だったが、さて具体的にその場の要素や構造を明らかにしようとすると、どうしても東西各様の演劇を比較して、その共通性と特殊性を析出していかなくてはならないことを、痛感したのであった。もうひとつの契機はその翌年、ある一部の人々の便乗的排他的な歌舞伎否定論にたいして、日本演劇の存在意義を述べた小論『演劇の魔性について』（早稲田文学）である。近代の偏りを正して日本の演劇を正当に評価し、西洋一辺倒でない演劇の本質論をもとめようという気持が、やはり私を内外様々の演劇現象の比較へと向わせたのであった。」

つまり、現象を追い実証をもとめつつ比較研究などをひとわたり遍歴したあと、ふと元の場所へ立戻って〝演劇〟の全体像を眺め直してみたのが、この小著である。

しかし演劇概論の講座（現在の題目は〝演劇〟だが）は、いらい二十余年間つづけているので、教科書にも使える〝概論〟を書けという要望やすすめを受けたのは、一度や二度ではなかった。で、何度か筆を起してもみたがどうも自分で納得いかず、いたずらに時をすごした。個々の具体的なテーマについてはいつのまにか二十数冊の単行本を生み、編著や監修などもかなり手がけながら、『演劇概論』はいつも幻の著作であった。

それが、やっとふん切りをつける気になったのは、畏友今道友信教授のすすめで、昭和四六・四七の二年間東京大学の美学特殊講義として、演劇論を講じたときである。そのある日、当時東大出版会専務理事でいま国連大学学術情報局長兼出版部長の、これも旧知の箕輪成男氏から、この種のものをぜひとの話が出た。ちょうど、こんどこそまとめ直してみようかと思いかけていたときだったので、思いきって引受けたのだが、やっぱりおいそれとはいかず、また数年が無為に過ぎた。

だが心がけていると不思議なもので、そのうち各種の講座に、各項別々ながら否応なしに書く羽目になった。それならいっそこの際一貫したものにと、下心をかまえて書きためていった……。この本の半ば以上は、それらを修正補訂して成ったのである。以下各章につき、初掲データを明記し、今回こうした形で収録することを快諾された各社への謝意にかえたい。

第一章――「演劇」（『ブリタニカ国際大百科事典』第三巻、一九七二年七月、TBSブリタニカ）
第二章――「戯曲の実際」（『国文学・解釈と鑑賞』臨時増刊「戯曲・演技・演出」、一九七六年五月、至文堂）
第三章――「日本の演技論」（『演劇論講座』4「演技論」、一九七七年三月、汐文社）
第四章――「比較演劇――『花道』を素材として――」（『講座・比較文化』第八巻「比較文化への展望」、一九七七年三月、研究社）。ただしこの章、前半の観客一般論と初期論文を敷衍した「場の理論」とは、新たに書下した。

第五章——「日本演劇」（『ブリタニカ国際大百科事典』第一五巻、一九七四年一〇月、TBSブリタニカ）

第六章——早大文学部で二十年来担当している〝西洋演劇史〟の講義メモをもとに、キンダーマン『ヨーロッパ演劇史』全一〇巻その他を参考として書下した。

年表——日ごろ心覚えに作っているものに公刊年表各種を照合整理して編んだが、とくに朝鮮については金両基、中国については瀬戸宏の両氏に、新資料その他につき直接教示を仰いだ。

参考文献はあげきれないが、直接本文に掲げ、引用したものは索引に示されている。ほかに読者の便宜のため、おもに総記と通史の類を、思いつくままあげておこう。

総記・辞典

河竹繁俊監修・早大演劇博物館編『演劇百科大事典』全六巻（平凡社、一九六〇—六二年。第六巻に年表と解題つき文献一覧あり）

Enciclopedia dello Spettacolo 全一〇巻（ローマ、一九五四—六六年。現在最大の演劇事典。洋書文献詳表あり）

Phillis Hartnoll: *The Oxford Companion to the Theatre*（オックスフォード大学出版会、新版一九六七年。一巻だが密度の高い演劇事典）

Barrett H. Clark: *European Theories of the Drama*（ニューヨーク、一九四七年。西洋古今の演劇論の英訳抄録・筆者紹介と解題つき）

飯塚友一郎『演劇学序説』上・下（雄山閣、一九四八—四九年。西洋および東洋の演劇論解題）

なお『演劇概論』という書名の本は私の知る限り従来二種がある。その一は河出書房刊の叢書『演劇論』（全五巻、一九四三年。演劇に関する講座の最初であろう）の第一巻で、新関良三以下九氏の共著、その二はアンドレ・ヴィリエ著 "*Psychologie de l'art dramatique*"（『劇芸術の心理学』）の、岩瀬孝教授による邦訳題名（白水社刊、一九六〇年）である。

日本演劇の通史
河竹繁俊『日本演劇全史』(岩波書店、一九五九年)
河竹繁俊『概説日本演劇史』(岩波書店、一九六六年)
浦山政雄・前田慎一・石川潤二郎『日本演劇史』(桜楓社、一九七二年)
後藤淑『日本芸能史入門』(現代教養文庫、社会思想社、一九六四年)
ほかにいわゆる通史ではないが、伊原敏郎、高野辰之、井浦芳信の諸氏にそれぞれ『日本演劇史』と題する著書があり、また灰野庄平『大日本演劇史』、浜村米蔵『日本演劇略史』などもある。
世界・西洋の演劇通史
カール・マンツィウス／飯塚友一郎訳『世界演劇史』全六巻(平凡社、一九三〇―三二年)
北村喜八『西洋演劇史概説』(白鯨書房、一九四八年)
ロベール・ピニャール／岩瀬孝訳『世界演劇史』(クセジュ文庫、白水社、一九五五年)
菅原太郎『西洋演劇史』(演劇出版社、一九七三年。邦文による詳しい通史・参考洋書目あり)
青江舜二郎『演劇の世界史』(紀伊国屋新書、一九六六年。東洋演劇の項が特色)
永野藤夫『世界の演劇』(中央出版社、一九六九年。東洋にもふれ平明に叙述)
チェザーレ・モリナーリ／倉橋健訳『演劇の歴史』上・下(パルコ出版、一九七七年。図説の通史)
Heinz Kindermann: *Theatergeschichte Europas* 全一〇巻(ザルツブルク、一九五七―七四年。現在最大のヨーロッパ演劇全史。参考洋書目あり)
なお拙著の中で本書に関連のふかいものに、
『演劇の座標』(理想社、一九五九年。最初の演劇論集)
『現代戯曲創作法』早川書房、一九五四年。ドルーテン著 *Playwright at Work* の訳書)
『比較演劇学』(南窓社、正篇一九六七年、続篇一九七四年)
『日本のハムレット』(南窓社、一九七二年)

『歌舞伎の座標』（毎日新聞社、一九七七年）がある。

ふり返ってみると、はっきり演劇に志して早大芸術科に入ってから、今年でちょうど三十年になる。その間、研究のほか朝日新聞の〝演劇時評〟や歌舞伎評、海外での日本演劇の反響調査や客員教授としての講義、また乏しいながら芝居創造過程への参加経験も、ないではなかった。ずいぶん千鳥足を踏んだものだが、私にとってはそれらがそのまま実験実証であり、研究であった。小著にもそれらは、何らかの形で投影されていると思う。

この本の成るには、本文やあとがきにあげた以外にも、名をあげきれないほど多くの内外同学の方々から、著書論文などを通じて学恩を受けた。またすでに米寿を迎えられた新関良三先生、八十四歳のハインツ・キンダーマン博士――東西のこの両碩学は、二十余年来私の師表として、じっと見守り励まし、いまも旺盛な研究活動を通じて、身をもって導いていただいている。銘記して厚い感謝をささげる。

それから、企画の当初いらい数年にわたり、寛容と理解と細心の配慮をもって編集の一切をつかさどり、刊行を実現してくださった東京大学出版会の斎藤至弘氏に、末尾ながらお礼を申しあげたい。

一九七八年六月

著　者

本書はデジタル印刷機を採用しており、品質の経年変化についての充分なデータはありません。そのため高湿下で強い圧力を加えた場合など、色材の癒着・剥落・磨耗等の品質変化の可能性もあります。

演劇概論

2024年9月20日　発行　③

著　者　河竹登志夫

発行所　一般財団法人　東京大学出版会
代 表 者　吉見俊哉
〒153-0041
東京都目黒区駒場4-5-29
TEL03-6407-1069　FAX03-6407-1991
URL　https://www.utp.or.jp/
印刷・製本　大日本印刷株式会社
URL　http://www.dnp.co.jp/

ISBN978-4-13-009123-7
Printed in Japan

著者略歴
1924年，東京に生れる．東京帝国大学理学部物理学科，早稲田大学文学部芸術科・同大学院卒業．欧米で比較演劇研究．1974年，文学博士．1976年，オーストリア科学アカデミー（学士院）在外会員．2001年，文化功労者．
現在　早稲田大学名誉教授，日本演劇協会名誉会長．

主要著書
「比較演劇学」正・続・続々（南窓社，1967年度芸術選奨）
「日本のハムレット」（南窓社）
「作者の家」（講談社，1980年度読売文学賞，毎日出版文化賞）
「舞台の奥の日本」（TBSブリタニカ，1982年度東京海上各務記念財団賞）
「歌舞伎美論」（東京大学出版会，1989年度小泉八雲賞・ダブリン市長賞）
「河竹登志夫歌舞伎論集」（演劇出版社，2000年度恩賜賞・日本芸術院賞）
「歌舞伎」（東京大学出版会）
「日本の古典芸能」（かまくら春秋社）

演劇概論

1978年7月20日　初　版
2011年6月20日　第13刷

［検印廃止］

著　者　河竹登志夫《かわたけとしお》

発行所　財団法人　東京大学出版会
代表者　渡辺　浩
113-8654 東京都文京区本郷 7-3-1 東大構内
http://www.utp.or.jp/
電話　03-3811-8814　Fax 03-3812-6958
振替　00160-6-59964

印刷所　株式会社理想社
製本所　牧製本印刷株式会社

ISBN 978-4-13-082082-0　Printed in Japan

索　　引

凡　例

人名索引について

○外国人名にはフルネームを附したが，本名が別のときは(　)内に記した．

(例)　モリエール Molière(Jean Baptiste Poquelin)

○英米人のほかはなるべく原名に近い表記法によった．

(例)　ゴーリキー Goriky, Maksim(英語式では Gorky, Maxim)

○劇中人物は実在人物の場合も併せて事項索引のほうに入れた．

(例)　熊谷直実　　ハムレット

事項索引について

○『　』は単行本・雑誌など公刊物および作品名，「　」は場面・章タイトル・引用句など．

(例)　『洛陽田楽記』『マクベス』「一力茶屋」「作者心得の事」「全世界は劇場なり」

○あまりに頻度の高い項目は敢て省いた．

(例)　戯曲　ドラマ　俳優　悲劇　伝統演劇　能・狂言　文楽　歌舞伎　日本演劇・イギリス演劇など

○劇中人物名には必要に応じて(　)内に登場作品名を添えた．

(例)　お種(堀川波の鼓)

○外国の用語・作品には，定訳のない場合や紛らわしい場合その他，とくに必要とおもうものにだけ原語を附した．

(例)　まじめなジャンル genre sérieux　　自由劇場 Théâtre Libre

両索引ともとくに冒頭難読のものに限り仮名を添えた．

(例)　阿国(おくに)　　曲(くせ)舞

人 名 索 引

ア

アイスキュロス Aischylos 233
青江舜二郎 122,163
アカイオス Achaios 234
アガトン Agaton 234
秋田雨雀 225
芥川比呂志 41
足利尊氏 199
足利義教 202
足利義持 202
足利義満 201,202
アスバゴーシャ Asvaghōsa 239
アダモフ Adamov, Arthur 227,276
アーチャー Archer, William 27,61,91
アッピア Appia, Adolphe 27,272
アヌイ Anouilh, Jean 276
アービング Irving, Henry 90,220
アラルコン Alarcón, Juan Ruiz de 254
アリオスト Ariosto, Lodovico 245
アリオン Arion 110,232
アリストテレス Aristoteles 6, 9, 21～22, 24, 27,31,33～35,42,68,79,85, 91, 93, 96, 122, 150,176～178,185,233,235,246,262
アリストパネス Aristophanes 33,235,259
アルトー Artaud, Antonin 274
アルブーゾフ Arbuzov, Aleksey 277
アレクサンダー大王 Alexander the Great 233,235
アーンスト Ernst, Earle 162
アンダースン Anderson, Maxwell 270
アンドレーエフ Andreev, Leonid 272
アントワーヌ Antoine, André 24,268

イ

飯塚友一郎 34
伊井蓉峰 221
イェーツ Yeats, William Butler 269,273
イオン Ion 234
伊藤博文 219
石沢秀二 34
出雲の阿国→阿国(おくに)
市川市蔵 176
市川猿之助(2世) 223
市川小団次(4世) 50,214～215
市川左団次(2世) 161,222～223,269
市川団十郎 184 (一般)
市川団十郎(初世) 50,93,163,206,212
市川団十郎(2世) 111,114,212～213
市川団十郎(4世) 213
市川団十郎(5世) 213
市川団十郎(7世) 23,214
市川団十郎(8世) 214
市川団十郎(9世) 45,98～99, 112～114, 120, 125,132～133,218,220
一忠 201～202
井上馨 219
井上播磨掾 81,206
イプセン Ibsen, Henrik 11, 19～20, 24, 39, 49,57,59,66, 68～70, 75, 83, 86, 100, 156～157,185,222,267,269,272,280～281
イフラント Iffland, August Wilhelm 126
イヨネスコ Ionesco, Eugène 13,25,227,276
岩井半四郎(4世) 214
岩井半四郎(5世・杜若) 214
岩倉具視 216
イワーノフ Ivanov, Vsevolod 275
允恭(いんぎょう)天皇 189

ウ

ウィッチャリー Wycherly, William 260
ウィリアムズ Williams, Tennessee 277
ウェスカー Wesker, Arnold 227,276
ウェデキント Wedekind, Frank 272
ウェブスター Webster, John 257
植村文楽軒 209,217
ウォードル Wardle, Irving 160
ウォルフ Wolf, Friedrich 275
右近源左衛門 211
宇治加賀掾(嘉太夫) 81,103,206
内村直也 225
梅若実(初世) 95,217

エ

英昭皇太后 216
エウリピデス Euripides 234,259
エリオット Eliot, Thomas Stearns 56,275
エリザベス一世(女王) Queen Elizabeth I 54,209,246,254
エンシーナ Encina, Juan del 253
円仁 198

オ

王実甫 239,250

王鐘声 279
欧陽予倩 278
大江匡房 196, 198
大口屋暁雨 54
大隈重信 222
大島勉 29
大戸清上 195
岡本綺堂 223
阿国(おくに) 54, 89, 142, 162, 164, 197, 209～210, 221
オケイシー O'Casay, Sean 270
小山内薫 9, 56, 222, 224, 274
オージェ Augier, Emile 267
オストロフスキー Ostrovsky, Alexandr 161, 270
オデッツ Odets, Clifford 275
オニール O'Neill, Eugene 56, 270, 274
尾上菊五郎(3世) 100, 214
尾上菊五郎(5世) 100, 113, 132, 218
尾上菊五郎(6世) 90, 125, 127, 132～133, 139, 223
尾上菊次郎 127
尾上松緑 60
尾上梅幸(6世) 99
小場瀬卓三 130
オルビー Albee, Edward 227, 277
尾張浜主 195

カ

カイザー Kaiser, Georg 274
郭沫若 280
梶井二品親王 198
カステルベトロ Castelvetro, Lodovico 246
カストロ →ギレン・デ・カストロ
加藤衛 7, 32, 35, 141
金井三笑 213
カニシカ王 Kaniska 238
カミュ Camus, Albert 276
唐十郎 226
カーリダーサ Kālidāsa, 13, 237, 239
カルデロン Calderón de la Barca, Pedro 254
河合武雄 221
川上音二郎 15, 220
川上貞奴 221, 264
川尻宝岑 44
河竹登志夫 29, 35, 37
河竹黙阿弥(2世河竹新七) 45, 49～51, 83, 214, 217～218, 254
カワード Coward, Noel 260
観阿弥 23, 197, 201～202
関漢卿 250
観世小次郎信光 203
観世十郎元雅 202
桓武天皇 192

キ

菊吉(菊五郎・吉右衛門) 132
菊池寛 56, 124, 223, 270
岸田国士 55, 225, 273
岸田劉生 101
北村透谷 46, 263
喜多村緑郎 221
魏長生 265
魏良輔 265
キーツ Keats, John 46
キッド Kyd, Thomas 255
紀(きの)海音 56
木下吉之助 221
木下順二 254
木下杢太郎 223
キュレル Curel, François de 268
行慶 198
清水(きよみず)理太夫 206 →竹本義太夫
清水理兵衛 206
キリスト 170, 242～243
ギレン・デ・カストロ Guillén de Castro 56, 254
キーン Kean, Charles 272
金承一 281
キンダーマン Kindermann, Heinz 30, 119
欽明天皇 189

ク

空海 194
クエバ Cueva, Juan de la 253
クッチャー Kutscher, Artur 6, 9, 28, 31～32, 34～35
クヌーツェン Knudsen, Hans 28～30
久保栄 225
久保田万太郎 223
久米正雄 223
クライスト Kleist, Heinrich von 267
グライン Grein, Jacob Thomas 269
倉田百三 223
グリフィウス Gryphius, Andreas 252
グリボエドフ Griboedov, Alexandr 270
グリルパルツァー Grillparzer, Franz 252, 263
グリーン Green, Paul Eliot 10, 270
グリーン Greene, Robert 255
クルトリーヌ Courteline, Georges 268
クレイグ Craig, Gordon 9, 27, 273
グレゴリー夫人 Gregory, Augusta, Lady

269
クローデル Claudel, Paul　10, 273, 277

ケ

ゲイ Gay, John　10, 277
ゲオルク2世(マイニンゲン公) Georg II, Herzog, von Meiningen　9, 271
ゲーテ Goethe, Johann Wolfgang von　20, 24, 47, 234, 239, 262〜264
ゲーリンク Goering, Reinhard　224, 274
玄宗帝(唐明皇)　241, 265
監物　205
乾隆(けんりゅう)帝　265

コ

洪海星　281
康熙帝　265
孔子　240
洪昇　265
孔尚任　265
江青　281
黄帝　231
光明寺三郎　221
高明　250, 264
コクトー Cocteau, Jean　56
コクラン Coquelin, Constant-Benoit　130
ゴーゴリ Gogoli, Nikolai　270, 281
児島文衛　221
ゴッツイ Gozzi, Carlo　17
ゴットシェット Gottsched, Christoph　262
小島元雄　35
コペルニクス Copernicus, Nicolaus　251
コポー Copeau, Jacques　162, 273
ゴーリキー Goriky, Maksim　223, 271
ゴルドーニ Goldoni, Carlo　248
コルネーユ Corneille, Pierre　20, 56, 254, 258
コールリッジ Coleridge, Samuel　46, 263
コングリーブ Congreve, William　260
金春弾竹　203

サ

最澄　194, 198
坂田藤十郎　51, 93, 102〜103, 121, 124, 127, 212
桜井丹波少掾(和泉太夫)　206
桜田治助　213
桜間伴馬　216
ザックス Sachs, Hans　244
薩摩浄雲　206
里見弴　223
サルドゥー Sardou, Victorian　262, 264
サルトル Sartre, Jean Paul　25, 56, 227, 275
沢角(住)検校　205
沢田正二郎　224
沢村宗十郎(初世)　129
沢村宗十郎(2世)　213
沢村宗十郎(3世)　213
サンタルビーヌ Sainte-Albine, Rémond de　126, 129

シ

シェークスピア Shakespeare, William　12, 16, 19〜20, 39〜41, 49, 51〜52, 54, 56〜59, 66, 69, 71, 74, 100, 106, 168, 171〜173, 183, 185, 206, 209, 219〜222, 226, 236, 246, 255〜257, 259, 262〜264, 267, 271, 276, 279
シェリー Shelley, Percy　263
シェリダン Sheridan, Richard Brinsley　260
シェーンベルク Schönberg, Arnold　41
ジード Gide, André　56
島村民蔵　30, 34
島村抱月　9, 48, 222〜223
シャカ Sakhya, 釈迦　238
シャプラン Chapelain, Jean　258
秀鶴　125　→中村仲蔵(初世)
朱素臣　265
ジューベ Jouvet, Louis　6, 139
シュタイガー Staiger, Emil　33
シュニッツラー Schnitzler, Arthur　272
ジュリアン Jullien, Jean　268
シュレーゲル Schlegel, Wilhelm　263
シュレーゲル Schlegel, Friedrich　46, 263
シュレーゲル兄弟 Schlegel, W. u. F.　47
ショー Shaw, George Bernard　269, 280
聖徳太子　190, 192
ショッセ Chaussée, Nivelle de la　261
ジョデル Jodelle, Etienne　258
ションディ Szondi, Peter　33
ジョーンズ Jones, Henry Arthur　269
ジョーンズ Jones, Robert Edmond　136〜137
ジョンソン Johnson, Ben　257
シラー Schiller, Friedrich von　20, 22, 56, 263〜264, 271
ジロドゥ Giraudoux, Jean　56, 274
次郎兵衛　205
シング Synge, John Millington　269
新門辰五郎　176

ス

推古天皇　189
末広鉄腸　281
末松謙澄　219
スカリジェル Scaliger, Julius Caesar　246
菅原太郎　35
杉野橘太郎　34

杉山丹後掾 206
スキュデリー Scudéry, Georges de 20
スクリーブ Scribe, Eugène 261, 264, 267
薄田(すすきだ)研二 225
鈴木忠志 227
鈴木力衛 139
スタニスラフスキー Stanislavsky, Konstantin 9, 91, 124, 126, 131, 271
ズーダーマン Sudermann, Hermann 223
角藤(すどう)定憲 220
ストリンドベリ Strindberg, August 268, 272
スペンサー Spencer, Herbert 22
スーリオ Souriau, Etienne 34

セ

世阿弥 6, 23, 47, 51, 53, 63, 79, 81, 91〜92, 94〜95, 103, 107, 110〜111, 117, 137, 183, 197, 201〜202, 240, 260
瀬川菊之丞(初世) 214
瀬川菊之丞(2世) 214
瀬川菊之丞(3世) 214
瀬川如皐(3世) 214
セネカ Seneca, Lucius Annaeus 236, 255, 259
セルリオ Serlio, Sebastiano 245
旃(せん) 240
千賀彰 31, 140

ソ

宋影 281
曹禺 280
蔵晋叔 250
曾延年 278
ソポクレス Sophokles 75, 233, 264
ゾラ Zola, Émile 24, 48, 105〜106, 172, 266〜267

タ

タイロフ Taïrov, Alexandr 274
高田早苗(半峰) 219
高田実 221
高橋英夫 33
滝野勾当 205
田口掬汀 279
竹内敏雄 35
竹田出雲(2世) 208
武智鉄二 41, 226
竹本釆女 208
竹本義太夫 82, 83, 103, 206〜208
タゴール Tagore, Rabindranath 278
太宰治 47
ターナー Tourner, Cyril 257
田中千禾夫 225
ダニエロ Daniello, Bernardino 246
谷崎潤一郎 223
ダヌンチオ D'Annunzio, Gabriele 273
玉川千之丞 211
団菊(団十郎・菊五郎) 132
ダンセニー Dansany, Lord 270
ダンチェンコ Dantchenko, Vladimir Nemirovitch 271
ダンテ Dante, Alighieri 244

チ

チェホフ Tchechov, Anton 86, 224, 271, 281
近松半二 168, 209
近松門左衛門 20, 23, 47, 51, 55, 75〜76, 84, 91, 103, 120, 123, 206〜208, 212
千歳米坡 221
チャップリン Chaplin, Charles 45
チャピン Chapin, Harold 56
チャールズ二世(王) King Charles II 257

ツ

津打治兵衛 213
ツックマイヤー Zuckmayer, Carl 275
ツティロ Tutilo 242
坪内逍遙 9, 19, 58〜59, 67, 86, 101, 131, 219, 221〜224, 279
鶴屋南北(4世) 214

テ

鄭光祖 250
ティーク Tiek, Ludwig 263
ディートリッヒ Dietrich, Margaret 30
ディドロ Diderot, Deni 16, 43, 54, 106, 129, 261〜262
ティルソ・デ・モリナ Tirso de Molina 254
ディンガー Dinger, Hugo 28, 30
テスピス Thespis 13, 65, 232
デッカー Dekker, Thomas 257
デュマ・フィス Dumas fils, Alexandre 221, 262, 264, 267, 278
デュレンマット Dürrenmatt, Friedrich 276
寺山修司 226
テリー Terry, Ellen 264, 273
テレンチウス Terentius, Publius 236, 245
田楽一忠 →一忠 202
田漢 280

ト

土肥春曙 222
湯顕祖 264
藤十郎 127 →坂田藤十郎
ドゥーゼ Duse, Eleonora 264

唐明皇　265　→玄宗帝
徳川家康　209
富永平兵衛　207, 212
外山卯三郎　35
外山正一　219
豊竹若太夫　208
虎屋源太夫　206
トルストイ Tolstoi, Lev　223, 268, 281
ドルーテン Druten, John van　37〜38, 57, 78, 141

ナ

中江兆民　220
中村歌右衛門(初世)　213
中村歌右衛門(3世・梅玉)　214
中村歌右衛門(4世・翫雀)　214
中村歌右衛門(5世)　128, 174
中村歌右衛門(6世)　60, 114, 160
中村勘三郎(初世・猿若勘三郎)　211
中村勘三郎(17世)　60
中村吉右衛門(初世)　90, 133, 223
中村七三郎(初世)　212
中村秀鶴　125　→中村仲蔵(初世)
中村富十郎(初世)　213
中村仲蔵(初世・秀鶴)　125, 213
中村福助　174　→中村歌右衛門(5世)
奈河亀輔　213
名古屋山三郎　164
並木五瓶　54, 213
並木正三(初世)　213
並木正三(2世・入我亭我入)　50, 91, 213
並木宗輔(千柳)　208, 209

ニ

新関良三　28, 30, 34, 56, 122
ニコル Nicoll, Alardyce　33
ニーセン Niessen, Carl　28, 32
入我亭我入　50　→並木正三(2世)
任天知　279
仁明天皇　194

ネ

ネストロイ Nestroy, Johann Nepomuk　252
ネロ(皇帝) Nero, Claudius Caesar　236

ノ

ノイバー夫人 Neuberin (Neuber, Frederika Carolina)　262
野口兼資　128
野村万蔵　96〜97
ノートン Norton, Thomas　255

ハ

バイロン Byron, George Gordon　46, 263
ハウプトマン Hauptmann, Gerhart　56, 223, 269, 275
白樸(はくぼく)　250
ハーゲマン Hagemann, Carl　30, 32, 34
バーサ Bhāsa　239
橋本政尾　35
長谷川勘兵衛　211
馬致遠　250
八文字舎自笑　102
バッタナラーヤナ Bhatta Nārāyana　239
バッツ Butts, William　177
花柳章太郎　221
バーバブッティ Bhavabhūti　239
バーベージ Barbage, James　246
バーベージ Barbage, Richard　51, 246
バーブ Bab, Julius　6, 8〜9, 31〜32, 140
ハリスン Harrison, Jane　32
ハルシャ王 Harsa　239
バロー Barrault, Jean-Louis　15, 277
ハンキン Hankin, John Edward　56
坂東三津五郎(3世)　214

ヒ

引田淡路掾　205
久板栄二郎　225
ビサカーダッタ Visākhadatta　239
土方与志　224
ピスカトール Piscator, Erwin　275
ビトルビウス Vitruvius Pollio, Marcus　237, 245
ピネロ Pinero, Sir Arthur Wing　269
卑弥呼　187
ビョルンソン Björnson, Björnstjerne　268
平田禿木　95
ピランデッロ Pirandello, Luigi　273
ビルドラック Vildrac, Charles　274
ピンター Pinter, Harold　38, 376

フ

ファーガスン Fergusson, Francis　32
ファン・デル・エンシーナ　→エンシーナ
フィートラー Fiedler, Conrad　27
フェノロサ Fenollosa, Ernest Francisco　95, 227
フォースター Forster, Edward Morgan　78
フォード Ford, John　257
フォルツ Volz, Hans　244
ブオンタレンティ Buontalenti, Bernardo　245
福井茂兵衛　221

福田恆存 41, 226
福地桜痴 218〜219
藤沢浅二郎 221, 279
藤本斗文 213
藤若丸 201 →世阿弥
藤原道長 198
武帝 240〜241
仏哲 192
フライ Fry, Christopher 275
フライターク Freytag. Gustav 27, 34, 61, 81, 91, 264
プラウトゥス Plautus, Titus Maccius 236, 245, 255
ブラーム Brahm, Otto 269
プラトン Platon 21, 23, 235
フランツ Franz, Ellen 271
ブリュンチェール Brunetière, Ferdinand 61
古川久 96
古河黙阿弥 218 →河竹黙阿弥
フルテンバッハ Furttenbach. Joseph 246, 252
ブルクハルト Burckhart, Max 268
フレッチャー Fletcher, John 257
ブレヒト Brecht, Bertolt 9, 16, 24〜25, 31, 35, 66, 72, 178, 226, 276, 278
フレミング Flemming, Willy 33
プレールス Prölss, Robert 28
フローベル Flaubert, Gustav 267

ヘ

ベイカー Baker, George Pierce 61
ベイル Bale, John 255
ベーガ →ローペ・デ・ベーガ
ベケット Beckett, Samuel 13, 25, 45, 227, 276
ヘーゲル Hegel, Georg Wilhelm Friedrich 33
ペーターゼン Petersen, Julius 28〜30
ベック Becque, Henry 268
ヘッベル Hebbel, Christian 267
ベラスコ Belasco, David 270
ベルナール Bernhardt, Sarah 264
ヘルマン Herrmann, Max 28〜30, 32

ホ

宝生九郎(16世) 216
朴勝喜 281
穂積陳重 219
菩提僊那 192
ホフマンスタール Hofmannstahl, Hugo von 56, 272
ボーマルシェ Beaumarchais, Pierre-Augustin Caronde 261
ホメロス Homeros 53, 231
ボーモント Beaumont, Francis 257
ホラチウス Horatius, Flaccus 79, 91, 237, 246
壕越二三治 213
ポルティ Polti, Georges 17, 34
ボルテール Voltaire (François Maire Arouet) 261
ポルト・リッシュ Porto-Riche, George de 268
ホルバート Horváth, Ödön von 275
ボワロー Boileau-Despréaux, Nicolas 91, 260
ポンポニウス＝ラエツス Pomponius-Laetus, Julius 245

マ

マシューズ Matthews, James Brander 33
マゾー Mazaud, Emile 224
松居松葉 9
松井須磨子 58, 222〜223
松浦嘉一 42
松本幸四郎(4世) 213
松本幸四郎(5世) 214
真船豊 225
真山青果 12, 56
マリア・テレジア(女王) Maria Theresia 252
マルソー Marceau, Marcel 15, 45
マレー Murrey Gilbert 32
マーロー Marlowe, Christopher 255

ミ

三木竹二 254
三島由紀夫 41
水木辰之助 212
水野好美 221
ミドルトン Middleton, Thomas 257
源宗長 205
味摩之(みまし) 189〜190
三升屋二三治 91
宮古路豊後掾 213
都伝内 211
都万太夫 211
宮増太夫 203
三好十郎 225
三好松洛 208
ミラー Miller, Arthur 74〜75, 277
ミントルノ Minturno, Antonio Sebastiano 246

ム

武蔵大掾(若松若太夫) 126
村田知栄子 170
村山知義 225

ムロジェック Mrożek, Slawomir 277

メ

メイエルホリド Meierholid, Vsevolod 161～162, 178, 273～274
梅蘭芳(メイランファン) 278
メーテルリンク Maeterlinck, Maurice 223, 272
メナンドロス Menandros 235～236
目貫屋長三郎 205
メルヒンガー Melchinger, Siegfried 33
メレー Mairet, Jean 258

モ

孟 240
毛沢東 280
黙阿弥 →河竹黙阿弥
モリエール Molière(Jean Baptiste Poquelin) 51, 120, 183, 235～236, 248, 257, 259～260, 278
森鷗外 15, 59, 219, 254
守田勘弥(12世) 218
守田勘弥(13世) 223
モリナ →ティルソ・デ・モリナ
森本薫 225

ヤ

矢田部良吉 219
山口定雄 221
山田肇 126, 129
山内登美雄 33
山本修二 34, 137
山本有三 223

ユ

ユーゴー Hugo, Victor 260, 262～263
ユーダル Udall, Nicholas 255

ヨ

楊貴妃 265
雍正 265
芳沢(吉沢)あやめ 99, 112, 122, 127, 212
吉田栄三(えいざ) 125
吉田東伍 95
吉田文五郎 125
吉田文三郎 208
依田学海 44, 218～219, 221

ラ

ライス Rice, Elmer 270, 274
ライムント Raimund, Ferdinand 252
ラインハルト Reinhardt, Max 27, 137, 161～162, 178, 273, 275
ラウテンシュレーガー Lautenschleger, Karl 161, 273
ラシーヌ Racine, Jean Baptiste 56, 66, 234, 259
ラティガン Rattigan, Terence 260

リ

李岸 278
陸鏡若(陸輔) 279
リコボニ Riccoboni, Luigi 129
リシュリュー Richelieu, Armand Emmanuel 258
李人稙 281
リッジウェイ Ridgeway, William 32
リットン Lytton, Edward Bulwer 219
柳致真 281
梁辰魚(白竜) 265
リリー Lyly, John 255

ル

ルイ14世(王) Louis, XIV 258, 259
ルエダ →ローペ・デ・ルエダ
ルコック Lecocq, Jacque 15
ルソー Rousseau, Jean Jacques 261
ルッツァンテ Ruzzante, Angelo Beolco 247
ルドウィヒ2世(王) Ludwig II 139

レ

レッシンク Lessing, Gotthold Ephraim 27, 43, 94, 130～131, 262～263

ロ

ロスタン Rostand, Edmond 262, 272
ローゼンブリュート Rosenblüt, Hans 244
ローペ・デ・ベーガ Lope de Vega 72, 253～254
ローペ・デ・ルエダ Lope de Rueda 253
ロマン Romains, Jules 274

ワ

ワイス Weiss, Peter 13, 38, 66, 227, 276
ワイトブレヒト Waitbrecht, Kahl 28
ワイルダー Wilder, Thornton 170, 274
ワイルド Wilde, Oscar 260
若松若太夫(武蔵大掾) 126
ワーグナー Wagner, Richard 10～11, 184, 244, 264

事項索引

あ

合方　115
『相手のわからない恋』 253
愛別離苦　64,107
愛欲場面　55
アイルランド文芸座　269
『アウリスのイピゲニア』 234
『青砥稿花紅彩画』 214　→『弁天小僧』
『青髭騎士』 263
『赤い陣羽織』 254
『赤い笑い』 272
アカデミー・フランセーズ　258
『アガメムノン』 72,233
アガメムノン伝説　53
秋狂言　184
悪所(悪所場)　24,215
アクション(筋の運び)　34
アクター actor　109
悪婆(悪婆役)　118,214
アクロバット　236
揚巻　166
赤穂(あこう)義士事件　12
阿古屋　207
浅草オペラ　215,224
アジ・プロ劇　18,273,275
『芦屋道満大内鑑』 208
東舞(東遊)　188,191
『東人初京上』 199
『アセンズのタイモン』 256
仇(敵)討物　17,55,226
『安宅』 203
『アタルバ・ベーダ』 238
悪漢小説　78
アッサム　248
アッテルラーナ劇　118　→ファビユラ・アテルラーナ
『敦盛』 63,64
敦盛　62,63,85
「敦盛最期」 62
アテナイ　232
『アナトール』 272
『アーネストが肝腎』The Importance of Being Earnest　260
『アブラハムの胸に』 270
『按摩(あま)』 195
アマチュア演劇　2
アマテラスオオミカミ(天照大神)　187
アメノウズメノミコト(天宇受売命・天鈿女命)　8,89,137,143,187
アメリカ近代劇　270
『綾の鼓』 226
「あやめぐさ」 98～99,112,122
歩み板(歩み，歩び板)　169,211
荒事　50,95,97,112～114,118,184,212
『アラビアン・ナイト』 161
荒人神(現人神)　165
荒人神事　163
アーリア人　237,248
アレクサンドリア　234
歩き巫女　197,200
アルレキーノ Arlechino　119,247
『あわれ彼女は娼婦』 257
『哀れなハインリヒ』 269
アングラ演劇　38,227
『アンクル・トムの小屋』 279
アンサンブル　271
『アンチゴーヌ』 276
『アンチゴーネ』 234
アンチ・テアトル(反演劇)　3,6,25,45,74,100,272,276
『アントニーとクレオパトラ』 256
「アンドロマケ」 234
『アンドロマック』 259
『アンフィトリオン三十八番』 273
『アンフィトルオ』 236

い

「家」 202
家の芸　95,97
イオカスタ　67
異化 Verfremdung　72,158,173,175～176
『威海衛陥落』 220
異化効果(異化作用)　9,24,31,178,276
『伊賀越道中双六』 125,169
いがみの権太　71
『碇知盛』 86
怒れる若者　276
十六夜(いざよい)　166
『十六夜清心』 50
『以尺報尺(尺には尺を)』 256
『椅子』 276
『伊豆日記』 53
『伊勢物語』 53,202

『伊勢の三郎』 218
『イソップ物語』 130
『偉大な神ブラウン』 270
『板垣君遭難実話』 220
イタリア・ルネサンス 19
一声(いちこえ)二振三容姿 108
一番目狂言 213
一振(いちふり)二声三男 108
位置のエネルギー(ポテンシャル・エネルギー) 145
『一谷嫩軍記』 63,64,209 →『熊谷陣屋』
市村座 212
「一力茶屋」 12
一角仙人 238
『一切面接拒絶せよ』 281
一子相伝 95,97,183,202
一神教的 230
一中節 213
イデア(真存在) 235
移動演劇 18~19,163,225,275
移動芸術祭 19
『田舎妻』 260
『命を弄ぶ男二人』 55
『イフ』 270
『イフィジェニー』 259
今熊野神社 201
今様 197
『妹背山婦女庭訓』 17,166,168,209
慰問演劇 18
イヤゴー 177
『イリアド』 231
入壺舞 193
イリュージョン(幻想・幻影) 68,72,176~178,276
色敵(いろがたき) 118
色気 111~113
色立役 213
岩戸舞 8,89,187
殷 231,240
引戯 249
印象主義 272
インド 88,229~231,237~239,259,277
インド演劇 231,237~239,248
飲刀子舞 193
インドネシア 229,238
院本 42,249

う

『ウィルヘルム・テル』 263
『ウィンザーの陽気な女房たち』 256
『ウィンター・セット』 270
ウィーン大学演劇学研究所 30,135
『ウィーンの森の物語』 275
「上からの演劇論」 28
『ウェストサイド物語』 277
ウエルメイド・プレイ 52,261,263,267
『ウォレン夫人の職業』 269,280
浮世絵 101
『雨月』 203
『牛』 281
『牛山ホテル』 225
牛若丸 205
歌垣 187
雅楽(うた)寮 →ががくりょう
『宇都谷峠』 50,214
右方楽 194
右舞(うまい・右方舞) 192,194
海彦・山彦 187,188
『海への騎者』 269
『梅の下風』 99,128
ウラル=アルタイ系民族 187
運命劇 11,16
運命悲劇 233

え

映画 3,7,75,224,275
映画劇 14~15
『栄花物語』 198
映像芸術 7
英雄叙事詩 231
『エウメニデス』 72,233
エクスタシー 8,22,31
『エグモント』 262
絵島生島事件 212
得たる風体 113
越劇 42,278
江戸歌舞伎 209
江戸作者(江戸狂言作者) 213,218
江戸三座 23,212,215
江戸世話狂言 213
江戸幕府 209
江戸節 206
『エドワード二世』 255
エネルギー 22,145,147~152,156
エプロン・ステージ 171,254
『烏帽子折』 203
『エミリア・ガロッティ』 262
絵面(えめん) 86,107
エリザベス朝 252
エリザベス朝演劇 13,19,20,54,66,89,143,254,257
『エル・シッドの武勲』 254
『エルナニ』 260,263
エルナニ事件 263

『エレクトラ』 233～234
円覚社 281
縁干(えんかん) 193
演技術 118
縁起物 184
縁切り物 17
遠近法 245,256
遠近法舞台 252
円形競(闘)技場 19,236
円形劇場 7,18～19,41,240
円形劇場劇 18
演劇改良運動 44,218
演劇改良会 24,44,90,219
演劇科学 26
演劇学 25～28,30
『演劇学研究』 35
演劇学研究所 Theaterwissenschaftliches Institut 29～31
『演劇学綱要』Grundriß der Theaterwissenschaft 6,32
『演劇学序説』 25
『演劇学と生きた演劇』 29
『演劇学要覧』Handbuch der Theaterwissenschaft 32
演劇学校 96
『演劇芸術論』 129
演劇史学会 Gesellschaft für Theatergeschichte 28
『演劇社会学』Das Theater im Lichte der Soziologie 6,31～32,140
演劇の再演劇化 274
演劇の場 145
『演劇の本質』 7,141
『演劇の理念』The Idea of a Theatre 33
『演劇論』 161
演出 9,93,223,271,273
演出家 9
『役(えん)の行者』 86,224
延年(延年舞曲) 1,5,14,38,136,162,197,201,249
『振鉾(えんぶ)』 195
円舞合唱 232
円舞合唱歌 8,110 →ディチュランボス
円満井 201
燕躍 240
塩冶判官 59

お

お家騒動 53
御家物 17
『オイディプス王』 67～69,85,233,239
オイディプス伝説 53
欧化改良 219
『黄金の壺』 236
『黄金山』 281
『王様と私』 277
王政復古 256～257
王政復古劇 260
王朝物 17,54
応仁の乱 210
近江猿楽 201
『おおカルカッタ!』 14,142
扇拍子 204
大立役 212～213
大詰 86
大習 97
『欧米人の能楽研究』 96
大星由良之助 59 →由良之助
大森 201
『お気に召すまま』 256
『翁』 201
『翁渡し(三番叟)』 184
お狂言師 204
『屋上の狂人』 223
屋内額縁式 260
屋内劇 18
屋内劇場 65,245,256
『お国と五平』 223
小倉彦九郎(堀川波の鼓) 84
『オクラホマ!』 277
阿国かぶき(歌舞伎) 210～211,221
烏滸(おこ) 193
『怒りんぼの意地悪男』 235
オジャパリ 248
オシリス 231
叔父敵 118
『伯父ワーニヤ』 271
大隅風 97
『オセロー』 57,177,220,256
『お染久松色読販』 214
お種(堀川波の鼓) 84～85
『落人(おちうど)』 12
『お艶殺し』 223
『オデュセィア』 231
お伽芝居 17,55
男伊達物 17
『男は男だ』 276
お富(切られ与三) 169
音羽屋 176
鬼 104,117
鬼物 17,202
尾上家 97
『己が罪』 221
小野姫(出世景清) 207

お初(曾根崎心中) 75
オーバーアンマガウ Oberammergau 243
『おふくろ』 225
オペラ 180, 215, 273
オペラ・コミック 261
オペラ座 219
オペレッタ 215, 224
親子は一世 64
親仁方 118
『オラース』 258
オリエント文化 230
オリンピコ 246
オリンピコ座 65, 245
オール・オア・ナッシング(一切か無か) 267
オルケストラ Orchestra(踊る場所) 109, 136, 232, 236
『オルメドの紳士』 253
『オレステイア』(オレステス三部作) Oresteia 72, 233
「オレステス三部作」 72 →『オレステイア』
『終りよければすべてよし』 256
音楽学 Musikwissenschaft 27
音楽劇 15
音楽取調掛 190
音楽的芸術(音楽) Tonkunst 10, 184
音響効果 9
『オンディーヌ』 273
『女学者』 259
女方(女形) 89, 98〜99, 112, 117, 121, 127, 212, 219, 222, 260, 265, 280
女歌舞伎 23, 117, 211
女曲舞(おんなくせまい) 90, 197, 200, 210
女芸人 90
『女殺油地獄』 17, 208
女猿楽 90, 197, 210
『女書生繁』 218
『女の一生』 225
『女の平和(リュシストラテ)』 235
怨霊物 17

か

解決劇 15〜16
開口(かいこ) 197
開口猿楽 199
回顧破裂式 20, 67, 76
『海戦』 224, 274
蓋然性 22, 122
怪談狂言 97, 214
怪談劇 17
怪談物 73, 214
開帳物 184
街頭演劇 142
街頭劇 277
解放(性) 151, 153〜155
カイミーラ 101
傀儡(かいらい)戯 240
傀儡子 193, 200, 204
『傀儡子記』 196
『海陸連勝日章旗』 220
改良京劇 278
改良台本 44
『蛙』 235
顔見世 97, 173, 184
顔世御前(忠臣蔵) 60
嬥歌(かがい) 187
『科学としてのドラマツルギー』 Dramaturgie als Wissenschaft 30
雅楽 79, 180, 191
雅楽寮 191, 193
書割 245
『花鏡』 79, 92, 107
楽劇 10
楽戸 190
角觝戯 240
『カクテル・パーティー』 275
額縁舞台 7, 19, 136, 227, 245
革命的リアリズム 280
革命的ロマンチシズム 280
神楽 7, 14〜15
核力 34
影絵劇 14
影絵人形劇 229
歌劇(オペラ) 10, 252
景清 207
我見(がけん) 108
下降(反転) Fall 80
『火山灰地』 225
花車(婥)方 117〜118
仮装行列芸能 244
型 93〜102
カタカリ Kathakali 248
肩はずし 118
敵役 117〜118, 212
語り物 101, 115, 204
カタルシス(浄化・浄化作用) Katharsis 9, 22, 64, 93, 150〜151, 185, 276
カタルシス説(論) 22, 31, 35
カチューシャの歌 223
『家長』 261
花鳥風月 104
学校劇 2, 18
『カッサリア』 245
合唱団(合唱隊・コロス) 89, 110, 232, 236
カットバック 75

合羽と太刀もの　253
鬘物(かつらもの)　17
活歴劇(活歴物)　17,44,218～219
家庭喜劇　215
家庭劇　12,17,55
家庭悲劇　64
『カーディフさして東へ』　270
『カテリーナ』　267
カーテン座　246,255
『花伝書(風姿華伝)』　6,23,53,79,92,94～95,103～105,107,110,116,137,202,240
河東節　206
門付芸人　200
『仮名手本忠臣蔵』　12,55～56,59,83,85,100,125,176,208,212
科白劇　10～11,15,101,184,209,211～212,220,278
カピターノ Capitano　120,247
楽府(がふ)　240
かぶき踊り　142,210
歌舞伎改良　219～221
歌舞伎狂言　47～48
歌舞伎座　114,220,225
歌舞伎作者　50,206
『歌舞妓雑談』　114
歌舞伎十八番　16,54,75,97,165
傾(かぶ)きもの　210
かぶろ(禿)　118
『花粉熱』　260
鎌入　81
『鎌倉武鑑』　56
神物　17
紙屋治兵衛　166
『髪結新三』　113,218
神(かむ)懸り　8,137
カメルヌイ劇場　274
仮面　101,115～116,183,210,232,274
仮面戯　241
仮面劇　14,236,257
仮面詩劇　273
『かもめ』　271
『から騒ぎ』　256
烏天狗　190
『ガラスの動物園』　277
『鴉(からす)の群』　268
『カリギュラ』　276
仮花道　168～169,213
『カルデニオとツェリンデ』　252
『カレーの市民』　274
迦楼羅　189～190
河原乞食　24
河原者　200
『川上音二郎戦地見聞日記』　220
『関漢郷』　280
「甘輝館の場」　207
観客論研究所 Institut für Publikumsforschung　135
感情移入型　123～124,128,131
感情移入説　129
『勧進帳』　75,214
観照の詩人　234
勧進田楽　198
『観測されたビーナス』　275
観世　201
観世父子　104,201～202
ガンドウ返し　214
関東大震災　215,224
勘平(忠臣蔵)　100
「勘平切腹」　12,83,85,100
漢文唐詩宋詞元曲　42,249
官本(かんぽん)　249

き

祇園会　201
伎楽　13,189～190,195～196,229,241
喜歌劇　261
記紀　89
『危機一髪』 Skin of Our Teeth　170,275
記紀万葉　96
『戯曲の技巧』 Die Technik des Dramas　81
戯曲の二重性　5,44,47～48
戯曲論　25
菊吉　133
『義経記』　53
戯劇　241
記号学 Semiotik　135
『魏志』　187
気質喜劇 Comedy of humours　257
戯縄　193
起承転合　81
奇跡劇　17
『奇跡の騎士』　253
生世話狂言(生世話物)　17,50,214～215
北野神社　209
義太夫　50
義太夫狂言(丸本物)　209,212～213
義太夫浄瑠璃　11,207
狐忠信　71
『気で病む男』　259
戯頭　249
祈禱芸能　187,203,229
ギニョール　14
戯文　249
希望座 The Hope　246

『肝っ玉おっ母とその子供たち』 276
鬼門道 164
『逆説―俳優について』 106,129
脚本検閲 217,225
『キャスリーン伯爵夫人』 269
ギャラリー(天井桟敷) 141
宮廷劇 252,265
宮廷舞踊 229
『救風塵』 250
旧約聖書 242
『キュクロープス』 Kyklops 234
教育劇 18
行院(ぎょういん) 249
共感的陶酔 173,178
共感呪術 8,22
境遇劇 11,16～17
『教訓抄』 92,189
狂言方 49
狂言小唄 198
狂言作者 44～45,49
狂言師 216,226
狂言作り 212
『狂言の道』 97
狂言面 190
京劇 →けいげき
狂女・執心物 62
狂女物 17
『兄弟』 236
行道(ぎょうどう) 189
教導職 24,90,217
郷土芸能 209
教部省 90,217
行列芸能 243
行列(コモス)の歌 234
局面(シチューエーション) 34
虚実皮膜論 23,103,120,123,208
清元 11,213
『切られ与三』 214 →『与話情浮名横櫛』
ギリシャ 88～90,92,107,229,230,243
ギリシャ劇 1,5,8,13～15,32,34,38,56,61,65,69,143,156,172,183,185～186,229,231～236,247
ギリシャ劇場 67,232
ギリシャ古典悲劇 66
ギリシャ悲劇 16,19,39,53,67,171,233,264,268
キリスト一代記 242
『桐一葉』 222
義理(と)人情 207
ギルド(同業者組合) 13,244
金方(きんかた，金主) 49
錦輝館 279
近世劇 11～12,14,16,53,63
近世悲劇 212
『銀世界』 281
近代戯曲 5,46,270
近代劇 13～14,24,40,48,68,83,223,266～268,270～271,274,278,280
近代劇運動 24,264,266～267,269,272,278
『近代劇理論』 Theorie des modernen Dramas 33
近代古典主義 20,68
近代自然主義的リアリズム 74
近代照明術 272
近代リアリズム(近代写実主義) 41,69,74,106,122～123,271
近代リアリズム(近代写実主義)演劇 7,40,66,157
金平(きんぴら・公平)節 206

く

偶人 14
空也念仏 200
寓話劇 17,55
『クオ・バディス』 236
公家悪 118
楠木正行 44
曲(くせ)舞 136,200
百済(くだら) 189
百済楽 191,194
口立(式) 5,212,247,279
口立て芝居 46
『屈原』 280
窟礧子 193
『国女歌舞妓絵詞』 164
国栖(くず)舞 188
国風舞楽 191
『クノツク』 274
『熊』 281
『熊谷陣屋(一谷嫩軍記)』 17,63～64,85～86,209
熊谷直実 62～64,133,212
隈取 133
久米舞 188,191
『雲』 235
クリエーティブ・ドラマチックス Creative dramatics 18
「車引」 83
クレオン 67
グレゴリオ聖歌 242
くれのうたまい 190
クロニクル・プレイ(編年史劇) 255
崑崙(くろん・こんろん) 189
『群盗』 263

け

軽演劇 216,225
芸格 114
京劇 11,42,249,251,278,280
『京劇劇目初探』 265
『計算機』 270
芸術劇社 280
芸術院会員 90
芸術学 Kunstwisssenschaft 27,30
芸術座 223,281
『芸術生活』 161
芸術否定説 23
傾城 112
『けいせい天羽衣』 213
『傾城阿波鳴門』 207
傾城買い 121,211
傾城買狂言 17,212
『傾城仏の原』 207
『傾城壬生大念仏』 207
芸談 183
『芸談百話』 132
芸道 93〜102
芸能 1,105,180〜183,186〜203,228〜232
啓蒙期 262〜263
啓蒙主義 261
景樣(けいよう) 81
「劇」(の字義) 5,61
劇映画 14
『劇作』 225
劇作家 44,49,51〜53,60,66
劇作派 225,273
劇詩 79,92,184
劇術研究会 281
劇場学 26
『劇場芸術論』 28
『劇場新話』 125
劇団築地小劇場 224
劇的 3〜6,61,66,81,264
劇的葛藤 34,39,233
『劇的三十六局面』 Les Trente-six Situations dramatiques 18,34
『劇的想像力』 136
劇的舞踊 11
劇能 62
劇評 29
下剋上 201
『戯財(けざい)録』 50,81,91
下座音楽 11
ゲシュタルト心理学 145〜146
『ゲッツ・フォン・ベルリヒンゲン』 262
『ケーペニック大尉』 275
けれん 214
幻影 →イリュージョン
幻影(幻想)舞台 30,274
「賢外集」 102,121
幻技 193
元曲 181,249〜250,264
『元曲選』 250
「乾坤(けんこん)一戯場」 23
剣劇 224
『検察官』 270,281
現在物 17,62
原始(的)演劇 7〜8,13
原子核 145
原始芸能 130,228,230
『源氏物語』 53,202
『賢者ナータン』 262
幻術 193
見所同心(けんしょどうしん) 108
幻想 →イリュージョン
幻想演劇(イリュージョン・シアター) 266
現代演劇 226〜227,276
現代演劇学 35
『現代戯曲創作法』 37,141
『現代喜劇新作法』 253
現代京劇 280
現代劇 11,13〜14,24,96,100,220,272
『現代のギリシャ悲劇』 56
『現代の芸談』 114
『建築』 237,245
遣唐使 191
楽拃槍(けんなげ) 192
剣舞 241
ケンブリッジ学派 32
源平の合戦 198,204
『源平盛衰記』 53
元禄見得 114
『元禄忠臣蔵』 12,56

こ

『恋の骨折損』 256
項羽 241
幸運座 The Fortune 246
康熙乾隆時代 265
後期文芸協会 222
交響演劇(シンフォニック・ドラマ) 10,15
公共劇 18
高句麗 241
貢献芸能 21,188,231
公衆劇場 public theatre 49,256
交誦(トロープス) 242
構成主義 13
構成主義的 274

構成派 272
構成舞台 273
降誕祭劇 18,242
『豪胆の書生』 220
『河内山と直侍』 218
『皇帝とガリラヤ人』 267
高師直(こうのもろのう) 60
興奮要因 erregender Moment 80
高麗 248
勾欄 249
幸若舞 200
『コエポロイ』 72,233
『誤解』 276
久我(こが)之助(妹背山) 168
五伎 241
『古今和歌集』 53,202
『国王こそ無二の判官』 253
国際演劇学会連合 International Federation for Theatre Research 135
国際劇場 225
『国性爺合戦』 207
『黒奴籲天録』 279
国民演劇運動 269
国民劇場協会 269
呉公 189
心座 225
『心謎解色糸』 214
『古事記』 8,108,137,187〜188
『乞食オペラ』 10,277
古浄瑠璃 81,103,207
『御所の五郎蔵』 50,169
呉女 189
瞽女(ごぜ) 200
五節舞 191
古代オリエント芸能 229〜230
五大芸術 3
『古代芸術と祭式』 Ancient Art and Ritual 32
古代劇 11,246
『五大力恋緘』 213
五段組織 81
「滑稽列伝」 240
古典劇 230,235,237,250,258,280
古典主義 21,56,68,78,251,254,259〜260,262〜263
古典主義演劇 106,181,185
古典主義的 66,69,74,76〜77,156,268
古典主義的演劇 12,15〜16,19,92,257
古典悲劇 261
『ゴドーを待ちながら』 276
五番立て 80
『御摂(ごひいき)勧進帳』 213
古喜劇 235
五部三点説 81,264
古墳文化 186
『後愚昧記』 202
『ゴーボダック』 Gorboduc 255,267
高麗楽 191,194
駒太夫風 97
コミカ・インナモラータ 119
コミコ・インナモラート 119
コメディア・エルディータ 247
コメディア・ソステヌータ 247
コメディア・デラルテ 5,13,33,46,92,119,130,237,247〜248,252,259
『コメディアンの回想』 6,139
コモーディア(行列の歌・喜劇) 234
子役(子供) 118
娯楽映画 225
娯楽劇 18
『コリオレーナス』 256
殺し場 72,134,214
コロス 89 →合唱団
コロンビーナ Colombina 120
『こわれ甕』 267
子別れ物 17
崑曲 265
金剛 189,201
崑山腔 265
『金色夜叉』 221
『今昔物語』 238
『胡飲酒(こんじゅ)』 241
金春 201
崑崙(こんろん・くろん) 189

さ

座 196,201
崔鶯々(さいおうおう) 250
再現 representation 69,83,105,157,177,184,266,273
『西国立志編』 219
最後の緊張要因 Umwandlung 80
祭祀芸能 228
祭祀劇 18
祭祀劇的 233
祭祀性 236
再生量産芸術 3
西大寺 189
催馬楽 197
『西遊記』 265
催涙喜劇 comédie larmoyante 15,261
酒人(さかうど) 201
サーカス 1,274
『坂崎出羽守』 223

座頭(ざがしら) 9,49
坂田公時 206,212
坂戸 201
相模(熊谷陣屋) 63～64,85
「作者心得の事」 81
『作者年中行事』 91
作者の氏神 207
作者部屋 49
『作者をさがす六人の登場人物』 273
作劇術(作劇法) 27,37～39,43,60,67～68,70,74～75
『佐倉義民伝』 214
『何桜彼桜(さくらどき)銭世中』 219
『桜の園』 86,271,281
桟敷くずれの田楽 198
定九郎(忠臣蔵) 125
『ザ・タイムズ』 159,167
サチュロス Satyros 232～233
サチュロス劇 233～234
雑伎 192
座附作者 49,51～52
雑戯 42,249
雑劇 249～250
『寂しき人々』 269
『小蠅(さばえ)』 247
左方楽 194
左方舞(左舞) 192
『サマ・ベーダ』 283
座元(座本) 49～50
『鞘当』 166,169
左翼演劇 55,281
左翼劇場 224
『サラ・サンプソン嬢』 262
『サラメアの村長』 254
『皿屋敷』 55
申楽 79,111
猿楽 14,38,136,162,194,196～197,199～201,204,249
猿楽座 196
猿楽能 197,200,202～203
猿楽(さるごう)業 196
猿まわし 200
猿若 117,204,210
猿若町 215,218
サロン演劇 19
三一致 16,67 →三単一
『三角帽子』 254
散楽 24,192～195,198,237,240,241
散楽芸人 200
散楽戸 192
散切狂言(散切物) 17,218,219
ザンクト・ガレン Sankt Gallen 242
参軍戯 241,249
三慶 265
残酷劇 277
三十年戦争 244
三十六の劇的局面 18 →『劇的三十六局面』
散所の民 200
『山上民』 281
三深(親)切 49～50,73,83,354
サンスクリット古典劇 239,248
三大古典劇 239
三単一(三一致, 三統一) 16,66～68,70,73,75,246,253,258,260,262,266,268
三単一の法則 12,39,67,74
3T(3T芸術運動) 10,184
三統一 16,67 →三単一
三童重立 193
ザンニ Zanni 119,247
『三人吉三(三人吉三廓初買)』 50,214
『三人姉妹』 271
三人遣い 208
『三番叟』 97,204,229
三位一体(三位一体説) 7～8,22,31,88～89,140
『三文オペラ』 276

し

詞 249
シアター theatre 1,136
シアター・アート 1
シアター座 The Theatre 246
シアトリカリズム 274
シアトリカルズ 1
『寺院の殺人』 275
地謡(じうたい) 10,183
『詩学』 6,22,27,42,91,122,177,233,235,246,262
地方(じかた) 117
『史記』 240
四喜 265
式楽 97,194,209,216,241
式楽性 184
式三番 82
地狂言 11
『詩経』 240
詩劇 16,236,275
詩劇派 272
『重盛諫言』 218
示現 presentation 73,83,101,105,120,158,177,185,266
自己表現本能説 21
『詩作法』 253
師(獅)子 189

師子児 189
獅子舞 190, 193, 241
獅子物 190
次浄 249
四条河原 209
四条橋 198
私設劇場 private theatre 256
自然主義 248, 266, 272
自然主義演劇 268, 270
自然主義戯曲 269, 281
自然主義宣言 48, 105, 267
自然主義リアリズム(自然主義的写実主義) 11, 39, 68, 100, 105, 264, 281
思想 79
四大徽班(きはん) 265
時代浄瑠璃 17
四大悲劇 256
時代物 11, 17, 54, 80, 213
「下からの演劇論」 28
仕立 82, 116
七五調 214
七三 173
シチュエーション(局面) 34
実悪 118, 213〜214
実験劇場 226
実事(じつごと) 118, 212
実証主義 266
実存主義戯曲 275
実存主義的演劇 25
七道者 200
室内劇 18〜19
シテ 10, 183
詩的芸術(劇詩) Ticht(Dicht) Kunst 10, 184
『四天王稚立』 212
児童劇 18
『自然(じねん)居士』 202
『詩の基本理念』 Grundbegriffe der Poetik 33
『詩の技法』 259
『信田(しのだ)妻』 126
芝居 1, 136, 197
芝居年中行事 184
シバー(神) 88, 229〜231
『暫』 97, 114, 173
『縛られたプロメテウス』 233
時分の花 110
『島衛(しまちどり)月白浪』 218
島太夫風 97
島原狂言 211
市民劇 12〜14, 17, 43, 54〜55, 106, 244, 251, 261
市民悲劇 262
下坂 201
『シャイヨの狂女』 274
シャウシュピーラー Schauspieler 109
シャウシュピールハウス 137
社会害悪説 23
社会学的実用説 21〜22
社会劇 12, 17, 49, 55, 270
社会主義リアリズム 275, 281
『社会の柱』 49, 58, 267
石橋(しゃっきょう)物 17, 190
錫杖 204
『シャクンタラー』 Sākuntalā 239
写実芸 95
写実劇 16
写実主義 98, 274
写実主義的 270
『じゃじゃ馬馴らし』 255
『ジャータカ』 238
ジャトラ 163, 248
謝肉祭劇 13, 18, 109, 243
蛇の目 214
蛇皮線 205, 210
シャーマニズム 187, 241
シャーマン 229
三味線 11, 181, 185, 205, 210, 212
三味線音楽 11, 115
三味線弾き 94
上海戯劇協社 280
自由劇場(日本の) 19, 222〜223
自由劇場 Théâtre Libre 268〜269
自由舞台 Freie Bühne 269
『驟雨』 55
十九世紀的ロマンチシズム 74
十九世紀ロマン派 46
宗教改革 244, 251
宗教劇 13〜14, 18, 23, 65, 181, 242〜243, 245, 253
執心物 17
『秋水嶺』 225
従(追)創造 Nachschaffung 122
愁嘆 82, 107
愁嘆場 63, 185
『十人十色』 257
『十二夜』 256
十八番 97 →歌舞伎十八番
十四行詩 66
重力場 145
『授業』 276
祝祭劇 18
祝祭性 277
趣向 17, 54
呪師(じゅし・しゅし・すし・ずし・のろんじ)

199
呪師猿楽　199,201
『繻子の靴』　273
主従は三世　64
呪術祭祀　188
『守銭奴』　259
主題(テーマ)　52,55,57
『出家とその弟子』　223
『出世景清』　206～207
シュツルム・ウント・ドランク　262～263
『出エジプト記』　234
受難劇　18,242
『ジュノーと孔雀』　270
シュプレヒコール　275
シュメーヌ　258
修羅　82
修羅物　62
『ジュリアス・シーザー』　223,256
シュール・レアリスム　274
準楽劇　11
『俊寛(平家女護島)』　86,207
俊寛　166
瞬間芸術　136
春秋戦国時代　240
春台　265
俊徳丸　259
春陽社　279
春柳劇場　279～280
春柳社　280
上演芸術 performing art, Aufführungskunst　2,35
上演台帳　5
上演台本　45
荘園領主　201
浄化　22　→カタルシス
商業演劇　180
状況劇場　227
『貞享四年義太夫段物集』　82
将軍宣下能　209
笑劇　118,243
小劇場　257,261
小劇場運動　14,226,268～271
『小市民』　271
『商書』　231
上昇 Steigerung　80
少女歌劇　180,216
『小説の諸相』　78
『商船テナシティー』　274
正倉院　189
松竹　217
松竹新喜劇　215
象徴劇　272
象徴主義　270,272
象徴派　272
情調劇 play of mood　271
浄土宗　194
性根(しょうね)　122
声明(しょうみょう)　197～198
照明　9,68,74
声聞師(しょうもじ)　200
縄文時代　186
浄瑠璃　17,47,53,62～64,66,71,75,80～82,198,200,204～205,208,212
浄瑠璃姫　205
『浄瑠璃姫物語』　205
書会　249
初期歌舞伎　46,204,209,243,247
職業演劇　247
職業劇団　13,120,237,247,279
職業俳優　130
職匠詩人(マイスタージンガー)　244
『続日本紀』(しょくにほんぎ)　192
職場演劇　18
『ジョコンダ』　273
書斎戯曲　46
所作事　17,213
叙事(的)演劇　16,20,66,272,276
叙事演劇論　24
叙事劇的　35
叙事詩　3
叙事的構造　71
『叙事文学と劇文学』Epik und Dramatik　33
書生芝居　18,279
女優　24,89～90,211,219,221,237,247～248,253,260,264,277,280
女優史　221
序・破・急　79,81,202
『ショー・ボート』　277
『ジョン王』　255～256
『ジョン・ガブリエル・ボルクマン』　222～223
新羅　241
新羅楽　191,194
白洲梯子　162
白浪五人男　166
『白浪五人男』　171,214　→『弁天小僧』
白浪作者　214
白浪物　214
『シラノ・ド・ベルジュラック』　130,272
白拍子　90
白拍子花子　165
白拍子舞　197,200,210
『調高(しらべはたかし)矣洋絃一曲』　254
自立演劇 community theatre　244,267
磁力線　145

『シルビアは誰れ』 260
シレノス 233
城明渡し 12,60
『城への招待』 276
『詩論』 91,237
神娃(しんあい)登繩弄玉 193
新演劇 220
辛亥革命 279
新楽劇 222
進化団 279
新歌舞伎 14,223
新喜劇 235
新協劇団 225,281
『神曲』 244
新劇 52,113,180,216,219,222,225,278,279
新劇運動 14,90,215,223～225,267,281
新劇同志会 279
新月社 280
『新古今和歌集』 53,202
新国劇 224
新個人主義 262
新古典主義 262
真言宗 194
真言密教 199
新座 201
『新猿楽記』 92
神事芸能 18,89～90,198
新史劇 219,222
『心中天網島』 84,207
『心中二枚絵草子』 207
『心中万年草』 207
心中物 17,55,76,184
『心中宵庚申』 55,207
『信西(しんぜい)古楽図』 193
真存在(イデア) 235
新築地劇団 224,225
新富町 218
人生の再現 274 →再現
人生の実験室 24,48～49,68,266
人生の断片(截片) 69,266
『人生は夢』 254
新即物主義(ノイエ・ザッハリヒカイト) 275
『シンナ』 258
新派 14,180,211,219～224,278～281
『新ハムレット』 47
神秘主義 273
シンフォニック・ドラマ(交響演劇) 10,15
新舞台 280
人文主義者(フマニスト) 245
新町座 220
『人民の敵』 49,58,267
心理劇 16～17
『森林』 161,270
新ロマン主義 269,272
神話伝説劇 17,55

す

随 240～241
酔胡王 189
酔胡従 189
『水滸伝』 264～265
垂直 69,72,106,170～173,176
垂直的 158,170,173
水平 171～172
水平的 69,158,173
推理劇 17
スガナレル Sganarelle 119
『スカパンの悪だくみ』 259
スカピーノ Scapino 119,248
スカラムッチャ Scaramuccia 120
『菅原伝授手習鑑』 83,208,212
『鋤と星』 270
スクリーン・プロセス 15
スケーネ 109,136
『助六』 54,75,112～113
助六 166
筋 77～79 →プロット
筋書(セナリオ) 247
鮓屋 71
『スタジオ』 161
スターシステム 52,264,271
スタニスラフスキー・システム 105,271,280
『隅田春(すだのはる)妓女容性』 213
スッポン 166,214
ステージ・ソサエティー →舞台協会
ストーリー(物語) 57,78
スペイン黄金世紀 253
スペイン劇 20,66,82,185,251
スペイン・バロック 74
スペイン・バロック劇 13,20,172
『スペイン悲劇』 255
スペインの四巨星 254
スペクタクル 83,258
『隅田川』 160,167,202
『スムルーン』 161
スリランカ(セイロン島) 229

せ

西欧近代思潮 266
性格 79
性格劇 11,16～17,248
清教徒 23
清教徒革命 89
『西京賦』 240

正劇 15〜16, 220
声腔 265
『青酸加里』 275
聖史劇 242〜243, 253
政治劇 18, 275
『聖書』 55
青少年芸術劇場 19
聖職者 90
『聖ジョーン』 269
清心(十六清心) 166
精神分析 270
『西廂記』 239, 250
静的 static 70
性的吸引本能説 21
青踏社 223
『政党美談淑女之操』 221
西南戦争 218
済美館 221
聖母奇蹟劇 242
西洋近代劇 84, 215〜216, 221〜222, 280〜281
ゼウス 238
世界 17, 53〜54
世界定め 53
世界平和評議会 250
関ケ原合戦 209
赤牛座 The Red Bull 246
『雪中梅』 281
『世間道』 260
世俗劇 13, 109
『セチュアンの善人』 276
説経節 126, 198, 204, 206
『摂州合邦辻』 259
『セビリアの色事師と石の招客』 254
『セビリアの星』 253
『セビリアの理髪師』 261
責め場 72, 134, 214
セメーレ Semele 238
セリ(せり上げ) 214
台詞(せりふ) 42
『セールズマンの死』 57, 74, 277
セレベス島 192
世話浄瑠璃 207
世話物(世話狂言) 11, 17, 54, 80, 213〜214
前衛(演)劇 13〜14, 180
前衛的演劇 143
先駆座 224
前進座 225
「全世界は劇場なり」 23
『戦争から帰ったドン・ファン』 275
全体演劇(トータル・シアター) 10, 15, 264, 272, 277
『先代萩』 55
全体分節的 145
宣伝劇 18
戦闘舞踊 188, 241
賤民芸能 204
旋律 79

そ

楚 240
宋 249
双極性 dipolarity 64, 77, 158
双極的発想 66
『雑木林』 225
造形芸術 30
雑芸(ぞうげい) 220
総(綜)合芸術 Gesamtkunstwerk 9〜11, 149, 184
総合芸術論 264
『装甲列車』 275
壮士芝居 18, 220, 279
『壮絶快絶日清戦争』 220
装旦 249
相補的 komplementär 77, 157
『双熊夢』 265
曾我五郎(時致) 54
曾我物 17
『曾我物語』 53〜54
『続・比較演劇学』 41
措辞 79
『楚辞』 240
『蘇州夜話』 280
『蘇中郎(踏揺娘)』 241
即興仮面劇 247
『卒都婆小町』 202
『曾根崎心中』 75, 84, 207〜208
『ソフォニスブ』 258
素粒子 145, 157

た

タイ 238
第一次大戦 273
第一俳優 233
『大経師昔暦』 207
大航海時代 243
『太閤記』 53
「大序」 83
大正戯曲時代 224
『大世界演劇』 254
『タイタス・アンドロニカス』 256
大団円 175
大道演芸 15, 237
大道茶番劇 247
大同団結 225

第七芸術 1,3
第二次(世界)大戦 90,217,219,275,281
「大日本壮士改良演劇会」 220
大判事清澄(妹背山) 168
『太平記』 53
『大名なぐさみ曾我』 207
大名物 17
大物(だいもつ)の浦 71
『代面(だいめん・大面・蘭陵王)』 241
→『陵王』
大野外劇場 233
第四の壁 172,179,266,274
「第四の壁」理論 68,74,106
平知盛 71,212
『タウリスのイピゲニア』 234
『タウリスのイフィゲーニエ』 262
『鷹の井戸』 273
高天原系民族 187
宝塚少女歌劇 224
滝夜叉姫 166
『たくみと恋』 263
竹沢 205
竹本座 206,209
竹本座風 97
大孤王 189
太宰後室定高 168
他者表現型 123～124,128,130,133
『ダシャルーパ』 239
多神教的 230
ダダイズム 274
忠信 166
畳み込み式 20,67
立(たち)方 117
立役 117～118,212～213
立(たて)女方 49
立作者 49
『伊達競阿国戯場』 213
竪(たて)筋 54
楯臥(たてふし)舞 188
『狸腹鼓』 97
旅芸人 24
田儛 14
『玉葛』 202
『ダマスクスへ』 272
タルターリア 120
『タルチュフ』 259
単一芸術 10
単一性 19
団菊 133
団十郎の型 97
「男女合同改良演劇」 211,221
『単刀会』 250
耽美主義 273

ち

『小さな花』 247
『智恵の悲しみ』 270
地球座 The Globe 49,51,246,255
稚児延年 197
『痴人と死』 272
『父』 268
『父帰る』 56,223
『縮屋(ちぢみや)新助』 50
『父を探すオーガスタス』 56
治道 189,190
地動説 251
因(ちなみ)会 217
地方分散化 decentralization 267
血みどろ惨劇 55
血みどろ場面 bloody scene 69
『地平線の彼方へ』 270
中女方 118
中華人民共和国 280
中期喜劇 235
中国 229,259,278
中国演劇 231, 240～241, 249～250,264～265,
276～280
中国革命同盟会 279
中国近代劇 280
中国左翼劇団連盟 280
『忠臣蔵』 →『仮名手本忠臣蔵』
「忠臣蔵」六段目 100
跳丸 240
跳鬼舞踊 229
張珙 250
超近代 226～227,274
趙(ちょう)五娘 264
『長子』 275
『長生殿』 265
朝鮮 223,229,248,278,281
朝鮮の演劇 241,248,280
頂点 Höhepunkt 80
『町人貴族』 259
超人形説 Übermarionettentheorie 273
跳鈴 193
チョボ 219
『地霊』 272
『チロルの秋』 225
鎮魂舞踊 187
『闖入者』 272

つ

追善物 184
追儺(ついな) 241

築地小劇場　9, 14, 224, 281
『月に憑かれたピエロ』　41, 226
『月の出』　269
筑紫舞　188
『蔦紅葉宇都谷峠』　214　→『宇都谷峠』
続き狂言　211
『椿姫』　278
連事(つらね・ツラネ)　173, 197
『釣狐』　97
鶴沢　205

て

テアター Theater　1
テアトル théatre　1
テアトロ・オリンピコ Teatro Olimpico　65, 245
テアトロン theatron　1, 109, 136
ディオニュソス Dionysos　8, 88～89, 110, 137, 229, 231～233, 238
ディオニュソス祭　110, 143
『ディスガイズ』　277
ディチュランボス(円舞合唱歌 Dithyrambos) 8, 110, 232
帝国劇場(帝劇)　170, 215, 219, 222, 225
帝室劇場　270
『敵』　271
擲剣　193
『出口なき部屋』　276
手猿楽　203
デズデモーナ　177
テスピスの車　243
手代敵　118
テーマ　57　→主題
『寺子屋』　17, 55, 83
テラリ舞台　246, 252
『テレーズ・ラカン』　105, 266
テレビ　3, 7
テレビ(TV)ドラマ　14, 74
テレンチウス舞台　245
『手ぶくろ』　268
伝奇　249
伝記劇　17, 55
典型　117～118
『天国へ行った遍歴学生』　244
天井桟敷　227
典籍戯曲　46
田楽　14, 136, 162, 194, 196～198, 200～201, 249
田楽返し　214
田楽座　196
田楽能　197, 199～200, 203
田楽法師　199
天竺楽　194
『天竺徳兵衛』　176
天台宗　194
天台声明　198, 204
伝統芸能　182
『天の網島』　84　→『心中天網島』
電場　145
『テンペスト(あらし)』　16, 73, 160, 256
天保の改革　23, 214
天覧劇　219
典礼劇　13, 242

と

『ドイツ演劇史』Deutsche Theatergeschichte 29
『ドイツ中世・ルネサンス演劇史研究』　28
ドイツ・バロック劇　13, 66
『ドイツ文芸様式論』Stilkunde der deutschen Dichtung　32
『ドイツ様式論』Die deutsche Stilkunde　32
唐　191, 240～241, 249
同化　24, 68～69, 72, 158, 173, 276
『東海黄公』　240
『東海道四谷怪談』　214　→『四谷怪談』
『唐会要』　193
唐楽　194
『桃花扇』　265
東京劇場　225
東京座　279
東京俳優学校　279
道化(道外)　33, 117, 120, 237, 243
道外(道化)方　118
道化芝居　15
『道化師』Harlekin, Bilderbuch der Spaßmacher　33
道化役　212, 247
同型的 isomorphisch　77, 157, 176
『蕩児帰る』　56
『同志の人々』　223
『藤十郎の恋』　124
『道成寺』　229
道成寺物　17
陶酔状態　150
東大寺　189
透梯　193
動的 dynamic　72
道徳劇　242
道頓堀　206
導入 Einleitung (Exposition)　80
答弁　197
答弁猿楽　199
東宝劇場　225
吐炎舞　193

吐火 240
ト書き 4
常磐津 11,213
土偶 186
独白 69,72,106,172,268
毒婦 118,214
徳兵衛(曾根崎心中) 75～76,177
独立劇場 Independent theatre 269
土月会 281
『トスカ』 279
ドスセヌス Dossenus 118
トータル・シアター →全体演劇
ドットーレ Dottore 119,247
外山(とび) 201
富本 213
土面 186
豊沢 205
豊竹座 208～209
豊竹座風 97
度羅楽 192,238
トラゴーディア(山羊の歌・悲劇) 233
ドラビダ族 229～230,248
ドラマ 1,43～44,51,261
ドラマチック・アート 1
ドラマツルギー 19,27,41,43,58,64～77,223,233,251
ドラマツルギア dramaturgia 43
『ドラマツルギーに関する問答』 Katechismus der Dramaturgie 28
ドラーム drame 43,106,261
ドラーン 43
トランク劇場 224
『鳥』 235
『トルクァート・タッソー』 262
トルファン 239
『トロイアの女たち』 234
『トロイラスとクレシダ』 256
トロープス(交誦) 242
泥棒役者 214
ドロメノン 43
『ドン・ジュアン』 259
『ドン・ジョバンニ』 273
『どん底(夜の宿)』 224,271
呑刀 240
ドン・ファン 254

な

内陣 242
綯交(ないま)ぜ 54,213
長唄 11,198,213
中売り 219
『長靴をはいた牡猫』 263
中庭式劇場 246,254
中村座 211～212
「慰(なぐさみ)」 103～104,107,134
ナチス政権 275
ナチス・ドイツ 25
『ナーチャ・サーストラ』 Nātya-Sāstra 238
ナータカ 239
浪花節 198
『難波みやげ』 91,103
名乗り台 173
成田屋 176
『鳴神』 75,229,238
儺礼(なれ) 241
ナレーター 74
南戯(南曲) 249～250,264
南国芸術学院 280

に

仁木弾正 166
肉体演劇 277
『西の国の人気者』 269
西風(にしふう) 97
西ローマ帝国 237
『廿四孝(本朝廿四孝)』 113,209
『二十万の劇的状況』 Les deux cents milles situations dramatiques 34
『耳塵(にじん)集』 128
日蝕神話 187
日清戦争 220
日常的リアリティ 115
二番目狂言 54,213
日本移動演劇連盟 19
日本演芸協会 219
日本演芸矯風会 219
『日本芸能の源流』 163
日本劇場 225
『日本書紀』 8,108,137,187
日本駄右衛門 171
日本のドゥーゼ 264
日本文化研究国際会議 International Round Table on the Relations between Japanese and Western Art 162
日本労働劇団 224
二枚目 214
『ニュルンベルクの名歌手』 244
『女房学校』 259
ニラミ 184
『楡の木蔭の欲望』 270
仁(にん) 49,113
人形 274
人形戯 204
人形劇 2,4,11,14,101,180,195,208,262

人形浄瑠璃 2,12,14,92, 101, 180, 182, 184～185,204～205,208,212～213
人形つかい 125
『人形の家』 11～12,49, 58～59, 68, 222, 268, 280～281
人形まわし 205
『人間万事金世中』 219
人情劇 17

ぬ

ヌード劇 277
「沼津」の段 169 →『伊賀越道中双六』
濡場 69,214

ね

『熱血』 279
『熱泪』 279
念仏おどり(踊) 164,210
練り(行列) 163
「年来稽古条々」 110

の

『能作書』 80,91
能取り物 17
能舞台 211,213
能面 101,190
能役者 90,216
『野鴨』 17,58～59,272
『野崎村』 166
野沢 205
ノートルダム寺院 170,243
ノラ 58,222
祝詞(のりと) 200

は

場 field, Feld 143～167
「俳」(の字義) 108
『ハイアシンス・ハルベイ』 269
背景 245
背景幕 256
「俳優」(の語義) 108～110
俳優機械論 273
俳優芸術 Schauspielkunst 29～31
俳優座 225
俳優術 91,113,118
『俳優に花冠を』 Kränze dem Mimen 31
俳優論 25,93,126
ハウプト・ウント・シュターツアクチオン 252
『蠅』 276
『博多小女郎浪枕』 207
『馬鹿を切取る開腹手術』 244
端敵(はがたき) 118
破局(大団円) Kathastrophe(Schlußhandlung) 80
白鳥座 The Swan 246
『白鳥の歌』 224
『幕末百話』 176
『禿の女歌手』 276
『羽衣』 62,128
『葉桜』 55
『破産』 270
橋懸り 161～162,164,183
「初めと中と終り」 6,83～86
『バジャゼ』 259
『芭蕉』 202～203
『蜂』 235
鉢たたき 200
「八段目」 12
発見と急転 85～86
『バッコスの信女たち』 234
『撥頭(鉢頭)』 241
『初春(狂言)』 184
パップス Pappus 118
『抜頭(ばとう)』 241
『パトラン先生』 243
花(能の) 94, 104, 107～108, 110～111, 114～115,134,202
纏頭(はな) 162
花川戸助六 54
『花子』 97
『華々しき一族』 225
「花祭」 163～164
花道 40～41, 70, 72, 86, 113, 143, 157～167, 170,172～179,227,273
埴輪 186～187
場の理論 159
破風屋根 213
ハプスブルク王朝 252
ハプニング劇 277
パペット・プレイ puppet play 14
「浜松屋」の場 171 →『弁天小僧』
『ハムを買いに来た男』 244
ハムレット 84,233
『ハムレット』 23,41,54,57, 73, 83, 106, 110, 120,131,209,220,223,226,256,279
場面 79
早替り 214
囃子 115
囃子舞 197
隼人(はやと)舞 188
腹芸(肚芸) 125,218
バラ座 The Rose 246
バラタ Bhārata 238

婆羅門(バラモン) 189,238
『パリ・コミューンの日々』 276
張出し舞台 19
『巴黎茶花女遺事』 278
バリ島 192,229
波里(ばり)舞 192
パルテノン神殿 233
『春のめざめ』 272
バロック 71,73,251,253,257,260,263
バロック音楽 72
バロック戯曲 258
バロック(演)劇 20,158,251〜252,254
バロック時代 243
バロック性 227
バロック的 21,66,69,73,75〜77,156,257
バロック的発想 71,185,246,252,260,276
バロック的方法 74
バロッコ 71,251
『ハロー, ドリー!』 277
バレー 10,180,215
反演劇 3,6,25 →アンチ・テアトル
『樊噲(はんかい)排君難戯』 241
「判官(はんがん)切腹」 12,60
半仮面 247
反近代 274
反近代劇 272
反(ないし非)古典主義的演劇 16,19〜20
反写実的演劇 16
反写実主義 272,274
半畳を入れる 6,141
反自然主義 273
反宗教改革 251
ハンスブルスト Hanswurst 119,252
ハンスブルスト劇 252
パンタローネ Pantalone 119,247
パンチ Punch 119
反転(下降) 80
半道(半道敵) 118
パントマイム(黙劇・無言劇) 15,45, 86, 161, 236
パントミムス pantomimus 15,90,236
『ハンネレの昇天』 269
『ハンブルク演劇論』 27,43,94,262
ハンブルク市民劇 43
反リアリズム 273
反リアリズム演劇 181

ひ

非アリストテレス理論 276
比叡 201
日吉(ひえ)山王神社 199
ピエロ型 247
ビオ・メハニカ 274
美学 27
比較演劇研究 34
比較演劇論 13
東風(ひがしふう) 97
東ローマ帝国 244
『光の門』 270
悲喜劇(トラジコメディ) 15,258
引道具 214
引幕 174,211
引割り 214
卑近美 101
『悲劇的なるものについて』 Versuch über das Tragische 33
悲劇要因 Peripetie 80
非古典主義的 66
彦六座 217
ビシュバ・カルマン 238
美少年俳優 255
肥前節 206
直(ひた)面 111
ビチェンツァ Vicenza 245
ビーティ 239
ビート劇 277
『人と超人』 269
独りすごろく 193
独り相撲 193
雛鳥(妹背山) 168
『陽の当る間に』 260
『日の出前』 269
『ヒポリュトス』 234,259
『百科全書』 261
百戯 192〜193,240〜241
百年戦争 244
『百姓の肉部屋の謝肉祭劇』 244
ビュー・コロンビエ座 273
ヒューマニズム戯曲 262
ヒュポクリテス hypokrites 109
表現主義 13,100,225,270,272,274
表現主義演劇 16,20,40,73,273
表現主義戯曲 274
『氷人来る』 270
ビルマ 238
『ピロクテーテス』 234
琵琶 204〜205
『琵琶記』 250,264
琵琶曲 197,200
ピントコナ 118

ふ

『ファエドラ』 259
『ファウスト』 262

『ファニー・フェイス』 277
ファビュラ・アテルラーナ(アテルラーナ劇) Fabula Atellana 118, 236
ファビュラ・パルリアータ Fabula Palliata 235
花郎(ファラン)集団 241
ファルス(笑劇) 15
ファルネーゼ座 Teatro Farnese 245
ファンタジー 273
フィガロ Figaro 119
『フィガロの結婚』 261
フィレンツェ 245
風(ふう) 97
『風姿華伝』 202 →『花伝書』
風習喜劇 Commedy of manners 260
『夫婦のおもしろい謝肉祭劇』 244
夫婦は二世 64
『フェードル』 259
『フォースタス博士の悲劇』 255
フォルクス・ビューネ 31
舞楽 90, 97, 162, 180, 182, 190〜191, 194〜196, 199, 216, 249
『武器と人』 269
『福広聖之袈裟求』 199
巫覡(ふげき) 231, 240
復讐劇 17
『復讐者の悲劇』 257
副浄 249
副末 249
武士道 96
藤屋伊佐衛門 121, 212
不条理 absurdity 276
不条理(演)劇 13, 25, 276
婦女子虐待劇 55, 226
『舞台監督論』 Regie 30
舞台協会 Stage Society 269
舞台芸術 stage art, Bühnenkunst 1, 10〜11, 29〜30, 42, 83
舞台装置 9, 18, 74
舞台の哲人 234
舞台美術 9, 271
『舞台評論』 Kritik der Bühne 31
『舞台芸術論』 32
二つ玉 12
『復活』 223, 281
復活祭劇 18, 242
ブッコ Bucco 118
『ブッダ・チャリタ』 239
『筆売幸兵衛』 218
舞踊 1, 3, 184
舞踊劇 11, 15, 101
舞踊的芸術 Tanzkunst 10
『舟弁慶』 203
『浮標(ぶい)』 225
ブーフドラマ Buchdrama 46
『冬物語(冬の夜話)』 16, 256
ブラック・フライヤーズ 256
ブラッチーノ Braccino 248
『ブラン』 267
フランス革命 261
フランス古典(主義演)劇 13, 19〜20, 66, 257〜260
フランス古典主義 259
『フランス語入門』 260
ブリゲッラ Brighella 119, 248
振袖火事 206
『ブリタニキュス』 259
風流(ふりゅう) 164, 197, 210
ブルク劇場 252, 268
ブールバール劇 261
プルチネッラ Pulcinella 119, 248
プロジューサー・システム 226
プロスケニオン 109, 136
プロセニアム・アーチ 245
プロット(plot, 筋) 57, 77〜79, 81, 232
プロパガンダ劇 220
プロビンスタウン・プレイヤーズ Provincetown Players 270
プロレタリア演劇運動 224, 271, 275
不破・名古屋 169
文園戯曲 46
文学座 225
文化人類学 31
文化・文政 214
文化座 225
文化大革命 280
文芸学 Literaturwissenschaft **27**
文芸協会 222〜223, 279
文芸協会付属演劇研究所 222
『文芸講話』 280
豊後系三浄瑠璃 213
豊後節 213
文明戯 279
文楽座 209, 217

へ

『ヘアー』 14, 142, 277
平曲 11, 197, 204〜205
『平家女護島』 207 →『俊寛』
平家琵琶 198, 204
『平家物語』 53, 62, 81, 202, 204
『ベイコン牧師とバンゲイ牧師』 Friar Bacon and Friar Bungay 255
平楽観 240

並列舞台 65
ベクトル 34,145
ページェント 18,65,242
ペダント Pedant 119
「別紙口伝」 95
ペドロリーノ Pedrolino 119
『ベーダ』Veda 238
ベーダ文学時代 238
『ヘッダ・ガブラー』 57～59
ベトナム 191,238
ペドロリーノ 248
『ベニスの商人』 219,221,222,256,280
ベネチアの芸術祭 226
ペリクレス時代 233
『ペール・ギュント』 267
『ペルシャ人』 233
ベルトラーモ Beltramo 119
ベルリナー・アンサンブル 276
『ベレニス』 259
ヘレニズム時代 233
『ベローナの二紳士』 255
ベンガル 248,277
弁慶 166
変化(へんげ)舞踊 214
変身 232
変身術 91
『弁天小僧』(青砥稿花紅彩画・白浪五人男) 113,171,176,214
編年史劇(クロニクル・プレイ) 255
『ヘンリー四世』 256
『ヘンリー六世』 256

ほ

邦楽 213
放下 200
『宝剣記』 264
『保元平治物語』 53
冒険小説 78
封建悲劇 17
宝生(ほうしょう) 201
放送劇 14～15
「法廷の場」 221～222
法然 194
『豊年記』 281
奉納芸能 18,21,203,233
傍白 69,72,106,268
邦舞 213
『宝物(ほうぶつ)集』 238
『蓬萊曲』 46,263
法隆寺 189
ほかいびと 200
牧歌劇(パストラル) 253,258
牧歌調喜劇 255
北戯 249～250
北狄 196
『北東の風』 225
ポーシャ 222
『牡丹亭還魂記』 264
渤海楽 192,194
北曲 249
ポテンシャル 146～148,151,156
ポテンシャル・エネルギー(位置のエネルギー) 145
『不如帰』 221,279
『ボバリー夫人』 267
『ポプラのある風景』 281
『ほら吹き兵士』 236
『堀川波の鼓』 17,84,207
ポリシネル 119
『ポリュークト』 258
ポルトガルの宣教師 243
『ボルポーン』 257
ホワイト・フライヤーズ 256
翻案 55～56,221
盆狂言 184
本郷座 279
本郷座時代 221
本座 201
『本朝廿四孝』 209 →『廿四孝』
梵唄(ぼんばい) 198
本花道 168～169,213
本能説 21
本舞台 72
ポンペイ 277
翻訳劇 221,224

ま

マイスタージンガー(職匠詩人) 244
舞処(まいど) 7
マイニンゲン劇団 271
舞々 200
マイム(物真似) 247
『マイ・フェア・レディ』 277
幕間(まくあい)狂言(インタールード) 203
『マクベス』 73,256
真の花 111
政太夫風 97
まじめなジャンル genre sérieux 16,261
マスケ maske 109
『まちがい続き』 255
松王丸 212
『松風』 84
マックス Maccus 118
末泥 249

『真夏の夜の夢』 73,256,273
『マハーバーラタ』 238～239,248
マライ 238
マラカタ 189
マラフリ舞 190
マリア 14,242
『マリア・スチュアルト』 263
『マリアの首』 225
『マリア・マグダレーナ』 267
マリオネット 14
『マルタ島のユダヤ人』 255
丸本物 213 →義太夫狂言
マレー座 258
回り舞台 40～41,70,72,161,213～214,227,252,273
万歳 200
『万歳楽』 195
満州 229
満州事変 225
マンション式 65,243
マンドゥス Mandus 118
『マンフレッド』 263

み

三河の花祭 163
巫女 184,187,209
『ミスター人類』 170 →『危機一髪』
見世物 236
三千歳(みちとせ) 127
道行 82,96,179
三和(みつわ)会 217
見取り式 72
『緑の鸚鵡』 272
『南太平洋』 277
見習作者 49
壬生(みぶ)狂言 15
身振り(ミミーク) Mimik 6,31,235
身振り芸人 32
未満寺(みまじ) 201
ミムス 15,24～45,90,92,130,235～237,243,247
ミモス 46,90,92,130,190,235,237,243,247
宮座 196
ミュージカル 15,180,215,227,277
妙花 202
『妙高尼之襁褓乞』 199
未来派 272,274
民間祭礼 101,243
民衆戯劇社 280
民俗学 31
民俗芸能 1,7,163,228～229,239,241,248,278
明笛(みんてき) 265
『みんな我が子』 75,277
『ミンナ・フォン・バルンヘルム』 262
民話劇 17,55

む

無意識劇(無意識芸能) 188,228
無韻詩 66
無形戯曲 5,46
無形劇場 18～19
『婿えらび』 244
無言劇 161 →パントマイム
無常(観) 62～64
『息子』 56
娘方(娘形) 99,118
『娘道成寺』 165,174,213
無敵艦隊 254
ムード mood 57,114
『村井長庵』 50
ムーラン・ルージュ 215

め

明治維新 217
明治の三名人 216
冥途の鬼 117
冥の会 41
『メディア』 234
メロドラマ 15,107

も

毛越寺(もおつじ) 197
黙劇 15 →パントマイム
目前心後 107～108
モスクワ芸術座 271,275
模創 Nachschaffung 122 →従(追)創造
『戻駕(もどりかご)』 213
『物いわぬ女』 257
物真似狂言尽し 211
「物学(ものまね)条々」 94,103～104,116
『喪服の似合うエレクトラ』 270
モヘンジョダロ遺跡 231
模倣 mimēsis 177,184,235
模倣動作 186,238
模倣舞踊 240
模倣本能 imitative instinct 22
模倣本能説 21
『紅葉狩』 203
『盛綱』 17
森(守)田座 212,215,218
師直(もろのう) 60
問題劇 49,58,256,267～268
問答 82
「問答条々」 107

や

八重垣姫 113
野外劇 18,170,275
野外劇場 67,171
夜間興行 219
山羊(トラゴス)の歌 233
役柄 113,115,118,120,122〜123,259
役者 2,89,111,116
『役者論語(やくしゃばなし)』 95,98,102,112,121〜122,128
役者評判記 92
『ヤジュル・ベーダ』 238
『休みの日』 224
『宿無(やどなし)団七時雨傘』 213
山階(やましな) 201
山城風 97
邪馬台国 187
大和猿楽 201〜202
倭(和)舞 188,191
山の段 168
山伏物 17
山村座 212
『闇の力』 268
『やもめの家』 269
ややこおどり 210
弥生狂言 184
弥生文化(時代) 186〜187
野良(郎)歌舞伎 117,211
『鎧の権三重帷子』 208

ゆ

「優」(の字義) 108〜109
優 240
誘意(性) 146〜147,151,153〜157
遊廓 24
遊戯 22
遊戯衝動(説) Spieltrieb 21〜22
『夕霧名残の正月』 212
幽玄 64,101,110,202
幽玄能 62
結崎(ゆうざき) 201
遊女歌舞伎 211
『幽霊』 16,49,68,268〜269
優伶 241
ゆすり場 214
ユーラシア大陸 229
由良之助 59〜60,166,212
遊里文化 101

よ

『陽気な幽霊』 260
謡曲 47,115,198,238
『夜討曾我』 203
『欲望という名の電車』 277
横筋 54
『汚れた手』 276
与三郎(切られ与三) 169,214
四次元 3,35,150
『義経千本桜』 71,208,212
『吉田栄三自伝』 126
『吉野拾遺(しゅうい)名歌誉』 44
予祝物 184
余剰エネルギー surplus energy 22
吉原 169,215
『吉原雀』 213
『四谷怪談(東海道四谷怪談)』 17,59,214
四人重立 193
読物の戯曲 46
『夜の宿(どん底)』 224,270
『ヨーロッパ演劇史』 Theatregeschichte Europas 30,119
『弱法師(よろぼし)』 202,259
『与話情浮名横櫛(切られ与三)』 169,214
四大徽班(きはん) 265
四大悲劇 256

ら

『雷雨』 270,280
『礼記(らいき)』 240
『洛陽田楽記』 198
ラジオ 3
ラジオ・ドラマ 14
ラッツィ 247
『ラーマーヤナ』 238,248
『ラ・マンチャの男』 277
『ラルフ・ロイスター・ドイスター』 Ralph Roister Doister 255,267
闌位(らんい) 202
乱舞(らんぶ・らっぷ) 199
『蘭陵王』 241 →『陵王』

り

リアリズム 120,126,268〜271,273,275
リアリズム演劇 143,172,181,271
梨園 241
力学的局面論 34
力動性 150,157,251
力動的 3,147,149
力動理論 Dynamik 145
『リグ・ベーダ』 238
離見(りけん)の見 107
理想国家論 235
『リチャード三世』 256

李朝雅楽 249
立体派 272
『リヤ王』 256
流血場面 20
流血悲劇 blood tragedy 257
粒子性と波動性 77
劉邦 241
『リュシストラテ(女の平和)』 235
「陵王(蘭陵王)」 195, 241
両花道 166〜167, 169, 175, 179, 213
輪王寺 197
林邑(りんゆう)楽 192, 194

る

ルクソール 231
『ル・シッド』 20, 56, 254, 258
ル・シッド論争 258, 263
ルポルタージュ劇 220
ルネサンス 10, 79, 89, 91〜92, 159, 167, 183, 237, 243〜245, 247〜248, 251〜252, 257〜258, 260
ルネサンス劇 13
ルネサンス様式 71

れ

礼楽思想 240
霊験物 17
『令嬢ジュリー』 268
歴史劇 17, 55, 64, 256, 265
歴史的写実主義 271
レジスタンス運動 275
レーゼドラマ Lesedrama 46, 236, 243, 263
『レフティを待ちつつ』 275
恋愛劇 17
『恋愛三昧』 272
『錬金術師』 257
連鎖劇 14, 224
蓮生 63
恋慕 82

ろ

朗詠 197
弄丸 241
弄玉 193
弄剣 193
老女物 17
濫僧 84, 196〜197, 200, 204〜205
朗読劇 15, 65, 222
『六二連評判記』 92
ロザリオ 210
ロック・ミュージカル 277
ロドリーグ 258
ローマ 90, 92, 230, 243
ローマ演劇 13, 65, 235〜237, 247
ローマ喜劇 33, 235
ローマ古典劇 247
ロマン主義(ロマンチシズム) 73, 251, 263
ロマン主義演劇 13, 20, 181, 263, 266
ロマン主義詩劇 267
ロマン派 46
『ロミオとジュリエット』 61, 168, 256
ロール・プレーイング role-playing 18

わ

わかおどり 210
若女方(若女形・若女房) 112, 117〜118
『若き日のエル・シッド』 56, 254
若狭之助(忠臣蔵) 60
若衆 211
若衆方 118
若衆歌舞伎 23, 117, 209, 211
『わが町』 275
若宮神社 201
脇能 62
話劇 15, 267, 278〜279
和事 51, 102, 112, 118, 212
俳優(わざおき) 8, 108, 187
俳優者 188
和春(わしゅん) 265
「倭人伝」 187
ワシントン大学 19
早稲田小劇場 227
早稲田大学 226
早稲田大学演劇科 19
ワヤン Wayang 14, 229
『悪口学校』 School for Scandal 260